上海电机学院十三五特色学科“马克思主义中国化学科”（16TSXK03）研究成果

西方主流经济学庸俗性探源

XIFANG ZHULIU JINGJIXUE YONGSUXING TANYUAN

陈瑞丰◎著

安徽师范大学出版社
·芜湖·

图书在版编目(CIP)数据

西方主流经济学庸俗性探源 / 陈瑞丰著 .— 芜湖：安徽师范大学出版社，2020.6（2021.9重印）
ISBN 978-7-5676-4534-9

Ⅰ.①西… Ⅱ.①陈… Ⅲ.①西方经济学-研究 Ⅳ.①F0-08

中国版本图书馆CIP数据核字(2020)第040633号

西方主流经济学庸俗性探源 陈瑞丰◎著

责任编辑：陈 艳 马飞飞 责任校对：谢晓博
装帧设计：张 玲 责任印制：桑国磊
出版发行：安徽师范大学出版社
芜湖市九华南路189号安徽师范大学花津校区
网 址：http://www.ahnupress.com/
发 行 部：0553-3883578 5910327 5910310(传真)
印 刷：江苏凤凰数码印务有限公司
版 次：2020年6月第1版
印 次：2021年9月第2次印刷
规 格：700 mm×1000 mm 1/16
印 张：17.25
字 数：269千字
书 号：ISBN 978-7-5676-4534-9
定 价：52.00元

序

我和瑞丰是在上海市的一次马克思主义经典著作导读活动中认识的。我讲到要成为马克思主义者，不仅要有追求真理的勇气，还要有严格的自我批判精神，她深以为然。2013年9月，瑞丰考入上海财经大学，在职攻读博士学位，成为我的学生。我们一起经历了她的博士论文选题、开题、写作、预答辩、修改、答辩、再修改的全部过程，我眼见她作为在职博士生，为博士论文的写作付出种种辛劳，忠实地实践了“追求真理”和“自我批判”的要求。现在，瑞丰对博士论文有了新的体悟和修订，并即将出版发行，邀我为她的新著写序，我当不负所托。

瑞丰博士论文的问题意识和选题背景如下：一方面，改革开放以来，在发展着的马克思主义指导下，中国实现了经济的高速发展和社会的持续稳定；另一方面，很多人不理解利用非社会主义因素发展社会主义的政策，误以为这不是加强而是削弱了中国的社会主义制度。特别是在中国特色社会主义进入新时代的历史背景下，中国经济由高速度增长进入高质量发展阶段，许多新的问题凸显出来。这些问题在传统的马克思主义教科书中都得不到解答，在新的形势下，马克思主义经典著作似乎变得难以理解。于是，人们就选择了“简明易懂”的西方经济学解释框架，并默认甚至接受了它所蕴含的资本主义价值观。在这种情况下，研究和总结改革开放以来的经济实践，有哪些成熟的经验可以上升为规律，用以指导中国当下和未来的经济活动，推动经济高质量发展；哪些教训值得总结，以避免今后可能再度犯同样的错误，就具有了重要的意义。研究和总结这些经验教训，很自然地形成了两条路向：马克思主义政治经济学的研究路向和西方主流经济学的研究路向。表面上看，我国的经济实践是由马克思主义指导的，我国的经济学显然是马克思主义的，马克思主义政治经济学规定了我国经济学的研究目的、研究对象和研究方法，构建中国特色社会主义政治经济学只能坚持马克思主义政治经济学的研究路向。然而，一方面，由于马克思主义经典著作主要是对资本主义生产方式的批判性分析，当时还不存在社会主义生产方式，马克思和恩格斯更不可能想到会在一个经济文化极度落后的国家建立社会主义制度，因此马克思主义政治经济学的解释范式似乎有些脱离现实。另一方面，要说资产阶级经济学显得更具有解释力，为什么资本主义国家在走向衰落的同时却不承认中国的市场经济地位，反而指责中国的成功经验不符合西方标准？而国内也有越来越多的经济学家认识到，西方主流经济学无法概括和总结中国的经验教训，更不能指导中国的改革开放和经济建设，这又是为什么？

在瑞丰开始选题的时候，无论是对于中国特色社会主义的建设和发展来说，还是对于完成2020年全面建成小康社会、2035年实现社会主义现代化、2050年把我国建设成为富强民主文明和谐美丽的社会主义现代化强国规划来说，甚至仅仅是对于决胜全面建成小康社会来说，这都是一个前沿性问题，必须去面对和研究。但是，这同时也是一个过于宏大的主题，如何从中选取一个突破口，以便在科学解答中国社会的重大现实问题的过程中，使这个前沿性问题具有应用性和可行性，为党和政府决策咨询提供参考，发挥马克思主义理论指导和推动社会前进的实践功能，这成了摆在我和瑞丰面前的难题。

总结数年来的经验，博士论文选题是整个博士论文写作过程中最为艰难的一个环节，正所谓“万事开头难”“良好的开端是成功的一半”。瑞丰为确定博士论文选题，做了大量准备工作。她不仅整理了大量的经济学史和马克思主义经济学文献，还找不同职业、不同岗位上的人做访谈，包括对经济学专业、马克思主义经济学专业的本科生、硕士生、博士生进行访谈。关于博士论文选题，她也请教了往届博士生、经济学相关专业的老师和专家。她发现，一部分之所以对中国特色社会主义存在种种误解，不善于运用马克思主义的基本立场、观点和方法分析当代中国的重大现实问题，主要是由于缺乏马克思在《资本论》序言中所说的那种“抽象力”。有些人理解不了马克思主义经济范畴同日常生活的紧密联系，反而觉得西方主流经济学似乎更切合自己的生活实际，更有解释力。

以我们日常生活中的商品交换为例。人们在购买商品时，经常问：“老板，这个东西多少钱?”“二十块。”“值不了那么多，十五块卖不卖?”在这里，人们一方面在问自己需要出多少钱，另一方面内心里惦量“这个商品本身价值几何”。作为常识，大家都知道，“值多少钱”显然和成本费用、市场供求有关，具体到买还是不买，还和自己的占有欲望有关。很多时候虽然想要购买某件商品，但捏捏自己的钱包就不买了，实际上是因为担负不起，或者必须把有限的资金用到更加需要的地方。所以，这个“值”是与商品的效用和机会成本联系在一起的。大概很少有人会想，问“这个东西多少钱”，是问它包含了多少“社会必要劳动时间”。原因很简单，劳动创造价值，是在整个社会生产的背后自发起作用的规律，因而必定是人们无法直接感觉到的。只有运用科学抽象能力，才能透过生产和交换的全部表面活动，看到决定商品价值的是通过分工和协作在背后转化为社会劳动的私人劳动。因此，就对表象的描绘来说，“资产阶级经济学的各种范畴……是有社会效力的，因而是客观的思维形式。”[①]这就说明了为什么“庸俗经济学恰好对于各种经济关系的异化的表现形式……感到很自在，而且各种经济关系的内部联系越是隐蔽，这些关系对普通人的观念来说越是习以为常，它们对庸俗经济学来说就越显得是不言自明的”[②]。这正如历史上人们长期认为“地心说”不言自明、对太阳东升西落感到很自在一样。相反，“日心说”倒是与人们的感觉不合，因而开始的时候被当作异端邪说。甚至在理解和接受了“日心说”以后，我们仍然无法感觉到地球的转动，无论是公转还是自转；相反，我们感到的仍然是太阳东升西落，仍然是太阳围着地球转。如果不是这种感觉，那反倒说明感觉器官出问题了，需要去医院看医生了。

---

① 马克思恩格斯文集(第5卷)[M].北京：人民出版社，2009：93.

② 马克思恩格斯文集(第7卷)[M].北京：人民出版社，2009：925.

马克思认为，“如果事物的表现形式和事物的本质会直接合而为一，一切科学就都成为多余的了”[①]。西方主流经济学的特点，正是从个人感觉经验出发给出前提和结论。甚至在有的经济学家提出“合成的谬误”这一概念以后也仍然如此。“合成的谬误”这一范畴表明，对于个人感觉经验来说是正确的，对于整体来说往往未必是正确的，甚至一定是错误的。科学研究恰恰是要发现表象背后的东西。这不仅需要研究者有高度的科学素养，有政治经济学研究所必备的抽象能力，而且“要有充分发达的商品生产”作为现实的研究对象。只有这样人们“才能从经验本身得出科学的认识，理解到彼此独立进行的，但作为自然形成的社会分工部分而互相全面依赖的私人劳动，不断地被化为它们的社会的比例尺度”[②]，“这是因为在私人劳动产品的偶然的不断变动的交换比例中，生产这些产品的社会必要劳动时间作为起调节作用的自然规律强制地为自己开辟道路，就像房屋倒在人的头上时重力定律强制地为自己开辟道路一样。因此，价值量由劳动时间决定是一个隐藏在商品相对价值的表面运动后面的秘密。”[③]马克思在《资本论》第一卷第一章第三节“价值形式或交换价值”中，专门研究了“社会必要劳动”的产生过程，从而实现了政治经济学的哥白尼革命。在第四节，马克思概括了第三节的考察，指出：“产品交换者实际关心的问题，首先是他用自己的产品能换取多少别人的产品，就是说，产品按什么样的比例交换。”而“当这些比例由于习惯而逐渐达到一定的稳固性时，它们就好像是由劳动产品的本性产生的。例如，一吨铁和两盎司金的价值相等，就像一磅金和一磅铁虽然有不同的物理属性和化学属性，但是重量相等一样”。但“实际上，劳动产品的价值性质，只是通过劳动产品表现为价值量才确定下来”。可惜，从事商品交换的人们并不关心这一切。他们脱离商品的生产过程，单纯考察商品的交换，因此不可能知道“价值量不以交换者的意志、设想和活动为转移而不断地变动着”。于是，“在交换者看来，他

① 马克思恩格斯文集(第7卷)[M].北京：人民出版社，2009：925.

② 马克思恩格斯文集(第5卷)[M].北京：人民出版社，2009：92.

③ 马克思恩格斯文集(第5卷)[M].北京：人民出版社，2009：92-93.

们本身的社会运动具有物的运动形式。不是他们控制这一运动，而是他们受这一运动控制。”[①]由此决定了，即使人们能够理解商品的价值是由抽象的社会劳动创造的，也不可能改变自己关于效用价值和机会成本的感觉，因而读者常常感到困惑：所谓活劳动决定一个东西“值”多少钱，只有活劳动才能创造“价值”，或者，这个“价值”指凝聚在商品中的社会关系而不是商品的自然属性，这与我们每一位老百姓有何关系？与我们每天的真实生活相干吗？能够让我们老百姓切实地感受到幸福和自由吗？我们每天还不是照样要去工作、去生活、去考量每一个具体商品买还是不买？简言之，劳动价值论、价值规律、剩余价值理论和我的生活、和实现强国梦有关系吗？看起来，效用价值论和机会成本论似乎更有力量。对此，马克思有充分的意识，他自己也说：“价值量由劳动时间决定是一个隐藏在商品相对价值的表面运动后面的秘密。这个秘密的发现，消除了劳动产品的价值量纯粹是偶然决定的这种假象，但是决没有消除价值量的决定所采取的物的形式。”[②]

改革开放以来，中国特色社会主义创造了经济持续高速增长的奇迹，有观点认为，中国经济之所以能够取得巨大发展，内在原因是应用了西方主流经济学指导中国市场经济的结果。是放弃马克思主义指导地位、放弃社会主义制度的结果。简言之，“中国奇迹”来源于资本主义市场经济。这是一种典型的地心说式的观念。它符合所谓的“常识”，却远离了科学。正如马克思批判庸俗经济学只能看见两种制度，即资本主义以前的制度是人造的、不合理的，而资本主义制度却是天然的、合乎永恒正义的。受到西方主流经济学的影响，中国一部分经济学家也只能看到两种制度：私有制和公有制。他们把两者对立起来，设定私有制永恒正义，凡是私有制，都是正当的，凡是公有制，都是落后的。在他们看来，公有制和国有企业是中国经济发展的最大障碍，欲促进中国经济的持续发展，就必须实现土地私有化、国企民营化、金融自由化。另一部分经济学家虽然看到了公有制

① 马克思恩格斯文集（第5卷）[M].北京：人民出版社，2009：92.

② 马克思恩格斯文集（第5卷）[M].北京：人民出版社，2009：92-93.

的作用，但误把初级阶段的社会主义与作为共产主义第一阶段的社会主义高级阶段相混淆，过早提出了消灭私有制的错误主张。

实际上，科学正是要说明现象何以不仅与本质不同，而且截然相反，正如用日心说来说明地心说一样。这就要求中国特色社会主义政治经济学既要说明马克思主义的真理性，又要说明为什么它看起来似乎不是真理，而资产阶级政治经济学看起来更像是真理。这就向研究者提出了一个任务：说明庸俗经济学的庸俗性如何来自人们的日常感觉，而人们的这种感觉又是怎样造成的，或者说，要打通现象背后的本质与现象之间的联系，帮助人们透过现象去掌握本质。出于这一考虑，当瑞丰在征求专家意见的基础上，提出要把探究西方主流经济学的庸俗性作为自己博士论文选题的时候，我欣然同意了。

目前关于西方主流经济学的研究，主要侧重于内容方面，比如供给理论研究、需求理论研究、自由竞争条件下的供求平衡理论，等等；至于垄断竞争条件下的平衡、制度经济学中的交易成本理论研究，也大多名为“西方经济学”，不涉及其庸俗性探究。相应地，目前关于中国特色社会主义政治经济学的研究，主要有以下三类：一是概括中国的实践经验，这类研究大多带有实证色彩，还需要理论上的提升；二是用西方主流经济学来总结中国的经济实践，虽然已经有了提升，但却忽略了其制度前提；三是从马克思主义政治经济学的视角对中国的经济实践进行理论概括，在这方面学界前辈和同仁已经有很多优秀成果，也对前两方面作出了回应。但即使是第三类研究成果，也大多满足于马克思主义的“政治经济学”属性，没有关注它的“政治经济学批判”特征。建构中国特色社会主义政治经济学，突出“中国特色社会主义”的独特性，不仅要在深入钻研经典著作的基础上建立新的研究框架，突破和超越西方主流经济学，而且要说明为什么马克思主义经济学看起来似乎远离现实，而西方主流经济学看起来似乎更符合事实。因此，瑞丰的著作着重于阐释西方主流经济学为什么具有庸俗性，为的是把马克思主义“政治经济学批判”的批判性特征突出出来，以便明确我们在建构中国特色社会主义政治经济学的过程中，究竟应该从西方经济学那里学习什么、扬弃什么、超越什么。

马克思对庸俗经济学的“庸俗性”的界定与学界流行的看法是有区别的。马克思并不把经济学的庸俗性与资产阶级的阶级性相混淆，并不认为资产阶级经济学天然是庸俗的，更不认为古典经济学是非“资产阶级”的。资产阶级在历史上曾经起过非常革命的作用。古典经济学本质上是属于那个时期的资产阶级经济学。庸俗经济学不仅有其认识论的根源，即它满足于表象而不去追究现象背后的本质，而且有其社会历史根源，即它代表走向保守、走向反动的资产阶级。瑞丰的著作首先从马克思和学界两个视角，介绍了她所理解的庸俗经济学的内涵，然后用六章篇幅具体阐释了西方主流经济学的庸俗性：庸俗经济学产生的背景、庸俗经济学的代表人物、庸俗经济学的特点、庸俗经济学的研究目的、庸俗经济学的研究对象、庸俗经济学的研究方法，最后在结语部分，聚焦马克思主义政治经济学的研究目的、研究对象和研究方法，从三个方面具体阐述了如何构建中国特色社会主义政治经济学。

任何一门科学之所以成为可能，都是由于有特定的问题需要研究。问题域决定了特定的研究对象和研究方法，研究对象和研究方法决定了学科的性质。因此，要讨论如何建构中国特色社会主义政治经济学，就需要讨论中国特色社会主义政治经济学的研究目的、研究对象和研究方法。瑞丰的著作通过研究马克思对庸俗经济学的批判，紧紧扣住“庸俗性”这一主题，从源头探究西方主流经济学为什么满足于把资产阶级经济现象当作永恒不变的自然规律，分析我们在进行中国特色社会主义经济建设和理论研究的时候，如何扬弃和超越其庸俗性，又如何吸收其有益的养分，尝试从研究目的、研究对象、研究方法方面解决问题，从而为建立中国特色社会主义政治经济学做好准备。这样的研究，其价值是不言而喻的。

相对于瑞丰要达到的目标来说，这部著作还仅仅处于起步阶段。无论是瑞丰，还是我本人，对于从开题到答辩的整个过程中专家和瑞丰的学友们提出的种种意见和建议，都深为感激。目前的这部著作虽然经过多次修改，但从内容到表述，仍然存在诸多不足。作为瑞丰的导师，这些缺点和不足我都有责任。但我深深感动于瑞丰在职攻读博士学位的勤奋和努力，自豪骄傲于瑞丰毕业后取得的明显进步和初步成果，欣喜宽慰于我对于瑞丰的教诲扎根于瑞丰的心灵并转化为服务大众追求美好生活的物质力量。祝愿瑞丰在未来的成长旅程上取得更丰硕的成果！

是为序。

马拥军

2019年12月

前　言

改革开放以来，随着“以经济建设为中心”的基本路线的确立，马克思主义政治经济学的中国化成为时代的重要课题。中国经济发展取得的巨大成就，说明马克思主义政治经济学中国化的实践取得了成功。遗憾的是，理论研究一度大大落后于实践进程，很多人用西方主流经济学的模型解释中国的经济发展，甚至连中国的供给侧结构性改革，都被人混同于西方供给学派的主张。这说明，马克思主义政治经济学中国化的理论研究还有很长的路要走。

在剖析中国经济实践的过程中，笔者深深感到，中国特色社会主义政治经济学只能是马克思主义政治经济学的中国化，而不能是西方主流经济学的中国化。但是，连关于供给侧结构性改革的理论都被一些人用西方主流经济学加以解释，可见西方主流经济学对中国的影响之深远。仔细研究一下就可以看到，西方主流经济学对中国的这些影响并非因为它们的科学性，而是因为它们的庸俗性：因为它们的研究目的、研究对象、研究方法都更接近普通的所谓“原子式个人”（马克思和恩格斯通常称之为“庸人”）的常识。相反，马克思主义政治经济学之所以难以为经济学家们所把握，除了他们留学国外的庸俗经济学知识背景外，主要是由于马克思主义政治经济学的研究目的、研究对象和研究方法都远离了“原子式个人”的那种所谓“常识”，即对异化的现实的现象形态的看法，需要通过唯物辩证法才能把握。因此，研究马克思对庸俗经济学的批判，探究西方主流经济学庸俗性的根源，不仅具有极为迫切的现实意义，而且具有极为重大的理论意义。

从研究目的看，中国特色社会主义政治经济学的研究目的是探究中国社会主义建设和改革开放的经济规律，其中最为重要的当然是“生产—需要”规律。中国特色社会主义经济建设和改革开放为的是满足人民群众日益增长的需要，实现人的全面发展和自由发展。从满足最基本的物质需要到满足人民群众日益增长的物质文化需要，再到满足经济、政治、文化、社会和生态需要，一直到党的十九大报告提出满足“人民群众日益增长的美好生活需要”，体现了社会主义社会中人民群众的“需要”体系的演化。但是，西方主流经济学只看到发财致富的需要。为此，表面上，西方主流经济学要研究资源配置，以便达到“以最少的投入获得最大的产出”的目标，但在实际上，对于究竟投入的是什么、产出的是什么，西方主流经济学故意混淆是非。相反，马克思却指出，资本主义以利润至上为目标，因此所投入的是货币，所产出的是更多的货币。通过梳理马克思对庸俗经济学的批判，我们就能够理解西方主流经济学的庸俗性，理解马克思主义政治经济学与西方主流经济学的本质区别，探究如何用社会主义力量导控资本，把经济发展置于人的发展的框架中，为马克思主义政治经济学中国化，构建中国特色社会主义政治经济学提供思想资源。

在研究对象方面，中国特色社会主义政治经济学以社会主义经济建设和改革开放本身作为研究对象，因此必然聚焦在社会主义的生产方式以及和它相适应的生产关系和交换关系。这就决定了社会主义生产方式无论是以计划的方式还是以市场的方式呈现，都以处于特定社会关系中的人与人之间的联合、团结为特征，而不是以“原子式个人”的分隔、对立为特征。西方主流经济学之所以把社会主义市场经济歪曲为资本主义市场经济，主张私有化、民营化、自由化，无法理解土地公有制和国有企业的作用，原因就在于其研究对象的庸俗性。由于西方主流经济学把“经济人”视为脱离社会关系的抽象个人，因而把社会性的人的需要本质庸俗化为抽象个人的欲望本质，只懂得效用和边际效用，不懂得抽象劳动，只懂得价格和价格机制，不懂得价值和价值规律，以“三位一体”为前提，在“供给—需求”的框架下，按照生产价格规律，从非整体性的角度对片面的生产、分配、交换、消费各过程进行研究，探究资本如何能够获得最大的利润。与此相反，马克思把资本主义以及和它相适应的生产关系、交换关系作为研究对象，通过研究“资本的生产过程”“资本的流通过程”和“资本主义生产的总过程”，揭示了资本主义生产方式以及和它相适应的生产关系和交换关系的产生、发展、灭亡的全过程。对于社会主义建设和改革开放来说，我们也需要从生产方式以及和它相适应的生产关系和交换关系出发进行研究，把经济活动主体当作处于特定社会关系中的人，而不是从抽象的、孤立的“经济人”出发，把经济活动当成脱离了特定社会关系的满足欲望的活动。

在研究方法方面，中国特色社会主义政治经济学必须适应社会主义建设事业不断发展的要求。从对社会主义初级阶段的认识、“中国式的四个现代化”“小康社会”和有计划的商品经济的提出，到全面建成小康社会和完善的社会主义市场经济体制的建设，再到“富强、民主、文明、和谐、美丽”的社会主义现代化强国目标的提出和人类命运共同体的建构，反映出中国特色社会主义经济建设的阶段性、时代性特征。这就要求我们从唯物辩证法的角度，研究社会主义经济发展的动态过程，而不是满足于抓住某一个阶段现象的静态特征，并夸大为一种整体的或全体的本质特征。西方主流经济学的特点是片面性、主观性和个体性。西方主流经济学强调经济自由主义，把私人利益最大化当成永恒的、非历史或超历史的“人类本性”，把“人”作为自在自为的“私人”，把探究经济本质庸俗化为探究主观感受，以感觉经验为起点，对主观感受进行经验抽象，分析经济现象，研究经济规律。西方主流经济学用个体性替代社会性，用外部性替代内部性，用感官经验论证一般性规律。与此相反，马克思的政治经济学批判强调“按照事物的真实面目及其产生情况来理解事物”[①]。《资本论》借助“抽象力”，建构了生产资料与劳动者的分离如何为资本主义生产方式奠定了特定生产关系的历史基础，以及资本如何在自我矛盾中发展，最后又如

① 马克思恩格斯选集(第1卷)[M].北京:人民出版社,2012:156.

何通过利润率下降规律走向自我否定的过程。为了研究这一过程，马克思通过研究商品的二重性和劳动的二重性抽象出“价值实体”，从而为研究能够产生剩余价值的价值即资本提供了分析工具。借鉴马克思对庸俗经济学的批判，坚持中国特色社会主义政治经济学和马克思主义政治经济学的一脉相承性，就要明确中国所处的社会阶段及其本质，探究中国特色社会主义生产方式及其特质，对中国特色社会主义生产的总过程进行分析，把需要的生产作为中国特色社会主义政治经济学的本质特征，认识到中国特色社会主义生产过程是使用价值生产过程、价值形成过程、需要生产过程的统一。这就要求中国特色社会主义政治经济学必须以满足人民的需要为目的，在“生产—需要”框架内，研究中国特色社会主义的经济运动规律，不断以改革的方法获得新的发展。

无论是从研究目的来看，还是从研究对象和研究方法来看，中国特色社会主义政治经济学必须以马克思主义政治经济学的中国化，而不是西方主流经济学的中国化为理论前提。借鉴马克思对庸俗经济学的批判，强调中国特色社会主义政治经济学与中国特色社会主义实践的一致，用唯物辩证法研究中国经济现象，探究中国经济规律，要求我们围绕“生产—需要”框架展开自己的研究范式。“生产—需要”框架在现实生活中表现为“需要—发展”模式。党的十八大以来，中国进入产能过剩和资本过剩的经济新常态，“过剩”问题成为最令人头疼的问题之一。短缺问题可以通过经济增长加以解决，而过剩问题的解决办法则相反，中国必须去产能、去杠杆、去库存、转方式、调结构。这一问题，如同改革开放以来中国的经济建设问题一样，都需要马克思主义政治经济学中国化的研究成果予以支撑。特别是“人民日益增长的美好生活需要和不平衡不充分的发展之间的矛盾”已经成为中国社会的主要矛盾，高速度发展正在转化为高质量发展。无论是对于需要变化状况的研究，还是对高质量发展的研究，都要求我们摆脱西方主流经济学庸俗性的影响，把满足需要作为目的，把利润生产作为手段，努力把小康社会建设引向人的全面发展和自由发展方向。

目　录

绪　章　庸俗经济学的内涵……………………………………001

第一章　庸俗经济学产生的背景……………………………015

第一节　资本原始积累和资本主义的产生……………………015
第二节　资本积累和资本主义的发展…………………………025
第三节　劳动异化和生活世界的颠倒…………………………031
第四节　资产阶级经济学的使命和庸俗经济学的产生………037

第二章　庸俗经济学的代表人物……………………………044

第一节　早期代表人物…………………………………………044
第二节　调和论代表人物………………………………………048
第三节　辩护论代表人物………………………………………055
第四节　其他代表人物…………………………………………061

第三章　庸俗经济学的特点…………………………………065

第一节　辩护性…………………………………………………065
第二节　现象描述………………………………………………073
第三节　唯心主义和形而上学性………………………………078

第四章　庸俗经济学的研究目的……………………………082

第一节　发财致富的科学………………………………………082
第二节　所谓“资源配置的科学”……………………………093
第三节　财富观的庸俗性………………………………………105

第五章 庸俗经济学的研究对象 ……120
第一节 整体还是局部 ……120
第二节 本质还是现象 ……136
第三节 研究对象的庸俗性 ……146
第六章 庸俗经济学的研究方法 ……155
第一节 个人主义 ……155
第二节 狭隘经验主义 ……169
第三节 研究方法的庸俗性 ……182
结 语 构建中国特色社会主义政治经济学 ……196
第一节 中国特色社会主义政治经济学的研究目的 ……197
第二节 中国特色社会主义政治经济学的研究对象 ……215
第三节 中国特色社会主义政治经济学的研究方法 ……234
参考文献 ……253

绪　章　庸俗经济学的内涵

庸俗经济学是资产阶级政治经济学。按照马克思的思想，“政治经济学达到一定的发展程度（即在亚·斯密以后）”[①]，有了一定的理论体系，形成了稳固的形式时，资本主义生产方式的对抗性质历史性地暴露出来的时候，庸俗经济学必将取代古典经济学，成为资产阶级政治经济学的主导形式。换言之，“只要政治经济学是资产阶级的政治经济学”[②]，庸俗经济学必然取代古典经济学。

一、马克思关于庸俗经济学的界定

马克思把资产阶级的经济学分成两类：一类是古典的经济学，另一类就是庸俗的经济学。古典经济学即古典政治经济学。按照《1857—1858年经济学手稿》的第一篇手稿“巴师夏和凯里”，古典经济学开始于17世纪末的配第和布阿吉尔贝尔时期，结束于18世纪初的李嘉图和西斯蒙第时期。而从庸俗经济学的历史分期来看，其产生于18世纪末和19世纪初，也就是英国产业革命和法国大革命时期。

庸俗经济学也就是庸俗政治经济学。在相关学者的研究文献中，古典政治经济学和庸俗政治经济学被合称为现代经济学，或者资产阶级经济学、资产阶级政治经济学，在马克思和恩格斯的文本中，也有这样的合称。

① 马克思恩格斯全集(第26卷III)[M].北京:人民出版社,1974:556.

② 马克思恩格斯选集(第2卷)[M].北京:人民出版社,2012:87-88.

(一)什么是庸俗经济学

学界认为，马克思、恩格斯没有对庸俗经济学的内涵进行专门系统的介绍，相关观点散见于他们著作和手稿的各处。根据马克思、恩格斯的著作和手稿，他们是在与古典经济学比较的意义上谈庸俗经济学的。其中，大家比较熟悉的就是下面这段话：“在这里，我断然指出，我所说的古典政治经济学，是指从威·配第以来的一切这样的经济学，这种经济学与庸俗经济学相反，研究了资产阶级生产关系的内部联系。而庸俗经济学却只是在表面的联系内兜圈子，它为了对可以说是最粗浅的现象作出似是而非的解释，为了适应资产阶级的日常需要，一再反复咀嚼科学的经济学早就提供的材料。在其他方面，庸俗经济学则只限于把资产阶级生产当事人关于他们自己的最美好世界的陈腐而自负的看法加以系统化，赋以学究气味，并且宣布为永恒的真理。”[①]

除了“表面”“粗浅”这样的用语外，马克思的文本中阐释庸俗经济学时，比较经常用到的词还有“浅薄”“肤浅”“重复”“同意反复”，等等。综合考察马克思、恩格斯的文本，笔者以为，庸俗经济学是以“三位一体”为前提，对资本主义生产方式进行辩护，为资本主义生产剩余价值提供理论支持的学说。

(二)庸俗经济学的历史沿革

从庸俗政治经济学的历史分期来看，其产生于18世纪末至19世纪初，法国的萨伊和英国的马尔萨斯、詹·穆勒、麦克库洛赫是最早的代表。萨伊等人所代表的庸俗经济学，是古典经济学的“注释”和“通俗化”，表面上他们仍然信奉古典经济学。从19世纪30年代开始，庸俗经济学力求寻找新方法为资本主义辩护，抛弃了“注释”和“通俗化”古典经济学的形式，“有意识地越来越成为辩护论的经济学”[②]，也就是马克思所说的，“1830

① 马克思恩格斯文集(第5卷)[M].北京:人民出版社,2009:99.

② 马克思恩格斯全集(第35卷)[M].北京:人民出版社,2013:361.

年，最终决定一切的危机发生了”[①]。所以，马克思尖锐地指出：“资产阶级在法国和英国夺得了政权。从那时起，阶级斗争在实践方面和理论方面采取了日益鲜明的和带有威胁性的形式。它敲响了科学的资产阶级经济学的丧钟。现在问题不再是这个或那个原理是否正确，而是它对资本有利还是有害，方便还是不方便，违背警章还是不违背警章。无私的研究让位于豢养的文丐的争斗，不偏不倚的科学探讨让位于辩护士的坏心恶意。”[②]庸俗经济学的这种本质，典型地反映在英国西尼尔的反动理论上。

而1848—1849年的欧洲革命加速了资产阶级政治经济学庸俗化的过程。在这个时期的开始，一方面，出现了以法国巴师夏和美国凯里为代表的、企图证明资产阶级社会各个阶级的利益是一致的调和论；另一方面，出现了以英国约·穆勒为代表的混合主义经济理论，这种理论“力图使资本的政治经济学同这时已不容忽视的无产阶级的要求调和起来”[③]，它明显地表现出资产阶级政治经济学的破产。在德国则产生了所谓政治经济学的历史学派，他们用所谓的历史方法来为资本主义辩护，同时又为保护德国资本主义的发展，而反对英国资产阶级经济学家的自由贸易理论。1972年，马克思在《资本论》第1卷第2版“跋”中总结，古典经济学是“‘还能够是科学’的政治经济学”；庸俗经济学是作为“‘资产阶级’经济学的破产”的政治经济学，在这种情况下，庸俗经济学分成了两派，以巴师夏为代表的辩护论和以约·穆勒为代表的调和论。而“德国人在资产阶级经济学衰落时期，也同在它的古典时期一样，始终只是学生、盲从者和模仿者，是外国大商行的小贩”[④]。同时，由于各个国家进入资产阶级社会的历史条件不同，各个国家的庸俗经济学也就有不同表现。在法国，萨伊是庸俗经济学创始人。萨伊和李嘉图是同时代人，但是，由于法国和英国资产阶级社会生成的历史状况不同，李嘉图发展了斯密学说中的科学成分，而萨伊却

① 马克思恩格斯文集(第5卷)[M].北京:人民出版社,2009:17.

② 马克思恩格斯文集(第5卷)[M].北京:人民出版社,2009:17.

③ 马克思恩格斯选集(第2卷)[M].北京:人民出版社,2012:89.

④ 马克思恩格斯文集(第5卷)[M].北京:人民出版社,2009:18.

发展了斯密学说中的庸俗成分。

而关于庸俗经济学著作的类别，《1857—1858年经济学手稿》的第一篇手稿“巴师夏和凯里”介绍了以下五个类别：第一，折衷主义的、混合主义的著作，比如约·穆勒的《政治经济学原理及其对社会哲学的某些应用》；第二，较为深入地分析个别领域的著作，比如图克的《价格史》；第三，为了解决实际问题，对过去经济学论争进行重复的著作，比如论述自由贸易和保护关税政策的著作；第四，摹仿性的著作，比如查默斯摹仿马尔萨斯的著作，居利希摹仿西斯蒙第的著作，在一定意义上，麦克库洛赫和西尼尔（就他们的早期著作来看）摹仿李嘉图的著作；第五，处于社会主义和共产主义对立面的资产阶级政治经济学著作，比如法国人巴师夏、美国人凯里的著作。①

二、学界关于庸俗经济学的理论研究

丁堡骏明确指出，“资产阶级经济学已经于19世纪30年代转化为庸俗经济学”，“现代资产阶级经济学仍然是庸俗经济学”②，在论著《论坚持和发展马克思主义政治经济学——兼论以马克思主义引领中国经济学教育》中，丁堡骏还对晏智杰试图为庸俗经济学翻案的行为进行了批驳。③关于庸俗经济学的分期，丁堡骏也有探讨。那么，如何对1830年以来的庸俗经济学进行划分呢？根据收集到的文献资料，以《资本论》第一卷德文第一版的出版为大致的分界线，笔者将庸俗经济学划分为两大历史时期：庸俗经济学历史时期和当代西方主流经济学历史时期。笔者从以下四个方面对文献进行梳理和总结。

① 马克思恩格斯全集(第30卷)[M].北京:人民出版社,1995:3-4.

② 丁堡骏.论坚持和发展马克思主义政治经济学——兼论以马克思主义引领中国经济学教育[M].北京:中国社会科学出版社,2016:16.

③ 丁堡骏.论坚持和发展马克思主义政治经济学——兼论以马克思主义引领中国经济学教育[M].北京:中国社会科学出版社,2016:19-24.

（一）概述

关于庸俗经济学或者西方经济学的阶段划分，依据马克思的界定，结合学界的研究成果，笔者将18世纪末到19世纪六七十年代划分为第一个阶段，即庸俗经济学阶段；从《资本论》第一卷德文第一版的出版到现在，为第二个阶段，即西方主流经济学阶段，是庸俗经济学的当代发展。这样划分的主要原因是，第一个阶段是自由竞争资本主义历史时期，资本主义民族国家纷纷建立，资本主义生产方式确立了统治地位，资产阶级政治经济学的庸俗化路向成为历史趋势；第二个阶段是垄断资本主义历史时期，包括私人垄断资本主义、国家垄断资本主义以及帝国主义、霸权主义时代。

什么是庸俗和庸俗性？吴传启认为，“所谓‘庸俗’就是意味着，他们不是从客观的、科学的立场出发，而是要使科学去适合于主观的辩护论；由此在理论方法上，就表现为一种毫无科学分析的浅薄的表象法。”①张楠认为，“所谓‘庸俗性’，主要是指庸俗经济学价值理论的不科学性、肤浅性与教条性，分析经济运行仅仅停留在现象形态。”②高鸿业从三个方面归纳了庸俗经济学的特点，即停留于研究事物的表面现象，用经济学的术语把资本主义市场上的行话、成规、生意经和经营法则系统地表达出来，目的在于为资本主义辩护。③

关于庸俗经济学的内涵，尽管各著者在具体表述上有不同，但是都是从马克思的文本中得出的，差别不是太大。王亚南认为，按照马克思的思想，“凡是只谈表面现象，不谈本质，只谈一般流行的思想，对问题不进行科学分析的经济学，都叫庸俗的经济学，也叫做假的经济学。”④杨玉生指出，“按照马克思的分析，可以把庸俗经济学看作是为资产阶级利益辩护和

① 吴传启.马克思对庸俗经济学方法论的批判及其现实意义[J].经济研究，1962(11)：46.

② 张楠.马克思对庸俗经济学价值理论的批判及其启示[J].经济论坛，2010(2)：214.

③ 高鸿业.庸俗经济学有用吗？——七评萨缪尔森《经济学》[J].经济理论与经济管理，1985(1)：65-66.

④ 王亚南.关于庸俗经济学和庸俗社会主义——提供一个学习经济学的线索[J].新闻业务，1963(12)：30.

服务的，反映资产阶级生产当事人观念和动机的经济学。”[①]吴传启认为，“所谓庸俗经济学，是从资产阶级古典经济学中的庸俗因素中分离出来的‘经济学的特殊表现’。”[②]邱强等认为，庸俗经济学“不去研究生产关系的内部联系，不去揭示事物的本质，而只是在经济现象的表面联系上兜圈子，得出来的结论和政策主张往往有利于资本主义制度，实际上是为资本主义制度辩护”[③]。也有著者对庸俗经济学和辩护论的经济学进行了区分。沈志求认为，庸俗经济学不同于辩护论的经济学，庸俗经济学本就是对资本主义生产关系的研究，只不过庸俗经济学家以日常经验为依据，抓住了事物诱人的外观和事物在现象上颠倒表现出来的东西，因此是“粗浅的”“表面的”“非科学的”，而不是“蓄意抹煞”“捏造”等。所以，辩护论的经济学都是庸俗经济学，而庸俗经济学并不都是辩护论的经济学。[④]笔者在这里不作区分。

关于西方主流经济学，有多种多样的表述，比如现代庸俗经济学、现代主流经济学、西方经济学、西方庸俗经济学、资产阶级经济学，等等，笔者采用忠实于原文的方法，在引用时采用与原文一致的表述。

关于庸俗经济学和西方主流经济学的庸俗性表现，概括起来，在研究目的上，主要是为了调和资产阶级和无产阶级的利益，掩盖资本主义制度的阶级性，证明不劳而获的阶级是生产劳动阶级，为资本主义制度辩护；在研究对象上，庸俗经济学和西方主流经济学用各种不同的价值理论歪曲、篡改马克思的劳动价值论和剩余价值论，比如，萨伊用效用价值论歪曲劳动价值论；在研究方法上，庸俗经济学和西方主流经济学从理论假设出发，把所谓的理论视为“公理”，宣誓其具有“永恒性”。

通过对相关文献的研究，笔者认为庸俗经济学把资本作为一种“物”

---

① 杨玉生.马克思对资产阶级庸俗经济学的批判及其启示[J].当代经济研究,2008(12):17.

② 吴传启.马克思对庸俗经济学方法论的批判及其现实意义[J].经济研究,1962(11):45.

③ 邱强,邱德华.在市场经济条件下审视“庸俗经济学”[J].云南师范大学学报(哲学社会科学版),2002(5):12.

④ 沈志求.论马克思对古典经济学、庸俗经济学和辩护论经济学的区分[J].经济研究,1988(8):72-73.

去研究，没有深入到资本主义生产关系、没有深入到生产方式研究资本主义经济现象，也就不理解马克思的劳动价值论和剩余价值理论，不理解马克思关于“两个必然”“两个决不是”的论断。

（二）庸俗经济学的庸俗性

从庸俗经济学产生的特定历史背景，可以看出它的目的和阶级性。吴传启指出，在社会发展中，当资产阶级已经完成了自己的历史使命，从先进生产力的代表者，转而成为生产力的阻碍者了，它的经济学的代言人，就日益背弃了科学的立场，转到庸俗辩护论的立场上了。所以，“资产阶级庸俗经济学的产生和发展，是同资本主义本身日益走向腐朽的过程相适应的。”①丁霞指出，1830年法国的七月革命和1832年英国的议会改革，使法、英两国的资产阶级相继掌握了政权，占据议会多数席位的工业资产阶级开始维护资产阶级的利益，工人运动从资产阶级民主运动中独立出来。随着1848年《共产党宣言》的发表，无产阶级有了新的理论武器，无产阶级革命也达到了高潮。无产阶级把劳动价值论和剩余价值论作为理论和行为上的斗争武器。同时，18世纪二三十年代，李嘉图学派和马尔萨斯等庸俗经济学家斗争的失败，宣告了李嘉图学派的解体、庸俗经济学的产生。②庸俗经济学主要表现为对抗马克思的劳动价值论和剩余价值理论，不是从本质上研究工资、利润（利息）、地租的来源问题，而是刻意寻找调和的或者辩护性的理论。

庸俗经济学否定劳动价值论。比如，蔡万焕指出，庸俗经济学否认商品的二因素和劳动的二重性，否定商品的价值是由抽象人类劳动创造的，把商品的价值归结于商品的内在价值，或者商品的效用，或者取决于供求关系、生产成本、能够换得的劳动量，等等。总之，什么对他们有利，他们就把什么说成是真理。③张楠认为，庸俗经济学混淆使用价值与价值，不

① 吴传启.马克思对庸俗经济学方法论的批判及其现实意义[J].经济研究，1962(11)：45.

② 丁霞.1830年以来的西方经济学是庸俗经济学吗?[J].政治经济学评论，2015(3)：39-41.

③ 蔡万焕.论马克思对庸俗经济学价值理论的批判[J].现代商贸工业，2008(8)：284-285.

懂商品两因素；混淆劳动概念，不懂劳动二重性；在价值量决定问题上陷入混乱；混淆使用价值与交换价值、价值与交换价值，不懂价值形式；混淆价格与价值，不懂价值规律。[①]

庸俗经济学否定剩余价值理论。比如，杨玉生指出，萨伊的“三位一体”公式，就是资本主义生产关系从外表上表现出来的拜物教形态，割裂了资本主义生产关系的中介环节和潜在联系。关于剩余价值，其他相关论调还有：生产服务、预付价值的单纯再现、资本家的节俭、取消资本家以前缴纳的捐税、节欲说、资本的利润（包括利息）、剩余价值来源于交换领域、让渡利润。[②]肖步才指出，庸俗经济学为资本主义辩护，反抗社会主义主要有成本论（生产费用论）、供求工资基金论、忍欲论，等等。[③]

庸俗经济学也表现为在个别理论上对马克思劳动价值论和剩余价值理论的歪曲。比如，比较突出的是庸俗经济学对生产劳动理论的歪曲。陈振羽认为，生产劳动理论是阶级性极强的理论，斯密所说的资本主义生产劳动是生产利润和商品的劳动，被庸俗经济学庸俗化为所有拿薪金者都是生产劳动者。随着资产阶级掌握国家机器和教会，他们自己不再参加生产劳动，不是生产劳动者，受到直接劳动的工人的反对，庸俗经济学代表资产阶级的利益，证明资产阶级是生产劳动者，证明不直接生产的一切阶级都是生产阶级，比如庸俗经济学家用劳务价值论替换劳动价值论。[④]陆立军指出了庸俗经济学的几种关于生产劳动的谬误，比如，马尔萨斯认为，生产物质产品的劳动就是生产劳动；萨伊认为，生产效用的劳动就是生产劳动，即任何实业操作都是生产劳动。[⑤]

除阶级利益原因以外，针对庸俗经济学不能辨析劳动价值论和剩余价

① 张楠.马克思对庸俗经济学价值理论的批判及其启示[J].经济论坛，2010(2)：212-213.

② 杨玉生.马克思对资产阶级庸俗经济学的批判及其启示[J].当代经济研究，2008(12)：17-19.

③ 肖步才.资产阶级庸俗经济学中的“边际效用价值论”及其变种[J].经济研究，1961(12)：53.

④ 陈振羽.从马克思批判庸俗经济学反对斯密生产劳动理论的评述中吸取教益[J].厦门大学学报(哲学社会科学版)，1987(4)：90-91.

⑤ 陆立军.资产阶级庸俗经济学家生产劳动与非生产劳动理论述评——兼论其与马克思主义理论的根本区别[J].学习与探索，1983(3)：87-92.

值理论的原因，学界也有挖掘。商德文认为，原因在于庸俗经济学不明白利润、利息和地租与剩余价值的区别，这样，庸俗经济学就具有较大缺陷。商德文指出，利润、利息和地租只是剩余价值的表现形式，它们来源于剩余价值，这一点，只有马克思进行了科学分析，从而建立了科学的经济学。而庸俗经济学家不仅在理论上具有不彻底性，甚至指责马克思剽窃了他们的理论，这就比较可笑了。比如，洛贝尔图斯指责马克思剽窃了自己的“租”的理论。①

当然，庸俗经济学也包括对经济学进行整体上的混合和折中。沈志求认为，庸俗经济学的庸俗性就是像约·穆勒这样，毫无原则地把当时各种相互矛盾的经济理论观点混合在一起。为了解决资本家和工人之间的矛盾，约·穆勒指出，资本主义生产领域遵循永恒不变的自然规律，资本家和工人之间的矛盾只是分配领域的矛盾，分配领域受人的意志支配，既然受人的意志支配，那么，就可以通过协商或者其他方法调整分配方案，所以，可以通过改良资本主义分配关系来化解工人和资本家之间的矛盾。②

在方法论方面，吴传启认为，庸俗经济学者研究的是现象之间的关联，是经验主义者。由于没有对现象之间相互改变和生成的内在联系进行深刻分析，就没有深入到对经济现象的内在客观规律的把握，从根本上来说，是经验论和不可知论。由此，吴传启将庸俗经济学的方法概括为“庸俗经验主义的表象方法”：第一，庸俗经济学是对现实经济过程的歪曲表达；第二，这种歪曲表达适合资产阶级谋求最大利润的需要，只不过是把资产阶级的贪欲用学究式的语言来表达而已；第三，用资产阶级能够接受的所谓常识对经济现象进行解释，并使其适应于资产者的常规。③

庸俗经济学方法论的庸俗性，还包括唯心主义和个人主义等。吴传启指出，庸俗经济学把“反科学的唯心主义及其诡辩术发展到了荒谬无耻的

① 商德文.恩格斯编辑并出版《资本论》二、三卷及其对庸俗经济学的批判——为纪念恩格斯逝世九十周年而作[J].经济科学,1985(4):57-58.

② 沈志求.论马克思对古典经济学、庸俗经济学和辩护论经济学的区分[J].经济研究,1988(8):73.

③ 吴传启.马克思对庸俗经济学方法论的批判及其现实意义[J].经济研究,1962(11):49-50.

地步”[①]。张楠认为，庸俗经济学不能够理解人与物、物与物之间的社会关系，他们只看见了物，把社会关系作为单纯的物来处理，脱离社会关系的物，其历史性就被遮蔽了。进一步的错误是，庸俗经济学抽掉了物背后的社会关系元素之后，资本主义生产关系、资本主义制度就变成永恒的了，所以，庸俗经济学本质上是唯心主义的。[②]

概括起来，笔者将庸俗经济学的庸俗性概括为研究目的上的辩护性，对研究对象主要进行现象描述，研究方法上具有形而上学性和唯心主义的特征。

三、西方主流经济学仍然是庸俗经济学

正如陶大镛指出的，1867年《资本论》的出版，引起了资产阶级内部极大的慌乱，为了抵制《资本论》，“扼杀”马克思主义，庸俗经济学各派疯狂“围剿”马克思的劳动价值学说，这个反马克思劳动价值学说的“神圣同盟”，进行了一场边际革命。奥地利学派成为“边际效用价值论”的主流，其中，门格尔提出“主观价值论”，维塞尔提出“自然价值论”，庞巴维克提出“主观价值论”和“客观价值论”，马歇尔混合了“边际效用论”“生产费用论”和“供求论”，提出“均衡价格论”。[③]克拉克的“静态价格论”是“边际效用论”在美国的变种，新历史学派及其在美国的变种——制度学派也加入了反马克思经济学说的逆流。同时，第二国际修正主义、英国费边社的改良主义都运用了“边际效用价值论”。[④]吴传启指出，西方主流经济学还提出所谓“人民资本主义”“资本主义变形”“新资本主义”“二十世纪的资本主义革命”“有组织的资本主义”“有调节的资本主义”

① 吴传启.马克思对庸俗经济学方法论的批判及其现实意义[J].经济研究,1962(11):45.

② 张楠.马克思对庸俗经济学价值理论的批判及其启示[J].经济论坛,2010(2):214.

③ 陶大镛.十九世纪末二十世纪初庸俗经济学在价值论上的破产[J].北京师范大学学报(社会科学版),1963(4):27-54.

④ 陶大镛.十九世纪末二十世纪初庸俗经济学在价值论上的破产(续)[J].北京师范大学学报(社会科学版),1964(1):53-70.

“有计划的资本主义”，并提出资本主义制度的“社会主义化”“资本主义变形”，等等，与“马克思主义过时了”的论调相呼应，来驳斥马克思主义。①

这些庸俗价值论都从价值的表象——价格的层面对价值进行分析，这样表象层面的价格与深层层面的抽象劳动以及抽象劳动表征的人与人之间的社会关系就被隔离了，价值与生产、劳动间的必然联系也就被隔断了，价值的社会历史内容也就被遮蔽和抹煞了。庸俗经济学无法深入到价值的社会关系内容，只好人为地给价值创造一个内在原因，这就是用主观臆造的心理规律、“自然”规律来偷换客观存在的价值规律。所以说，庸俗经济学理解不了价值的深刻内涵，便虚构了一个反科学的、主观唯心主义的价值论。其根本意图当然都是为了粉饰资本主义社会日趋尖锐的阶级矛盾，散布各式各样关于“阶级调和”“阶级合作”的谬论，麻痹各国工人阶级和广大劳动人民的斗争意志，千方百计地维护资本主义的基础，一方面，满足资产阶级和垄断资本集团榨取高额利润的需要，另一方面，满足资本主义反对马克思主义和社会主义的需要。②

关于当代庸俗经济学的理论体系，刘涤源认为，是由马歇尔在约·穆勒的相关理论的基础建立的，包括土地、资本、劳动和管理才能构成的四要素生产论、供求均衡的价值论、以“萨伊定律”为核心的流通论和“四位一体的公式”的分配论（劳动—工资、土地—地租、资本—利息、管理才能—利润）。以后的垄断均衡价格，其他各经济学体系或流派都是抽取了马歇尔的这一重要论点或重要问题。比如庇古的旧福利经济学，把“福利”这个重要观点从马歇尔经济学中分解出来；凯恩斯学派背离了马歇尔经济学说，但是对马歇尔经济学说也有继承；新型的自由经营论的各个流派是马歇尔经济学说的古董翻新和旧调重弹，比如供给学派、现代货币主义和

① 吴传启.马克思对庸俗经济学方法论的批判及其现实意义[J].经济研究,1962(11):55.

② 陶大镛.十九世纪末二十世纪初庸俗经济学在价值论上的破产(续)[J].北京师范大学学报(社会科学版),1964(1):67.

合理预期学派。[①]所以，朱富强认为，现代主流经济学有两个重要的庸俗性：一是意识形态上的社会达尔文主义，将存在视为合理，并用数学化的方法和统计数据为资本主义辩护；二是用片面性的研究方法分析经济现象，割裂了经济现象的整体性和系统，肤浅、狭隘地认知经济活动。[②]

但是，西方主流经济学并没有驳倒马克思的劳动价值论。史哉书认为，劳动价值论坚持价值决定价格，价格是供求一致下的均衡价格。劳动价值论仍然适用于资本主义市场经济，不过转化为生产价格理论，即马克思的“通过部门间竞争形成生产价格”理论。生产价格本身与由生产价格决定的价格，是供求不一致条件下的非均衡价格和非均衡生产价格。西方主流经济学根本上拒斥劳动价值论和剩余价值论，用边际效用价值论替换劳动价值论，以均衡替换马克思的非均衡。[③]于建国等强调，这种围绕价格的一般均衡理论是没有内在科学依据的，不过是一种分析经济的庸俗方法论。这种方法论的庸俗性突出地表现在以价格为中心，用模型和抽象逻辑对价格进行数据分析，建立价格波动和供求变动之间的关系，得到所谓的供求规律，把经济行为解释为经济人根据供求规律所为的行为。[④]

再如，丁堡骏以萨缪尔森对马克思的批判为例，阐释了现代庸俗经济学并没有证伪劳动价值论。丁堡骏指出，萨缪尔森因为疯狂反对马克思主义经济学，对马克思的劳动价值论进行所谓“里昂惕夫和斯拉法时代”的批判，闻名全世界。但是，萨缪尔森的批判比较于以往和以后的反对言论，并没有新的创造，不过是同义反复而已。换言之，萨缪尔森仍然是只看见价格，只见现象，只揪住表象不放，只考察表象的方法，庸俗地把价格直

① 刘涤源.试论马歇尔经济学说对当代西方庸俗经济学说发展的巨大影响[J].武汉大学学报(社会科学版),1985(3):20-23.

② 朱富强.现代主流经济学的“伦理不及”及其庸俗性[J].中山大学学报(社会科学版),2013(1):193.

③ 史哉书.批判资产阶级庸俗经济学还是批判马克思？——就转形问题与刘元胜先生商榷[J].当代经济研究,2011(5):50-51.

④ 于建国,俞坚.现代庸俗经济学的一种价值分析——一般均衡价值论[J].上海经济研究,1984(11):25.

接理解为价值，浅薄地把经济体系中的价值变成价格，肤浅地理解马克思主义的劳动价值论，却狂妄地认为自己发现了所谓的永恒真理。①

吴传启认为，现代资产阶级的经济学反对无产阶级的社会主义革命，反对社会经济发展的客观要求，仅仅是作为日益腐朽的垄断资本的辩护士，更是集中地对马克思主义的价值论和剩余价值论进行攻击，已经蜕变为毫无科学成分的诡辩术了。如1958年在美国出版的《资本家宣言》，认为价值是由自由竞争决定的。概括起来说，现代资产阶级经济学在经验主义方面越走越远，距离科学地理解经济活动也就越来越远，或者更确切地说，现代资产阶级经济学根本上就是拒斥客观规律的，其立足于旧唯物主义的经验主义世界观，鼓吹经验事实，宣扬只有能够“拍照”的东西才是真实的，才是可以被承认的，他们根本不理解、也拒绝理解科学的经济规律。现代资产阶级的经济学家认为马克思主义的经济学研究是科学抽象，不能够用“拍照”的方法来证明，因而是虚构的、不真实的，不过是繁琐的发明而已。但是，即便按照现代资产阶级经济学所谓“拍照”的方法来考察他们，很容易发现，他们并不是客观地、全面地、给全部事实进行“拍照”，他们只是按照辩护的目的歪曲事实。简言之，资本能否赚钱才是他们的目的和标准。②为了把内在对抗的资本主义生产关系说成协同与和谐的理想社会，现代资产阶级经济学只能采取歪曲和诡辩的方法，主观地把“拍照”来的所谓事实给“解释掉”，即用调和的词句建立“拍照”得来的现象之间的联系。所以，要证明错误的东西正确，就只能抓住表象，反对内在联系，运用在外表上、形式上伪装正确的各种手段。这种反科学的拆衷主义和诡辩论，就成为庸俗经济学家们论辩手法的最一般的特征。③

张楠认为，当代西方经济学用数学分析代替经济分析，用简单商品流通代替货币和资本流通。这样，就把生产方式排除在经济学研究之外，失

① 丁堡骏.现代庸俗经济学并没有证伪劳动价值论——以萨缪尔森对马克思的批判为例[C].全国高等财经院校《资本论》研究会2010年学术年第27届学术年会论文集,2010:1.

② 吴传启.马克思对庸俗经济学方法论的批判及其现实意义[J].经济研究,1962(11):45-52.

③ 吴传启.马克思对庸俗经济学方法论的批判及其现实意义[J].经济研究,1962(11):52.

去了特定生产方式这一内在联系的主线，经济现象就只能是孤立的、片面的，所谓的经济理论就失去了历史性和社会性，从根本上也就只能是唯心史观，所以，当代西方经济学仍然具有致命的庸俗性。[①]由此，丁霞指出，西方经济学维护资本主义国家特殊的阶级利益，维护资本主义制度、意识形态和价值观，所谓的“原理”“公理”和“基本命题”不过是一些理论假设，完全信息、完全理性、完全竞争假设，经济人自利和资源稀缺性假设，完全制度、同质性以及有限市场假设，这些假设把资产阶级制度吹捧为最适于人性的天然正确的基本制度，而实际上20世纪初以来，资本主义市场经济理论出现了三次颠覆性危机，即20世纪二三十年代的大危机、20世纪70年代的滞胀危机和21世纪初的美国次贷危机和欧洲主权债务危机，这些与社会经济现实严重背离。21世纪以来，资本主义世界出现的不和谐现象，比如关于收入分配不平等问题的争论，再次说明了资本主义制度只能是历史性的，其历史性产生，历史性存在，也必然历史性地自我否定。[②]

所以，西方主流经济学仍然主要是关于物的研究，没有把研究对象上升到“资本主义生产方式以及和它相适应的生产关系和交换关系”[③]，在本质上是为资本主义辩护的经济学。

① 张楠.马克思对庸俗经济学价值理论的批判及其启示[J].经济论坛，2010(2)：214.

② 丁霞.1830年以来的西方经济学是庸俗经济学吗？[J].政治经济学评论，2015(3)：39-46.

③ 马克思恩格斯选集(第2卷)[M].北京：人民出版社，2012：82.

第一章　庸俗经济学产生的背景

庸俗经济学代表的是资产阶级的利益，所以，当资产阶级夺得了政权，作为“经济的社会形态”，资本主义生产方式获得统治地位，雇佣劳动成为整个社会的经济基础，剩余价值生产普遍化时，“物质生活的生产方式制约着整个社会生活、政治生活和精神生活的过程”①，庸俗经济学便成为与之相适应的意识形态。

第一节　资本原始积累和资本主义的产生

资本原始积累始于西欧封建社会末期，资本主义性质的工商业活动侵蚀封建社会的行会经济和大地产经济，出现资本主义生产关系的萌芽。“地理大发现”极大地推进了这一过程，随着劳动者与劳动条件分离、劳动者成为雇佣工人，整个社会日益分裂为两大直接对立的阶级，资产阶级取得政权，资本主义生产方式最终确立了。

① 马克思恩格斯文集(第2卷)[M].北京:人民出版社,2009:591.

一、封建社会末期的商品经济与资本主义的萌芽

(一)封建社会内部的商品经济

西欧封建社会的主导经济形式是自然经济，农奴劳动构成整个社会的经济基础，与其相对立的是封建社会内部的商品经济，是以同业行会的手工业劳动为基础的经济形式。

大地产制度和家庭作坊。公元476年，西罗马帝国灭亡以后，西欧逐渐退回到一种纯粹的农业状态，形成一种大地产制度，经历了一个商业和城市消失的时代。从皇帝到农奴，社会生活都建立在土地收入上，动产在经济生活中不再起任何作用。领主不仅依靠自己的保有地与农民的租税过活，还要在自己家里生产耕种土地所需的农具以及奴仆所需要的衣服，因为他无处购买这些东西。这也就形成了具有大地产特征的家庭作坊，补充商业与工业的缺乏。①

偶然的商业。由于以下几个原因，偶然的商业总是存在的。第一，气候会影响到土地的收入，歉收的年份，人们不得不外出寻找食物；第二，有些生活必需品必须依靠购买才能获得，比如食盐；第三，人们之间总会有些交往活动，就会出现社交娱乐场所和零星的交易活动；第四，西欧封建社会存在犹太商人极为有限的交易活动；第五，受南边地中海—亚得里亚海、北边北海—波罗的海商业活动的零星影响。而之所以是偶然的商业，因为：第一，这些交换活动都是时断时续的，即便食盐的购买也是如此；第二，买卖不是任何人的专门职业，不存在商品经济意义上的商人，商人阶级消失了，商业也不是社会活动的一个部门。②

同业行会的形成和管理。同业行会的经营和管理就是封建社会内部的商品经济。9世纪初期起，偶然的商业伴生了数目迅速增加的市场，新的市

① 亨利·皮朗.中世纪欧洲经济社会史[M].乐文,译.上海:上海人民出版社,1964:7-8.

② 亨利·皮朗.中世纪欧洲经济社会史[M].乐文,译.上海:上海人民出版社,1964:9.

场不断地被建立起来。[①]虽然市场数目的众多正说明了这类市场本身的无关紧要，但是，这些市场却具有聚合效应。为了获得有利的生产和销售条件，这些人会迁居到封建城堡周围、寺院附近或交通要道旁边，于是手工业不再依附土地和庄园，与农业分离，家庭作坊发展为手工业作坊，商业成为一部分人的专门职业，城市也逐渐兴建起来了。所以，马克思、恩格斯指出："从中世纪的农奴中产生了初期城市的城关市民。"[②]

城市用行会的形式进行管理。正像中世纪农业时期每一个大庄园必须供应各类谷物一样，每一个城市必须向供应它粮食的地区提供工业品，作为交换。为了既保障制造并出售手工业品的工匠的利益，又保障购买手工业品的顾客的利益，就需要通过立法，由一个组织来完成这一任务，尽管这种组织在各地的具体做法有差异，名称上也很不同，但原则是共同的，可以统称为同业行会。[③]自从11世纪以后，政府当局按照行业的不同把工匠们组成不同的团体加以监督，用这个方法实行对城市工业的管理。每一个团体都有权利使它的会员从事该团体所属的行业。因此，在本质上，它们是有特权的团体，与工业的自由并无共同之处。它们建立在排他主义与保护政策之上，同业行会免除自由竞争。在英格兰这种独占组织被称为行会，在德国被称为同业公会或手工业公会。[④]"尽管各地的同业行会在内部自治的限度上、在政治势力上都有所差异，但是它们的经济组织在整个欧洲却是一样的。"[⑤]无论在哪里，它们的基本特征相同。"中世纪城市经济的保护主义精神在这里有了最强烈的表现。它的主要目的是保护工匠既免受外来的竞争，也免受同行之间的竞争。它把城市的市场完全保留给同业行会的工匠。它排斥外来的产品，同时又监视不使同行的会员因损害别人而致富。"[⑥]正是由于这个缘故，逐渐形成许多详细规定。每一个行会的会员分

① 亨利·皮朗.中世纪欧洲经济社会史[M].乐文,译.上海:上海人民出版社,1964:9.

② 马克思恩格斯文集(第2卷)[M].北京:人民出版社,2009:32.

③ 亨利·皮朗.中世纪欧洲经济社会史[M].乐文,译.上海:上海人民出版社,1964:160.

④ 亨利·皮朗.中世纪欧洲经济社会史[M].乐文,译.上海:上海人民出版社,1964:163.

⑤ 亨利·皮朗.中世纪欧洲经济社会史[M].乐文,译.上海:上海人民出版社,1964:165.

⑥ 亨利·皮朗.中世纪欧洲经济社会史[M].乐文,译.上海:上海人民出版社,1964:166.

为互相隶属的若干等级，主要有行东、学徒、帮工。[①]

(二)资本主义的萌芽

“资本主义社会的经济结构是从封建社会的经济结构中产生的”[②]，但是，中世纪的大地产制度和中世纪地方行会的手工业生产，“使大资本家和终身的雇佣工人不可能存在”[③]，“后者的解体使前者的要素得到解放”[④]，而这种解放，萌芽于地中海—亚得里亚海、北海—波罗的海连接的与外部世界的商业活动，我们可以称之为国际贸易活动。

农村萌芽了资本主义性质的工商业活动。从事国际贸易的商人，让许多以前以农村副业的形式从事纺织的织工和纺工为他劳动，把他们的副业变成他们的本业，成为雇佣工人。这些雇佣工人离开家乡，联合在一个作坊里，成为以出卖劳动为生的工人，这时他们便落入商人的支配之下。商人购买他们的劳动，并且先是剥夺他们对产品的所有权，很快又剥夺他们对劳动工具的所有权，或者是为了减低商人自己的生产费用而把劳动工具留给他们作为徒有其名的财产。

这种资本主义性质的工商业活动最初零散地出现在农村的个别地方，“没有侵入所谓城市工商业，而是侵入农村副业，如纺和织，即最少需要行会技巧、技艺训练的那种劳动”[⑤]。农村副业为资本主义性质工商业的萌芽提供了广阔基础，伴随其发展，出现了农业人口向自由短工的转化，也出现了租地农场主。这种资本主义性质工场手工业的产生，侵蚀了农奴制依附关系，使之慢慢解体。

城市也产生了资本主义性质工商业活动的萌芽。马克思指出：“城市本身也在非行会的短工和粗工等等形式上包含着形成本来意义的雇佣劳动的

① 亨利·皮朗.中世纪欧洲经济社会史[M].乐文，译.上海：上海人民出版社，1964：166.

② 马克思恩格斯文集(第5卷)[M].北京：人民出版社，2009：822.

③ 马克思恩格斯文集(第9卷)[M].北京：人民出版社，2009：154.

④ 马克思恩格斯文集(第5卷)[M].北京：人民出版社，2009：822.

⑤ 马克思恩格斯文集(第8卷)[M].北京：人民出版社，2009：164.

一个要素。”[①]城市中对同业公会起着瓦解作用的工商业，是为输出而工作的集团，即那些经营国际贸易的批发商人的供应者，就他们与雇主的关系而论，他们是工资收入者。他们从批发商人那里得到原料，为批发商人工作，把制成品交给批发商人。也就是说，工人与劳动资料是分开的，与市场是分开的。他们的劳动产品由批发商人或者企业主代为处理，辗转经过若干人的手以后，最后才在市场上出售。[②]

这种工商业活动与行会性质的城市手工业生产活动本质不同。行会手工业生产的直接目的，主要是保证手工业者、手工业师傅的生存，因而生产是为了获得使用价值，不是为了发财致富，不是为获取作为交换价值的交换价值。所以，生产处处从属于作为前提的消费，供给从属于需求，而且只是缓慢地扩大着。而资本主义性质的工商业活动，主要目的是商人从中发财致富，对于直接劳动的工人来说，“对象化的劳动同时又表现为工人的非对象性”[③]。

商人资本家的产生，可以概括为两种形式。一是从小商品经济中分化出来。行会之间、行会内部的竞争，以及行会和封建主的斗争，促使小生产者发生剧烈的两极分化：一部分条件好的作坊主不断扩大生产规模，添置设备，增加雇佣工人数量，延长劳动时间，逐渐富裕起来并成为最早的工业资本家；多数作坊主则在竞争中逐渐衰落下去，直至破产，最终同其帮工和学徒一起沦为雇佣工人，简单商品经济的行会生产辩证否定为以雇佣劳动为基础的市场经济生产。二是从商人和高利贷者转化而成。封建社会末期，随着商人积累的财富不断增加，一些大商人成了包买商，他们不仅包销小生产者的全部商品，还供给他们原料和设备，从而割断了小生产者与销售市场和原料市场的联系，逐渐控制了商品生产者。商人和高利贷者趁生产者困难之机，贷给他们所需要的资金、原料和生产工具。“随着交往集中在一个特殊阶级手里，随着商人所促成的同城市近郊以外地区的通

① 马克思恩格斯文集(第8卷)[M].北京：人民出版社，2009：165.

② 亨利·皮朗.中世纪欧洲经济社会史[M].乐文，译.上海：上海人民出版社，1964：167-168.

③ 马克思恩格斯文集(第8卷)[M].北京：人民出版社，2009：166.

商的扩大，在生产和交往之间也立即发生了相互作用。”[①]随着商人侵入手工业领域，小生产者沦为商人、高利贷者的债务人，一旦无力还债，就只能交出自己的作坊来抵债。于是，作坊主丧失了独立的生产者身份，连同其帮工和学徒成了商人或高利贷者的雇佣工人，商人或高利贷者则成为工业资本家，封建社会末期的简单商品经济辩证否定为以雇佣劳动为基础的市场经济。

资本主义工商业“蜗牛爬行的速度”。无论是在农村还是城市，起初，资本主义性质的工商业活动的发展都是十分缓慢的。直到15世纪中叶“地理大发现”以前，对外贸易的范围都很狭小。“在南方从未超出意大利人所达到的极限，在北方从未超出汉撒同盟所达到的极限。换言之，一方面从未超过爱琴海与黑海，另方面从未超过诺夫哥罗德的俄罗斯集市。”[②]也就是马克思所说的，资本主义性质工商业的发展是“蜗牛爬行的进度”[③]。比如，在英国，“为资本主义生产方式奠定基础的变革的序幕，是在15世纪最后30多年和16世纪最初几十年演出的。”[④]

二、资本原始积累与两大对立阶级的形成

资本原始积累是直接劳动者同劳动条件分离的历史过程，也就是劳动力成为商品的历史过程，包括两个辩证统一的过程：劳动者被迫同劳动条件分离，劳动者被迫成为雇佣工人。其结果是使整个社会日益分裂为两大直接对立的阶级，资产阶级夺取政权。

(一)“地理大发现”极大地推进了资本原始积累

资本主义萌芽引发了资本原始积累，“地理大发现”引发的“商业革

① 马克思恩格斯选集(第1卷)[M].北京:人民出版社,2012:187.

② 亨利·皮朗.中世纪欧洲经济社会史[M].乐文,译.上海:上海人民出版社,1964:173.

③ 马克思恩格斯文集(第5卷)[M].北京:人民出版社,2009:860.

④ 马克思恩格斯文集(第5卷)[M].北京:人民出版社,2009:825.

命”推动了这一过程的快速进行。15世纪末，美洲的发现，通往印度航道的开辟，使世界市场迅速扩大。流通的商品种类和数量大大增多，美洲的烟草、可可，中国的茶叶、瓷器，印度的蔗糖、香水，北亚和北美的毛皮，这些新的商品开始在欧洲市场上出现，咖啡、大米、香料、布匹等的交易量也大增。欧洲人还取得了许多新的渔场、林场。欧洲的各种商品主要是手工业或工业产品，也大量倾销到东方沿海国家、东非、美洲，流入北亚。同时，“地理大发现”也为资本原始积累提供了原料产地和流通中的金银等贵金属。总之，世界上各个遥远地区之间和各个民族之间开始、扩大和加强了经济联系。①如同《共产党宣言》所说：“美洲的发现、绕过非洲的航行，给新兴的资产阶级开辟了新天地。”②

（二）劳动者同劳动条件分离

形成中的资产阶级迫使劳动者同劳动条件分离。以英国的土地掠夺为例。14世纪末期，英国实际上已经不存在农奴制。当时，尤其是15世纪，英国有1/7的人口是自耕农，较大的封建领地上，自由的租地农场主排挤了过去农奴的管事。而更激烈的生产关系革命发生在15世纪最后30多年和16世纪最初几十年，大封建主夺走农民的公有地，把他们从土地上强行赶走。农民成为不受法律保护的无产者而被抛向劳动市场。

概括起来，针对国有土地，劳动条件被分离的暴力方式有：第一，新权贵与国王勾结、合谋，取消土地对国家的贡赋，废除封建土地制度，取得对地产的现代私有权，由农民和其他人民群众对国家课税来“补偿”国家；第二，通过国王赠送或者直接掠夺的方式将土地合并到私人地产中去；第三，土地新权贵与新银行巨头和当时靠保护关税支持的大手工工场主成为自然盟友，加速了土地私有化过程；第四，土地被转化为纯粹的商品，同时大量增加了不受法律保护、来自农村的无产者。针对公有土地，起初劳动条件被分离主要是作为个人的暴力行为进行的，到了18世纪，主要是

① 张箭．地理大发现研究：15—17世纪[M]．北京：商务印书馆，2002：420-421.

② 马克思恩格斯文集（第2卷）[M]．北京：人民出版社，2009：32.

按照以法律为主要手段的“公有地圈围法”进行。“公有地圈围法”以为公有地的圈围制定一般性的议会法令为主要手段，把公有地变成私有地；以大租地农场主独立的私人办法为辅助手段，比如他们禁止茅舍贫农饲养牲畜或家禽，夺取农民对公有地的一切权利。这样，公有地上的大租地农场增长了，农民也被从公有地上“游离”出来，变成无产阶级，成为以出卖劳动力为生的雇佣工人，而工资“只够满足绝对必要的生活需要”。

(三)劳动者成为雇佣工人,两大对立阶级形成

形成中的资产阶级迫使劳动者成为雇佣工人。对于劳动者来说，封建社会经济结构中直接劳动者失去土地等劳动资料，并不是直接就由农民、农奴、学徒和帮工转化为雇佣工人。也就是说，尽管农民失去了劳动条件，资本拥有了劳动条件，但是，这种状况并不意味农民立即就会成为资本的雇佣工人，农民要转化为雇佣工人还需要一些中介条件。马克思说，现代工人阶级的“始祖”远不是封建社会的农民、农奴、帮工或者学徒，而是流浪者、乞丐，或者盗贼。因为：第一，直接劳动者并不自愿成为“最低生活资料”工资地位的雇佣工人；第二，直接劳动者虽然因为土地被剥夺，而被“游离”出封建经济结构，但是，当时的工场手工业远没有能力吸纳这么多的无产者；第三，农民的生产条件被剥夺，并不意味着会立即形成一个无产阶级和与之对应的资本家阶级。

总之，资本家阶级的形成和无产阶级的形成都需要一个相对漫长的历史过程。当时的实际情况是，劳动条件被剥夺后，这些农民首先变成流浪者、乞丐或者盗贼，他们不愿意去为剥夺者工作。当时的政府是为剥夺者服务的，政府会应用残酷的惩罚迫使农民去为剥夺者工作。比如，英国亨利八世时期的法律规定，有劳动能力的流浪者，先必须受到鞭打至遍体流血的惩罚，然后必须从事劳动。这样，在酷刑和饥饿的双重折磨下，农民不得不接受劳动条件的剥削，转化为雇佣工人。随着资产阶级力量的壮大，尤其是资产阶级对封建制度取得胜利之后，两大对立阶级最终形成。

三、资产阶级革命胜利和资本主义生产方式确立

19世纪三四十年代，资产阶级革命胜利，资产阶级夺得了政权，资本主义生产方式以国家制度的形式确定下来，资产阶级也最终取得对无产阶级的统治权。

（一）资产阶级革命胜利

工业革命之前，整个资产阶级的力量比较弱小，不具有真正改造封建社会的力量。马克思说："工场手工业既不能掌握全部社会生产，也不能根本改造它。"[①]工业革命使资本主义制度比封建制度的优越性更充分地显示出来。资本主义力量的壮大，引起了19世纪上半期欧洲国家一系列的革命和改革。19世纪20年代希腊和西班牙的资产阶级革命，1830年比利时的革命和法国七月革命，英国1832年进行的国会选举改革和1846年废除《谷物法》，直到1848年爆发的席卷欧洲大陆的资产阶级革命，就是这股革命和改革的历史潮流的明显表现。在这些运动中，有的是新兴的工业资产阶级向工业革命前的统治者金融资产阶级和土地贵族作斗争，有的则是资产阶级为夺取政权对封建统治者进行冲击。归结起来，它们都是为了给资本主义发展扫清道路，都属于资产阶级性质的运动。

当然，通过革命道路过渡到资本主义的国家在历史上只占少数，多数国家是经由自上而下的改革而实现过渡的。在17、18世纪还有国家没有经由改革完成过渡，但是改革的趋势则很明显。在封建制度处于穷途末路之时，封建统治者当中出现一些有远见的改革者是不足为奇的。因此，凡改革基本上都是由原来的统治者进行的，带有合法性和长期性。也正因此，改革往往会受到各种阻碍和利益牵制，不仅是曲折的，还有中断的可能。18世纪奥地利、普鲁士出现的"开明君主制"的改革，就是这种过渡道路的萌芽。

① 马克思恩格斯文集（第5卷）[M].北京：人民出版社，2009：426.

(二)资本主义生产方式确立

1640年，英国就爆发了资产阶级革命，1689年，英国确立了资产阶级和新贵族分割分享政权。法国1789年爆发了资产阶级大革命，一直到这时候资产阶级才稳固地取得了政权。可见，资本主义生产方式的确立是一个复杂的斗争过程。

早期资产阶级的形成和革命是一个复杂的进程。资本主义要求冲破封建阻碍，取得比较自由的发展，起初主要以经济自由为手段。具体的方法比如依靠契约（或合同、协议）来实现目的。而当时的西欧，形成中的资产阶级欲用契约实现自己的目的，就必须谋求以法律保证契约有效和经济自由，所以，他们就谋求要么直接推翻封建统治，要么与封建统治者妥协，限制王权。

封建统治者是不会甘心失败的。他们拼死反抗，甚至像法国王室那样将外国封建势力也勾引进来，使得革命必须比预定的革命目标走得更远，用更加激进的手段去打击敌人，才有可能巩固已取得的成果，真正赢得胜利。正如恩格斯所说："哪怕只是为了获得那些当时已经成熟而只待采摘的资产阶级的胜利之果，也必须使革命远远超越这一目的。"①这样做，就只能依靠下层群众的力量，当然也就必须为此而满足群众的某些要求。当革命超出其目的而走得更远之后，才可以从群众那里获得力量而打败敌手，取得胜利。

随着胜利的到来，那些定得过远、超出革命目标的步骤自然还要退回来。经过几次反复之后，得以长期保留下来的革命成果，绝大部分仍是大资产阶级执政时所制定的那些政策及其成果。无产阶级一出现就开始了自己的斗争。工人运动是工业革命后兴起的一股新的历史潮流。

(三)无产阶级的斗争及其失败

19世纪三四十年代，无产阶级已成为一支独立的政治力量。突出的表

① 马克思恩格斯选集(第3卷)[M].北京:人民出版社,2012:763.

现就是1831年和1834年法国里昂丝织工人的两次武装起义，1836年开始的英国宪章运动和1844年德国西里西亚的织工起义。在1848年革命中，无产阶级也起着主力军作用，还发生过巴黎无产阶级的六月起义。无产阶级成为独立的政治力量并不意味着其已走上了社会主义革命的道路。独立是指无产阶级不再根据资产阶级提出的纲领口号进行斗争，而是提出了本阶级独立的要求，尽管在当时，这些要求多半还没有超出资产阶级民主主义的范围。英国工人的《人民宪章》所提的六条要求，归结到一点就是要求普选权；1848年法国工人提出的劳动权、普选权的要求也属于这种性质，都还不具有社会主义的性质。工人运动在客观上还主要是资产阶级运动的辅助力量，起着运动中最激进、最彻底的一翼的作用。这一时期的工人运动多半带有政治斗争的特点，很能显示无产阶级的力量。但是，我们知道，19世纪上半叶的欧洲大革命，无产阶级以失败告终，资产阶级取得了对无产阶级的统治权。

第二节　资本积累和资本主义的发展

资本主义制度确立之后，雇佣劳动的经济基础得以确立，资本原始积累转化为资本积累。任何社会的劳动都可以界分为两部分，其中一部分就是剩余劳动。但是，不同的经济社会形态，剩余劳动服务的阶层和分配的方式是不同的。资产阶级制度下的剩余劳动以剩余价值的形式存在。

一、剩余价值的生产

在人类社会的大部分历史时期内，都有剩余劳动和剩余产品。但是，资本主义生产方式保障下的剩余劳动和剩余产品，及其生产和再生产，表现为剩余价值的生产和再生产。

(一)剩余劳动和剩余产品

马克思指出："在任何一种社会生产（例如，……）中，总是能够区分出劳动的两个部分，一个部分的产品直接由生产者及其家属用于个人的消费，另一个部分即始终是剩余劳动的那个部分的产品，总是用来满足一般的社会需要，而不问这种剩余产品怎样分配，也不问谁执行这种社会需要的代表的职能。"[①]由此，马克思将劳动区分为必要劳动和剩余劳动，相应地，劳动产品就被区分为必要产品和剩余产品。

在人类历史上，除了原始社会初期以外，一切社会都有剩余劳动和剩余产品。按照马克思的思想，社会生产过程是人类生活的物质生存条件的生产过程，人类的生存繁衍，首先需要生产和再生产物质生活资料，它既是人类社会的条件，也是人类社会的结果。"剩余劳动一般作为超过一定的需要量的劳动，应当始终存在。"[②]因为任何一个社会，作为一个共同体，要维持正常的日常生存，就必须有一定的资源储备应对偶然事故，应对必要的人口的增长，还必须有资源应对共同体的发展，所以，人类要繁衍，就得多劳动，生产超过必要消费品的劳动产品。比如，野蛮人为了满足自己的需要，为了维持自己的生命和再生产，必须与自然进行斗争。生产必要消费品的劳动是必要劳动，必要消费品是必要产品；超出必要劳动之外的劳动，是剩余劳动，生产的产品供共同体需要，是剩余产品。按照马克思的思想，任何社会都是这样，概莫能外。比如奴隶的剩余劳动、农奴的剩余劳动。在这一意义上，我们说，人类社会的生产是需要一定量剩余劳动的扩大再生产。当然，从资本主义观点来说叫作积累。所以，在人类历史上，除了原始社会初期以外，一切社会都有剩余劳动和剩余产品，并且是整个社会体系得以维系和进步的共同基础，它表征了人与人以一定的方式结合起来，利用和改造自然的能力。

资本并没有发明剩余劳动，却造成了对剩余劳动的无限制追求。如果

① 马克思恩格斯文集(第7卷)[M].北京：人民出版社，2009：993-994.

② 马克思恩格斯文集(第7卷)[M].北京：人民出版社，2009：927.

每个劳动者的全部劳动都是必要劳动，他们生产的产品只够维持自身的生存，没有剩余劳动和剩余产品，就不可能有社会分工，也不可能有积累和扩大再生产，从而也就不可能有人类社会的进步与发展。所以，马克思说："资本并没有发明剩余劳动。凡是社会上一部分人享有生产资料垄断权的地方，劳动者，无论是自由的或不自由的，都必须在维持自身生活所必需的劳动时间以外，追加超额的劳动时间来为生产资料的所有者生产生活资料，不论这些所有者是雅典的贵族，伊特鲁里亚的神权政治首领，罗马的市民，诺曼的男爵，美国的奴隶主，瓦拉几亚的领主，现代的地主，还是资本家。"①但是，在不同的经济社会形态中，由于剩余产品存在的形式是不一样的，客观上就造成了生产资料垄断者所需求的剩余劳动的量的不同。如果剩余产品以实物，即使用价值的形式存在，比如小麦、玉米、大豆，由于小麦、玉米、大豆等实物的存放时间有限，时间太长会腐烂，生产资料垄断者储存太多的剩余产品，就没有意义，这在客观上就限制了剩余劳动的量。所以，在古代，只有在谋取具有独立的货币形式的交换价值的地方，即在金银的生产上，才有骇人听闻的过度劳动。换句话说，当剩余劳动和剩余产品，即与使用价值联系在一起时，剩余劳动还是"温和"的，而一旦资本割裂了剩余劳动和剩余产品的关系，以剩余产品为中介，把剩余劳动与抽象劳动，即与交换价值联系在一起，生产剩余产品变成了生产剩余价值时，就造成了生产资料垄断者对剩余劳动的无限制追求。

(二)雇佣劳动和剩余价值

剩余价值以雇佣劳动为基础。剩余价值不是从来就有的，当劳动者的劳动转变为雇佣劳动后，剩余产品才以剩余抽象劳动的形式存在，有了剩余抽象劳动才有了剩余价值。

"劳动的第一个客观条件表现为自然，土地，表现为他的无机体"②。在资本主义生产以前的亚细亚的所有制形式、古代的所有制形式和日耳曼

① 马克思恩格斯文集(第5卷)[M].北京:人民出版社,2009:272.

② 马克思恩格斯选集(第2卷)[M].北京:人民出版社,2012:740.

的所有制形式中，经常可以看到自然、土地是劳动实现的唯一客观条件，劳动者把自己劳动的客观条件当作自己的财产，自然、土地就是所有制成员的无机的身体，这是劳动同劳动的物质前提的天然统一，人与自然、土地是融为一体的。在经历了前后相续的经济的和政治的历史过程，也就是农民转变为雇佣工人的过程，才有了剩余抽象劳动。雇佣劳动形成的过程，可以说，始于农民“无机的身体”（土地）被侵犯。例如，英国的大土地所有者遣散了那些曾经与他们共同消费剩余农产品的侍从；其次，他们的租佃者赶走了茅舍贫农等。再如，从15世纪后期延续到19世纪的圈地运动，大片敞地被圈起变为私人土地。这样一来，大量的活劳动力被抛到劳动市场上。他们唯一的活路，或是出卖自己的劳动能力，或是行乞、流浪和抢劫。他们最初力图走后一条路，但是被绞架、耻辱柱和鞭子从这一条路上赶到通往劳动市场的狭路上去。[①]英国1530、1536年法令对有劳动能力的农民，一律逮捕鞭挞或系在马车后部，鞭打至流血为止，再令其起誓劳动、遣送回乡。第二次违抗法令者，则遭鞭打并要削去半只耳朵。第三次违法者处死。……有产者、富人把持的政府，用一系列血腥立法把农民逼为“自由劳动者”。从被侵犯到最终被完全剥夺，农民彻底丧失了自己“无机的身体”，变成“被剥夺光的、丧失客观条件的自由工人”，当农民成为靠出卖劳动力为生的自由工人的时候，剩余产品就转化为以雇佣劳动为基础的剩余价值。

剩余价值生产的特点。剩余价值生产完全遮蔽了雇佣劳动表征的资本主义生产方式，掩盖了资本家对工人的剥削。在古代或者近代的社会形态中，无论是奴隶劳动还是农奴劳动，奴隶和农奴的剩余劳动和剩余产品都是可见的，而在雇佣劳动制度下，工人的剩余劳动和剩余产品却是不可见的，能看见的是工人和资本家之间的等价交换，工人支付劳动获得工资，资本家支付货币得到劳动，这似乎完全是建立在合意基础上的契约。加之资产阶级经济学家用一般劳动混淆抽象劳动，资本家对工人剩余价值的剥削就更看不见了。比如，国民经济学“把劳动、资本、土地的互相分离，

① 马克思恩格斯选集(第2卷)[M].北京:人民出版社,2012:762.

工资、资本利润、地租的互相分离以及分工、竞争、交换价值概念等等当做前提”[①]，无论是谁的劳动——不过都是劳动而已，在资产阶级经济学家看来，劳动是没有历史形态的。对于他们来说，工人作为工人、作为生产的劳动前提，土地所有者作为土地所有者、作为生产的土地前提，资本家作为资本家、作为生产的资本前提，就是一种“原初的自然状态”。这种“原初的自然状态”没有历史，只处于现在，现在就是最好的，永恒的。在这种“原初的自然状态”中，工人完全丧失其对象，像一匹马一样，被当作劳动的动物，当作仅仅有最必要的肉体需要的牲畜，只应得到维持劳动所必需的东西。而土地所有者和资本家，他们作为土地所有者和资本家不过是享有特权的、闲散的神仙——处处高踞于工人之上，并对工人发号施令。[②]

二、资本的生产

资本的生产即剩余价值的资本化。资本主义生产表现为资本总是尽其能力，最大化自己的生产和利益，这就需要首先将剩余价值追加到生产中去，进行扩大再生产，由此将剩余价值资本化。

（一）剩余价值转化为追加资本

剩余价值转化为追加资本，即转化为新的劳动力和生产资料。剩余价值最初表现为总产品的一定部分的价值而存在。比如，剩余价值最初可能表现为20000磅面纱的剩余产品或纯产品。通过总产品的市场实现，剩余价值由最初的存在方式转变为货币存在方式，表现为一定的货币额，这时，剩余价值就是资本家的货币资本，资本家不是把它全部消费掉，而是拿出部分用它来购买商品，超过补偿资本家预付资本所需的量，使之转化为生产过程中可以使用的生产资料和工人维持自身生存的生活资料，重新生产

① 马克思恩格斯选集（第1卷）[M].北京：人民出版社，2012：49.

② 马克思恩格斯选集（第1卷）[M].北京：人民出版社，2012：123-124.

自己的产品。也就是说，“10000镑原有资本带来2000镑剩余价值，这些剩余价值资本化了；新的2000镑资本又带来400镑剩余价值；这个剩余价值又资本化了，于是转化为第二个追加资本，又带来80镑新的剩余价值，依此类推。”①这里，可以清楚地看出，剩余价值转化为追加资本，即转化为新的劳动力和生产资料，新的劳动力和生产资料作为新的追加资本，所以，就是“资本生资本”②。

（二）扩大再生产和资本积累

“资本生资本”的实质。形式上，“资本生资本”是在流通流域借助流通手段实现的，表现为工人和资本家之间的等价交换，是自由、平等的契约结果，而实质上，生产的却是这种生产方式的对抗，其结果是工人生产的产品、生产出的生产关系、生产出的生产方式，都成为对抗自己的外在力量。无论是第一个追加资本，还是第n个追加资本，资本家用追加资本购买劳动力，购买的前提都是工人能够自由地支配自己的劳动力，而且这种购买完全符合商品交换的等价规律。但是，实际上这个等价交换得以进行的条件是：第一，用于等价交换工人劳动力的追加资本是工人自己创造的新价值，是资本家不付等价物而无偿占有的工人的剩余劳动，是用工人的剩余劳动来交换工人的劳动力；第二，用资本化的剩余价值“等价”交换工人的劳动力，内在的条件是，工人必须再创造出新的剩余价值。也就是说，表面上的“等价”交换，内蕴着一个不等价的剩余劳动过程和剩余价值创造过程。

“把剩余价值再转化为资本，叫做资本积累。”③资本积累本质上就是资本主义的扩大再生产。扩大再生产有两类：扩充现有工业企业的规模，创立新的工业企业。就第一类来说，“一部分资本家不断地把他们已经增加到相应数量的可能的货币资本转化为生产资本，也就是用通过剩余价值的货

① 马克思恩格斯文集（第5卷）[M].北京：人民出版社，2009：671.

② 马克思恩格斯文集（第5卷）[M].北京：人民出版社，2009：672.

③ 马克思恩格斯文集（第5卷）[M].北京：人民出版社，2009：668.

币化而贮藏起来的货币来购买生产资料，即追加的不变资本要素。”[①]他的剩余产品——要转化为货币的剩余价值的承担者的连续生产，就是这种货币贮藏的前提，把工人阶级当作靠工资过活的阶级再生产出来。

第三节　劳动异化和生活世界的颠倒

资本主义的扩大再生产，一方面伴随着资本权力的最大化和对商品、货币、资本的异化的崇拜，使物的力量越来越大，人的力量越来越小，这就是劳动异化导致的“拜物教”；另一方面伴随着工人阶级剩余劳动的最大限度地增加和工资的最大限度地相对降低，从而导致经济危机。正如马克思所说，这一个历史时代表现为“以物的依赖性为基础的人的独立性”时期。拜物教首先是劳动异化背景下“现实的个人（们）”的存在——社会存在，不是社会意识。当这种异化的社会存在被资产阶级经济学家歪曲了，才成为意识形态。

一、拜物教

马克思在《资本论》中指出，拜物教将人与人之间的社会关系颠倒为物与物之间的关系。拜物教有三种表现形态：商品拜物教、货币拜物教和资本拜物教。其中，商品拜物教是最一般的、最不发达的初级形态，资本拜物教是占统治地位的、最明显的高级形态。马克思研究了拜物教的根源，揭示了资本主义的经济运动规律，用政治经济学科学地论证了：正是资本主义的经济运动规律决定了资本主义自我否定、为共产主义取代的历史必然性。

① 马克思恩格斯文集(第6卷)[M].北京:人民出版社,2009:554.

(一)拜物教的表现

首先，拜物教意味着人受物（商品、货币、资本）统治。在《资本论》中，我们看到，围绕剩余价值的生产，资本之间的关系、劳动之间的关系、土地之间的关系，都变成了疯狂的竞争关系。因为，如果资本不想尽办法最大限度地展开活动，就会在激烈的竞争中败给其他资本。同样道理，如果不经常提高土地的生产力，不经常提高土地的产量，在激烈的竞争中土地就无利可图，就只能被淘汰。而工人同样必须全力以赴地去劳动，否则，就只能被自己的竞争对手消灭。总之，恩格斯说，资本主义生产方式中任何要素的所有者，为了在激烈的竞争中生存下来，都必须放弃一切真正人的目的。[①]简言之，在物的统治下，“三位一体”的资本、地租、劳动都“发疯了”。其次，拜物教表现为物的统治下人的贪婪和愚蠢，以及人与自然、人与人、人与自身的对立和矛盾。为了“物”，人们“像守财奴一样相互对立，双手抱住自己珍爱的钱袋，怀着妒忌心和猜疑心注视着自己的邻居”[②]。为了获得资本增值，“人们变得比较友善了，人们开始把自己的杜卡特（14—19世纪欧洲许多国家通用的金币——引者注）当做诱鸟放出去，以便把别人的杜卡特一并引回来，并且认识到，多花一点钱买甲的商品一点也不会吃亏，只要能以更高的价格把它卖给乙就行了。”[③]这样，物的统治下，“资本与资本、劳动与劳动、土地占有与土地占有对立起来，同样又使这些要素中的每一个要素与其他两个要素对立起来”[④]，人受“物”奴役，人们之间相互奴役，人受自身奴役。

(二)拜物教的本质

马克思认为，商品形式“只是人们自己的一定的社会关系，但它在人

---

① 马克思恩格斯文集(第1卷)[M].北京:人民出版社,2009:77.

② 马克思恩格斯文集(第1卷)[M].北京:人民出版社,2009:56.

③ 马克思恩格斯文集(第1卷)[M].北京:人民出版社,2009:56.

④ 马克思恩格斯文集(第1卷)[M].北京:人民出版社,2009:83.

们面前采取了物与物的关系的虚幻形式"[①]，马克思把这叫作拜物教。货币拜物教的内涵："金银作为货币代表一种社会生产关系，不过这种关系采取了一种具有奇特的社会属性的自然物的形式。"[②]而资本拜物教是拜物教的最典型、最完善形态，资产阶级经济学特有的拜物教"把物在社会生产过程中像被打上烙印一样获得的社会的经济的性质，变为一种自然的、由这些物的物质本性产生的性质"[③]，"资本本身总是表现为这种会直接自行增殖的价值。"[④]所以，总体上说，无论商品拜物教，还是货币拜物教或者资本拜物教，"物"都表现出了不可思议的独立性和自我增值的特异功能，由此，利润自然地就成为了物本身自有的功能。马克思总结说："资本主义生产过程的结果也离开过程本身而取得了独立的存在。"[⑤]

和庸俗经济学一样，西方经济学也只研究这个竞争表象。实质上，它们不过代表了拜物教的观念或者意识形态，是这个颠倒世界的颠倒反映。拜物教是生活世界的颠倒，资产阶级政治经济学是这个颠倒世界的颠倒反映。《1844年经济学哲学手稿》称之为"双重异化"。所以，我们把马克思对拜物教及其意识形态的批判称为对"双重颠倒"的批判。

其实，马克思发动哲学革命，制定新唯物主义世界观，就是从对资产阶级政治经济学的研究开始的。马克思认为，"对市民社会的解剖应该到政治经济学中去寻求"[⑥]。马克思的"寻求"贯穿于他此后40年的批判和斗争中。可以说，从《1844年经济学哲学手稿》起，马克思就开始了对拜物教意识形态的批判。在《1844年经济学哲学手稿》中，马克思发现在资产阶级发财致富方面，国民经济学确实是科学的（发财致富的实证科学），它把"三位一体"斗争的"发烧状态"当作自然的前提，尽管劳动创造了人本身，创造了人类社会，但是，资产阶级经济学家没有为劳动争取任何权力，

① 马克思恩格斯文集(第5卷)[M].北京:人民出版社,2009:89-90.

② 马克思恩格斯文集(第5卷)[M].北京:人民出版社,2009:101.

③ 马克思恩格斯文集(第6卷)[M].北京:人民出版社,2009:251.

④ 马克思恩格斯文集(第7卷)[M].北京:人民出版社,2009:440-441.

⑤ 马克思恩格斯文集(第7卷)[M].北京:人民出版社,2009:442.

⑥ 马克思恩格斯文集(第2卷)[M].北京:人民出版社,2009:591.

却把一切权力都赋予了私有财产。正如恩格斯在《国民经济学批判大纲》中所说，国民经济学不过是对一个欺诈的商业体系的成功表述，它把简单的不科学的生意经变成了一门完整的发财致富的科学。[①]《1844年经济学哲学手稿》从分析工资、资本和地租开始对国民经济学进行批判性分析，认为“工资决定于资本家和工人之间的敌对的斗争”[②]，而斗争的结果不过是：工人只能得到必需的生活费用，这个生活费用只能是工人劳动期间的生活费用，当然还必须包括工人在劳动期间养家糊口的费用，否则，工人就无法生存了。所以，马克思说：“工资只是一个伪装的形式”[③]，物与物的关系遮蔽了人与人之间的社会关系。《1844年经济学哲学手稿》论证了异化劳动为资本提供了一切，而《资本论》则进一步论证了抽象劳动凝结成价值，劳动价值异化为劳动力价值，剩余抽象劳动为资本提供了一切。拜物教根源由感性具体的异化劳动上升为理性具体的抽象劳动和剩余抽象劳动。

二、经济危机

马克思指出：“大工业只是从1825年的危机才开始它的现代生活的周期循环。”[④]“现代生活的周期循环”是指资本主义生产方式下，大工业的形成和扩大再生产，与周期性的经济危机是同时发生的。资本主义经济危机本质上是过剩危机，暴露了资本主义生产方式的固有矛盾。而资产阶级政治经济学不可能科学认识，更不可能突破这种矛盾。

（一）经济周期

“现代生活的周期循环”实际上就是经济危机的周期循环。自1825年经

① 马克思恩格斯文集（第1卷）[M].北京：人民出版社，2009：56.

② 马克思恩格斯文集（第1卷）[M].北京：人民出版社，2009：115.

③ 马克思恩格斯文集（第6卷）[M].北京：人民出版社，2009：36-37.

④ 马克思恩格斯文集（第5卷）[M].北京：人民出版社，2009：16-17.

济危机以后，每隔若干年，就会有一次席卷主要资本主义国家，甚至整个资本主义世界的经济危机。伴随资本主义世界市场的形成，1857年爆发了第一次世界性经济危机。

经济危机发生的时候，商品卖不出去，资本家得不到足够的利润，当然就不再组织生产，或者缩小生产规模，大量工人因为找不到工作而失业。这种恶性循环，反过来又造成大量企业倒闭，经济陷入瘫痪状态，社会生活混乱，经济社会进入倒退状态。比如20世纪30年代的大危机，无论在时间上，还是在空间上，都给当时世界经济的发展造成了严重损失。从时间上看，这次危机延续达4年之久，从空间上看，这次危机是世界性的，不仅直接影响了殖民地国家，还影响了半殖民地国家，使整个资本主义世界的工业生产下降了一半左右。

按照马克思、恩格斯的思想，经济周期是经济从第一个繁荣到下一个繁荣开始的一个过程，两个繁荣中间是经济的衰退，衰退导致危机，危机的结果是经济的停滞和慢慢复苏，再渐进到繁荣。标志经济周期严重程度的两个很重要的变量是长度和广度，长度即经济危机持续的时间，广度即经济危机波及的范围。

按照马克思的思想，资本主义经济危机是资本主义生产方式对抗本质的必然结果。一方面，资本主义生产是私有制下的商品生产，我们知道，无论何种形式的商品生产，要持续下去，必须成功地把私人劳动转化为社会劳动。这就要求，资本主义生产方式下的劳动产品——商品，必须能够顺利地实现资本形态上的各种循环。而尽管资本家的私人生产是有目的、有计划、有组织的，从整个社会的视角考察，总体上，资本主义的生产却是无序的。所以，资本主义生产方式下，私人生产能否顺利地转化为社会生产，最终只能用危机的形式来保障。另一方面，资本主义生产方式下的私人生产有别于其他模式的私人生产，这使资本主义生产最终必然表现为危机的形式。比如，古典古代时期的私人生产，其生产过程是“生产—消费”，劳动产品作为使用价值，直接用来消费，不发生交换，根本不可能过剩，没有爆发经济危机的可能性。再比如，简单商品经济，其生产过程是

"生产—交换—消费"，劳动产品作为价值存在，交换是为了把自己的劳动成果转化为货币，再用货币交换自己需要的消费品。这里，尽管生产是私人生产，但是，从全社会的角度看，每一个私人生产者都将自己的生产控制在自己消费的范围内，不可能爆发规模性的经济危机。而只有在资本主义生产方式下，这种私人生产才会爆发经济危机。因为资本主义的生产过程表现为：生产/分配—交换—消费，这种生产同时也是分配，而分配的目标保证了资产阶级得到剩余价值，这样就必然导致总商品不可能通过交换过程完全实现，由于分配的不公平，工人阶级没有足够的购买力去交换市场上的商品，工人阶级消费不足，商品过剩，经济危机爆发。

1825年，整个人类历史上爆发了第一次较大规模的过剩危机，后来每隔5年左右发生一次经济危机，再后来每隔10年左右发生一次经济危机。最初的危机都是短缺导致的，是生产不足、供给不足的结果，简言之，工人有需求却没有购买力。所以，资本主义要发展，资本必须收回货币，才能再生产。相应地，就必须提高工人工资，建立福利社会，工人阶级才能有购买力。

（二）过剩危机

建基于大工业基础上的资本主义生产方式，是资产阶级生产资料所有制，劳动条件归资本家私人所有，无论生产资本，还是商品资本或者货币资本，都是资本家的私人占有制。而由大工业组织的生产显然是社会化大生产，社会化大生产的劳动产品最终必然要通过社会化途径、由社会大众实现。这样，就造成了生产社会化与资本主义私人占有制之间的矛盾。这样，资本主义生产方式在本质上就决定了资本主义经济危机是过剩危机。

前文已经初步分析，资本主义生产的顺利循环和周转及其实现，要求在市场的中介下，资本家私人所有的商品的使用价值实现。因为，市场经济背景下，生产的目的是交换。商品首先是生产资本的商品，其次是流通中的商品，在流通领域，通过商品所有者和购买者之间的交易行为，商品转换为消费者的消费品，由生产，经交换，到消费，最终商品使用价值的实现是资本主义生产实现的必要条件。

尽管不同国家、不同历史时期，经济危机的表现形式和具体进程不尽相同，但是经济危机本质上都反映了资本主义生产方式的相对过剩性质。也就是说，经济危机表现出的商品过剩、劳动力过剩、资本过剩，根源于资本对剩余价值的无偿剥夺。

在作为有机整体的社会中，社会联系的纽带主要是经济交往，特别是工商业。商业与工业是相互促进的，其结果便是社会的有机程度不断加深。但资本主义制度的本性是反对社会的完全有机体化的。工商业的发展使生产力愈益表现出其社会性，而资本主义交往关系的本质却是私有制。当生产力发展到一定程度之后，由于私有制不能再容纳继续发展的生产力，经济交往关系如同大一统制度下的政治交往关系一样，不确定性因素逐渐增加，终于导致经济危机。由于资本主义经济交往关系发展的周期性，经济危机同样具有周期性的特点。资本主义经济的周期性危机表明，必须进行交往方式的革命性变革，以实现社会的彻底的有机体化。

第四节　资产阶级经济学的使命和庸俗经济学的产生

18世纪末19世纪初，西方主要资本主义国家进入过剩经济时代，资产阶级已经不再代表社会的进步力量，资本已经不再是推动整个社会向前发展的动力，反倒成为周期性的破坏力量。但是，资本主义统治世界，若要阐明真理，就是与统治阶级（资产阶级）对抗。同时，古典政治经济学也有其自身的缺陷，它无法解释颠倒世界中价值规律的异化表现和平均利润率现象。所以，“资产阶级的经济科学也就达到了它的不可逾越的界限”[①]，历史性地让位给庸俗经济学。

① 马克思恩格斯文集(第5卷)[M].北京:人民出版社,2009:16.

一、古典政治经济学价值理论的困境

古典政治经济学处在资本主义萌芽、产生和初创时期，资本主义处于向上发展的时代，相对于封建地主阶级，资产阶级是一个比较进步的阶级，而且，这个时期，资产阶级和无产阶级的利益也具有一致性，古典政治经济学代表资产阶级利益，反对封建制度，就具有科学成分。

古典政治经济学各流派中，最早提出“商品价值取决于劳动时间”这个基本命题的是配第。配第用生产特定商品的劳动时间与生产白银的时间进行比较，计算出特定商品的价值。比如，他认为，如果生产一蒲式耳谷物的时间，与从秘鲁的银矿生产一盎司白银并运来伦敦的时间相同，那么，后者便是前者的价值，因为这二者用了相同的劳动时间。也正是以此为基础，配第反对重商主义者将货币作为财富。他认为，货币多了不是好事，因为货币本身并不能说明财富的多少。配第之后，斯密发展了配第的价值理论，认为商品的价值是由生产商品的劳动时间决定的，而李嘉图始终坚持劳动决定价值。

但是，古典政治经济学所定义的劳动价值并不是马克思意义上的抽象劳动，古典政治经济学视域中的劳动不具有马克思意义上的社会性。因此，古典政治经济学在发展的过程中，始终无法解决价值实体究竟从何处来的问题，始终把剩余价值与具体的利润形式相混淆。用马克思的话说：“所有经济学家都犯了一个错误：他们不是纯粹地就剩余价值本身，而是在利润和地租这些特殊形式上来考察剩余价值。”①由此，按照古典政治经济学对劳动价值论的理解，古典政治经济学家无法解释两个问题：工资与价值规律的矛盾，等额资本、等额利润所蕴含的矛盾，马克思将之概括为“价值概念的确定和价值对资本的关系”②。

① 马克思恩格斯全集(第33卷)[M].北京:人民出版社,2004:7.

② 马克思恩格斯全集(第26卷III)[M].北京:人民出版社,1974:116.

二、李嘉图学派的解体

既不能科学地解释资产阶级社会的异化现象，也不能适应资产阶级的利益要求，李嘉图学派的庸俗化和解体是必然的。马克思一针见血地指出：只要政治经济学是资产阶级的政治经济学，它就只能在阶级斗争还不明显的时候才能是科学的。所以，当资本主义制度成为现存的事实，雇佣劳动成为整个社会的经济基础的时候，遮蔽矛盾和对抗，是当然的。所以，现象与本质不能够统一的时候，当一个理论探究目的不是从现象挖掘本质，而是从现象想尽办法去抹煞本质，借用逻辑手段或者其他手段，主观上进行掩盖的时候，庸俗化和解体只能是必然了。

（一）与资产阶级利益的矛盾

古典政治经济学最后的代表人物李嘉图，坚定地坚持了只有劳动才创造价值。随着资产阶级的力量越来越壮大，尤其当资产阶级夺得了政权，资本主义制度得以建立，资产阶级和无产阶级的斗争激烈起来。古典政治经济学所揭示的一些资本主义经济规律和资产阶级的利益发生了矛盾。在19世纪20年代和以后，英国一些空想社会主义者就曾以李嘉图的学说，特别是以他的劳动价值论作为自己的武器来与资产阶级作斗争。在这种情况下，古典政治经济学中的科学成分直接威胁到资产阶级的利益。英国学者约翰·加泽诺夫在1832年就直言不讳，古典政治经济学对于资产阶级来说已经是一种危险的东西。他写道："说劳动是财富的唯一源泉，看来是一个错误而又危险的学说，因为它不幸给予某些人以口实，他们主张一切财产属于工人阶级，而其他人所获得的部分是对工人的掠夺和欺诈。"①美国资产阶级经济学家凯里就给李嘉图加上了"共产主义之父"②的罪名。

① 鲁友章，李宗正.经济学说史（修订版）[M].北京：中国人民大学出版社，2013：216-217.

② 马克思恩格斯全集（第26卷II）[M].北京：人民出版社，1973：183.

(二)解体的必然性

李嘉图学派，是19世纪20年代自称维护李嘉图学说而实际上是把它庸俗化了的一个英国经济学派。19世纪20至30年代，英国经济学界围绕李嘉图的经济学说，尤其是他的价值理论和利润理论，展开了一场激烈的论战。论战者分成两派：以马尔萨斯为首的反对派，抓住李嘉图理论体系中的两大矛盾，力图推翻李嘉图学说，特别是他的劳动价值论和剩余价值论；以詹·穆勒和麦克库洛赫为代表的李嘉图学派，则极力维护李嘉图学说，但他们无力解决李嘉图理论的困境，因而在同反对派的论战和解释李嘉图学说的过程中反而把它庸俗化了，并最终导致了该学派的解体。詹·穆勒和麦克库洛赫的经济理论，就是对李嘉图学说庸俗化和李嘉图学派解体的标志。

马克思认为，詹·穆勒是第一个系统地阐述李嘉图理论的人。马克思指出，学生詹·穆勒和老师李嘉图不同的地方是，老师从现实生活的实实在在的矛盾着手，老师的理论是有深厚的活生生的根基的；而学生面对的，一方面是反对者们的理论上的不同意见和同现实的往往是奇特的关系，另一方面是现实经老师提炼后变成的新的理论形式。詹·穆勒的解决方法是“力求形式上的逻辑一致性”，用“教条的方法、解释掉的方法”去“驳倒”不同意见，所以，马克思说，从詹·穆勒这里“也就开始了李嘉图学派的解体”[①]。关于麦克库洛赫，马克思认为，麦克库洛赫“是一个想利用李嘉图的经济理论来发财的人”，马克思还说，他“对理论的浅薄无知的糟蹋和庸俗化，也暴露出此人本身就是一个‘庸夫俗子’”[②]，他自然也就不可能发展李嘉图的理论体系。

麦克库洛赫“不仅是李嘉图的庸俗化者，而且是詹·穆勒的庸俗化者”[③]，在机器的采用对工人阶级的影响方面，他还背离了李嘉图理论。他

① 马克思恩格斯全集(第26卷III)[M].北京:人民出版社,1974:87.

② 马克思恩格斯全集(第26卷III)[M].北京:人民出版社,1974:187.

③ 马克思恩格斯全集(第26卷III)[M].北京:人民出版社,1974:182-183.

说："一个生产部门采用机器，必然会在其他某一生产部门造成同样大的或更大的对被解雇的工人的需求。"[①]所以，马克思说："他在一切方面都是庸俗经济学家，是现状的辩护士"[②]，"是使这个经济理论（李嘉图经济理论——引者注）解体的最可悲的样板"[③]。

三、庸俗经济学取得资产阶级政治经济学的主导地位

18世纪末19世纪初，庸俗经济学产生了，并历史性地取代了古典政治经济学的地位。庸俗经济学的历史使命可以概括为两个方面：一方面，掩盖资本主义矛盾，反对无产阶级革命；另一方面，以"三位一体"作为出发点，为资本主义生产剩余价值提供理论支撑。

（一）维护资产阶级的利益

维护资产阶级的利益主要就是维护资产阶级发财致富，并因此抹煞、遮蔽资本主义的固有矛盾。

资产阶级经济学家最初的目的正如斯密创作《国富论》的目的，是要弄清楚怎样可以增加国民福利。工业革命之后，国家怎样才能富裕起来已经不成问题了。机器、工厂制度、资本主义组织、人口、巨大工业利润的蓄积，制造品输出数量日益增加，所有这一切都明白无误地说明，一个国家的财富完全取决于它的土地、劳动和资本的数量与质量，其中最重要的是劳动。

但是，这时候，一个新的问题必须解决。那就是，工人阶级的劳动所得与其付出的劳动极不成比例，所以，需要探讨什么是支配财富分配的原理，更确切地说什么是支配每年的增产量在各个社会阶级当中进行分配的原理。总而言之，生产问题虽然远没有解决，但已暂时黯然失色，分配问

① 马克思恩格斯全集（第26卷III）[M].北京：人民出版社，1974：183.

② 马克思恩格斯全集（第26卷III）[M].北京：人民出版社，1974：183.

③ 马克思恩格斯全集（第26卷III）[M].北京：人民出版社，1974：182.

题却成为支配一切的首要问题。

所以，这个时候，维护资产阶级的利益就成为必需的了。萨伊首先适应这种需要，从古典政治经济学中寻找到庸俗性元素，进行加工和系统化。他虽然重视对资本主义经济发展有关问题的研究，但他第一个把掩盖资本主义矛盾，反对无产阶级革命作为政治经济学的主要任务。与资本主义的发展相适应，资产阶级庸俗政治经济学又经历了不同的发展阶段，采取了不同的形式，形成了不同的学派，都是只描述经济现象的外部联系，来掩益资本主义的内在矛盾和剥削本质。

（二）把“三位一体”作为出发点

马克思在资本论第3卷用一章的篇幅阐释了“三位一体”的公式。马克思指出：“资本—利润(企业主收入加上利息)，土地—地租，劳动—工资，这就是把社会生产过程的一切秘密都包括在内的三位一体的形式。……三位一体的形式可以进一步归结为：资本—利息，土地—地租，劳动—工资。”①

庸俗经济学坚持，资本作为生产要素，参与到物质生产过程，为商品的生产提供了要素，成为商品生产的必要条件，那么，资本就必须获得相应的报酬。简言之，庸俗经济学把资本的存在作为天然的、自然的，资本得到回报也是理所当然的，这是资本主义生产的前提。资本主义生产能够进行首先就必须保证资本的利润，这是庸俗经济学研究经济规律的出发点。相应地，土地作为生产要素参与到资本主义生产过程中，也必须得到相应的报酬，否则，土地所有者就不愿意自己的土地参与生产过程，生产就没办法进行。

庸俗经济学坚持资本、地租和劳动的分离是自然的、绝对的，天生正义的。也就是说，工人的工资额就是再生产工人的费用，包括三个组成部分：工人在劳动期间必要的生活费用，工人养家糊口的必要费用，工人进行劳动技能提升的必要费用。这个费用曾经是与牲畜般的存在状态相适应

① 马克思恩格斯文集(第7卷)[M].北京:人民出版社,2009:921.

的。[1]“资本，即对他人劳动产品的私有权”[2]。李嘉图认为，工人和资产阶级的对立、和地主的对立，是无法超越的。所以，一方面他认为这种发展不利于工人，但是另一方面，他认为这是规律，只能这样了。

① 马克思恩格斯文集(第1卷)[M].北京:人民出版社,2009:115.

② 马克思恩格斯文集(第1卷)[M].北京:人民出版社,2009:129.

第二章　庸俗经济学的代表人物

按照马克思对庸俗经济学内容的阐释，笔者把庸俗经济学的代表人物分类如下：早期代表人物，主要有马尔萨斯和萨伊；调和论的代表人物，主要有穆勒父子、麦克库洛赫；辩护论的代表人物，主要有西尼尔、巴师夏和凯里；其他代表人物，主要有李斯特、罗雪尔。

第一节　早期代表人物

马尔萨斯是英国庸俗经济学的创始人，萨伊是法国庸俗经济学的创始人。二者都生活在18世纪末和19世纪初，但是，二者的理论目的、阐释对象和论证方法却有着较大的区别。前者是“从经济学上替土地贵族的地租、领干薪、挥霍、残忍等等辩护”[①]，而后者是为资产阶级的利益进行论证。

一、托马斯·罗伯特·马尔萨斯：“内在交换价值”

托马斯·罗伯特·马尔萨斯生活在1766—1834年，在英国资本主义产生过程中，这个时期是土地贵族与资本家激烈斗争的时期，而土地贵族和资本家又联合起来，与农民和无产者相对抗。而且，英国的农民和无产者的斗争，深受法国大革命的影响，比较激烈，这让英国的土地贵族和资本

① 马克思恩格斯全集(第26卷Ⅱ)[M].北京：人民出版社，1973：123.

家都很恐惧。马尔萨斯代表土地贵族的利益，从经济学视角为他们进行辩护，论证他们不劳而获是必需的，是正义的。[①]在土地贵族与资本家的斗争中，马尔萨斯维护土地贵族的利益，反对谷物条例，反对议会改革，反对资本家阶级鼓吹的“人与社会的完善性”的社会；在人民群众与土地所有者和产业资产阶级的利益冲突中，他顽固地坚持“贫民未被赋予要求救济的权利”[②]，还认为贫民“必须因贫困而受惩罚”[③]。他的第一部著作《人口原理》于1798年出版，他为了维护土地贵族的利益而反对资产阶级，在该著作中他力图说明资产阶级的改革意图是空想；他的《关于限制外国谷物进口政策的意见的理由》《关于地租的本质和增长的研究》证明了以立法保护贵族利益、反对工业资产阶级利益的正确性；而他的《政治经济学原理》是反对李嘉图的，要求把工业资产阶级的发展限制在土地贵族的利益范围内。

马尔萨斯认为“领干薪者”是必不可少的，而且“领干薪者”的地租收入和劳动者的劳动无关，和资产阶级的资本无关，即不是从工资和利润中转移过来的，而是土地上使用技术和投入、进行农业改良的结果。为此，马尔萨斯提出了所谓的“内在交换价值”，即马尔萨斯价值，并由此推导出“自然的”地租。

为了论证地租的“天然正当性”，马尔萨斯不关心交换价值的内在本质究竟是什么，他恰恰需要遮蔽这个内在本质，他只需要伪造一个适合他需要的内在本质，通过这个内在本质能够论证地租是“自然的”就可以了。因此，马尔萨斯的逻辑是，地租和利润都来自商品交换，是“让渡利润”，而工人的工资是既定的，无论实际上商品价格怎样变化，工人的劳动所得都是不变的，是可以排除在外的。

这样，就不难理解马尔萨斯所指的交换价值，仅仅是商品交换的尺度，

① 马克思恩格斯全集(第26卷II)[M].北京：人民出版社，1973：123.

② 罗纳德·米克.马克思恩格斯论马尔萨斯[M].梁继宗，译.北京：生活·读书·新知三联书店，1957：7.

③ 罗纳德·米克.马克思恩格斯论马尔萨斯[M].梁继宗，译.北京：生活·读书·新知三联书店，1957：8.

以及为什么他不是从考察生产开始，而是直接从观察交换开始，而且不是从观察现代社会的交换开始。他指出，“我们需要一种价值尺度”[①]，这种价值尺度，按照马尔萨斯的观察，就是任何一次实际交换的完成都必须满足的两个条件：“每一次交换不仅必须具有用某种东西来交换更为需要的东西的能力和意愿，而且占有这种所需商品的一方，必须对于对方用来交换的商品或劳动感到需要。”[②]买卖相互需要存在的时候，用一种商品交换另一种商品的比率也就具体确定了。

因此，马尔萨斯“超越”了通常的使用价值和交换价值两种分类方法，将价值分为三种：使用价值、名义的交换价值、内在的交换价值。前两者同于当时庸俗经济学以商品的使用性确定的使用价值、用价格确定的商品的价值。而“内在的交换价值”，是确定物品间交换比率的价值尺度，即交换双方根据占有欲望和获得的难易而作出的对商品的估价。关于“获得的难易”，“通常是决定于基本的生产成本”[③]，这里生产成本理论不过是劳动、资本、土地三生产要素的同义反复。交换发生时，“获得的难易”是基本确定的，所以，决定商品价格的就只有“占有欲望”这个主观因素了，这样，马尔萨斯也就顺利地把“自然的”地租归结于具体交换时的“让渡利润”，即卖者超过商品价值的增加额。

这样，马尔萨斯“成功地”驳斥了李嘉图的劳动价值论，“成功地”证明了地租是“自然对人类的赐予”[④]，与工人的劳动不具有任何关系。

二、让·巴蒂斯特·萨伊：效用价值论

让·巴蒂斯特·萨伊生活在1767—1832年。当时的法国虽然比英国落后，但是，以西斯蒙第为代表的古典政治经济学以及以圣西门、傅立叶为

① 季陶达.资产阶级庸俗政治经济学选辑[M].北京：商务印书馆，1963：59.

② 季陶达.资产阶级庸俗政治经济学选辑[M].北京：商务印书馆，1963：53.

③ 季陶达.资产阶级庸俗政治经济学选辑[M].北京：商务印书馆，1963：55.

④ 马尔萨斯.论谷物法的影响 地租的性质与发展[M].何宁，译.北京：商务印书馆，1960：30.

代表的空想社会主义学说，从各不相同的立场出发，揭露了资本主义的弊端和矛盾。1789年的法国大革命点燃了人民群众革命斗争的激情，正如恩格斯所说，“法国的工人阶级自大革命以来就一直是国家中的一种力量”①。1792年，法国的封建君主政体被以人民群众为核心的武装力量推翻，激进的革命民主主义者雅各宾派掌握政权之后，面对人民群众的力量，资产阶级必然用各种方法掩盖自己的阶级本质，反对革命。这种历史背景下，法国的政治经济学就不是宣扬资产阶级经济，批判封建经济，而是要掩盖资产阶级经济的阶级本质，遮蔽价值理论和剩余价值理论，消解劳动在商品价值形成中的作用、在财富创造中的作用，消解无产阶级的正当要求，竭力通过将古典政治经济学庸俗化，以表面的、浅薄的外在经济联系代替深处的内在经济联系，以适应资产阶级的需要。

如何通过消解、遮蔽资本主义生产方式的对抗本质，来消解无产阶级革命？必须要做的工作显然是否定劳动价值论。为此，萨伊用超阶级的方法规定了资产阶级政治经济学的研究对象和研究方法，提出了效用价值论，掩盖了资本主义剥削，抹煞了资本主义矛盾，把资本主义说成是可以无限繁荣发展的美好社会。

萨伊的效用价值论谴责以往把政治经济学混同于政治学的研究，主张财富的生产与“政治组织”“国家政体”无关。所以，与古典政治经济学关于财富的研究非常不同，萨伊关于财富的研究要脱离财富的社会历史形态，脱离特定的资本主义生产方式，脱离资本主义生产关系和交换关系，着重于人与物的关系，研究纯粹的财富，永恒的、自然的财富，不涉及具体的社会历史形态，在任何形态的社会中都作为财富的财富。萨伊关于财富的研究显然远离了政治经济学关于现代社会的经济运动规律的研究目的，极力把古典政治经济学庸俗化。

萨伊认为，生产“不是创造物质，而是创造效用”，“效用就是物品价

① 马克思恩格斯全集(第19卷)[M].北京:人民出版社,1963:150.

值的基础”，“创造具有任何效用的物品，就等于创造财富。”[①]这个作为价值的基础的效用究竟是什么呢？萨伊认为，效用不过是商品的有用性而已。比如，衣服有保暖的用处，食品能满足人们肠胃的需要，雨伞能够为人们遮蔽风雨，房屋能够为人们提供居住的空间，装饰品能够满足人们的虚荣心，等等。所以，在萨伊看来，效用不过是物的有用性而已，物之所以有价值，就在于这个有用性。

既然效用决定价值，价值决定于劳动、资本和土地等生产费用，即决定于工资、利息和地租，那么，反过来，工资、利息和地租就是由效用决定的。“没用的东西，谁也不肯给与价值”，这个常识让萨伊得出了交易实际上是以物易物，这便是著名的萨伊定律——“生产给产品创造需求”[②]。

萨伊的效用价值论，不是为了对资本主义生产过程进行个别的解释，他把资本主义生产整体上建立在效用之上，为了效用生产，分配的是效用，交换的是效用，消费的是效用。所以，他从整体上解释了生产、分配、销售的效用价值基础。马克思认为，萨伊的庸俗经济学在整体上把古典政治经济学庸俗化了。

第二节　调和论代表人物

詹·穆勒是李嘉图理论的庸俗化者，也是第一个将李嘉图理论庸俗化的人，而麦克库洛赫又是詹·穆勒理论的庸俗化者。19世纪初，针对以马尔萨斯为代表的反对派对李嘉图理论的质疑和挑战，穆勒和麦克库洛赫不得不进行回应，而他们回应的结果不仅没有推进李嘉图理论的革命，反而将李嘉图理论庸俗化了。至于约·穆勒，马克思把他作为调和论的代表人

① 萨伊．政治经济学概论：财富的生产、分配和消费[M]．陈福生，陈振骅，译．北京：商务印书馆，1982：59.

② 萨伊．政治经济学概论：财富的生产、分配和消费[M]．陈福生，陈振骅，译．北京：商务印书馆，1982：142.

物，笔者认为，他关于价值的理论，实在是没有任何新的内容，不过是“价值是一个比值”的老调重弹。

一、詹姆斯·穆勒：死劳动和活劳动都创造价值

詹姆斯·穆勒生活在1773—1836年。1817年，李嘉图的《政治经济学及赋税原理》出版，李嘉图坚定主张等价交换和只有劳动创造价值，地租和利润是对工人劳动的无偿占有。这很快引起马尔萨斯的坚决反对，马尔萨斯始终主张工人的劳动都是必要劳动，地租、利润来源于商品出售时的加价，地租是土地的自然给予。由此，就展开了李嘉图学派与反对者之间的论战。詹·穆勒虽然本意上是维护和论证价值规律和劳动价值论，但是，由于其不懂得作为价值实体的抽象劳动，实际上否定了李嘉图的理论，结果就把李嘉图的理论庸俗化了。

价值究竟从哪里来？价值与资本究竟是什么关系？詹·穆勒为了阐明这两点，迎接论战，尽量通俗化地解释清楚他的思想。但是，詹·穆勒对创造价值的劳动的理解不同于李嘉图，李嘉图认为只有活劳动才创造价值，而詹·穆勒认为死劳动（积累劳动）也创造价值，而且詹·穆勒把资产阶级生产看成是绝对的生产形式，这从根本上否认了资本和劳动之间进行交换的社会历史性、资产阶级的经济性质，不可能回答资本和劳动之间是否按照价值规律进行交换的问题，也失去了解决一般利润率的形成、剩余价值和利润的不同、价值和费用价格不同的基础。

首先，詹·穆勒从生产一般的视角考察，把资本和劳动都归结为生产手段，二者共同构成生产一般的条件。在《政治经济学要义》“生产章”中，詹·穆勒明确劳动这个概念与必需的生活给养联系在一起，所以，劳动和工资是同一回事，工资这个概念包含在劳动这个概念之中。[①]然后，詹·穆勒指出，随着产业的进步，生产手段包括劳动和资本两种手段，资

① 詹姆斯·穆勒.政治经济学要义[M].吴良健，译.北京：商务印书馆，1993:6-7.

本又可以分为“帮助劳动的工具以及作为劳动对象的原料”①。在生产中参与者可以分为两个阶级，一是供应生产原料和工具的资本家阶级，一是提供劳动的工人阶级。其次，显而易见，这两个阶级都是参与到直接的生产过程中，他们都是普通商品的所有者，资本家拥有生产条件，工人拥有劳动，生产条件和劳动结合起来产出劳动产品。在《政治经济学要义》“分配章”中，詹·穆勒根据观察到的实际情况，肯定生产手段的提供者必得商品利益，所以，劳动者和资本家分别必得一份，如果土地是生产手段之一，地主当然也必须得分享一份。詹·穆勒这里进行了转换，资本家阶级和工人阶级在生产中共同占有产出的劳动产品，但是，工人阶级实际上是把自己的产品份额以工资的形式卖给了资本家阶级，资本家阶级购买工人阶级的劳动，“按日按年或者按不论什么期限付出工资买入劳动”②，“劳动者根据情况按日按周按月按年接受工资出卖他的劳动”③。资本家阶级购买劳动与用奴隶工作的工厂主购买劳动的性质是相同的，区别只在于工人和奴隶支付劳动的方式不同，奴隶一次性支付终身的劳动，工人只是按月或者按周或者按照其他方式支付。最后，如何确定工资率呢？詹·穆勒在《政治经济学要义》“交换章”中指出，劳动者份额的多少就是工资率；反过来，工资率就是劳动者得到的商品或商品价值的份额。劳动者的劳动由资本家买进并事先付了钱，所以，商品本身便全部归资本家所有。关于工资规律，詹·穆勒概括为：工资率决定于人口和雇用手段即资本之间的比例，受到劳动和资本之间的需求和供给状况的影响。但是，詹·穆勒明确指出，工资率最终还是决定于生产成本。

很明显，詹·穆勒从根本上不明白什么是劳动，什么是资本，不明白劳动和资本的区别究竟是什么。他只能从物的角度，也就是从劳动材料和劳动资料的使用价值角度区分劳动和资本。他试图以这种没有矛盾的叙述方式来消解矛盾，这显然解决不了究竟什么是价值，价值究竟是活劳动创

① 詹姆斯·穆勒．政治经济学要义[M]．吴良健，译．北京：商务印书馆，1993：10-11.

② 詹姆斯·穆勒．政治经济学要义[M]．吴良健，译．北京：商务印书馆，1993：13.

③ 詹姆斯·穆勒．政治经济学要义[M]．吴良健，译．北京：商务印书馆，1993：13.

造的，还是死劳动创造的这样的问题；更不可能解决工资和资本的交换究竟是否遵循价值规律的问题，一般利润率形成的问题，以及价值和费用价格的问题。所以，马克思说：“他决没有给自己减少困难，却增加了困难。”①

二、约翰·斯图亚特·穆勒：价值是一件物品对货币的支配能力

约翰·斯图亚特·穆勒生活在1806—1873年，他认为，价值在政治经济学中并不占据重要地位，所以，他把价值摆在他的《政治经济学原理》的较后位置，在生产、分配理论之后，放在交换理论中。他指出，有思想家认为价值是政治经济学的一个重要主题，具有显著地位，甚至认为价值的界限就是政治经济学的界限，把政治经济学称为价值学，这显然太不符合常识了，因为价值对于创造财富并不具有重要作用。

约·穆勒认为价值包括使用价值和交换价值，前者是有用性，后者是购买力，在没有附加语的情况下使用，指的是交换价值。根据常识就知道，价值只有在竞争的条件下，参与到分配机制的时候，才是一个需要考虑到的量。常规情况下，或者按照惯例，对于财富的分配法则，不需要竞争形成的时候，价值并不发挥作用，是一个不需要考虑的量。当在交换中，需要考虑到商品的价值时，商品的使用价值是价值的极限。也就是说，约·穆勒认为，价值实际上是交换价值，是购买力，它以商品的有用性为极限，有用性是商品提供的满足人的欲望的能力或者满足人的某项目的的能力。

那么，一件物品的购买力是如何确定的呢？约·穆勒认为，同一件物品可以换到大量的某些物品，却只能换到少量的另一些物品，就像同一套服装能够换到大量的面包，却只能换到极少量的钻石。而在行情改变或者生产情况改变或者买卖法规改变的情况下，同一件物品换到的同样的商品的数量也会发生改变，这是在假定其他条件不变，仅仅是该物品的交换条件发生变化的条件下。约·穆勒给出了一个例子：假设一种新型纺织机的

① 马克思恩格斯全集(第26卷III)[M].北京：人民出版社，1974：93.

发明，使制作外套的宽幅布料的纺织成本降低到当初的一半，这样，在外套与其他商品进行交换的时候，假定其他条件都不变，外套的价值就降低了。所以，关于一般交换价值，约·穆勒得出结论："的确存在着这样的一些原因，它们倾向于改变一件物品与未曾受到相同趋势影响的一般物品相互交换的价值。"①比如欲考察玉米价格上升或者下降的原因，就假定只有玉米的价值波动，其他与玉米进行交换的餐具、蔗糖、木材、丝绸等，价值都恒定不变。这样，就得出该件商品与其他任何一件被考察的商品的交换关系，这个交换关系就是该商品对于其他商品的一般价值。

这个交换关系用货币来表示，就是价格。所以，约·穆勒认为，价格是一物品的货币价值，即该件物品可以换取的货币的数量，是一件物品的价值与货币之间的关系，表示"拥有这一物品时所产生的对于一般可购商品的支配能力"②。约·穆勒指出，价值与价格的区别是明显的，他给出了以下两个推论：第一，所有商品价格的提高是可能的，商品价值的货币价格可能同时提高或者同时降低。但是，所有商品的价值都提高或者降低，是不可能的。因为，价值是商品之间相互交换的关系，一个商品价值的提高或者降低，意味着另一个相对应的商品的价值的降低或者提高，因为甲、乙两个商品相互交换，假定原来的比值是1:1，如果比值升高，比如甲等于2个乙，那么，乙就必然对应着比值下降，等于0.5个甲。而如果所有商品的价值都不变，货币价值升高了，那么，对应着所有商品的价值都降低了。比如，甲与货币的比值原来是1:1，如果货币比值升高了，是甲的2倍，那么，甲的价格降低了，而且，货币对于其他商品的价值也同样是升高了，这样，所有其他商品的价格也都降低了。第二，商品价值和价格关系受到严格的条件限制，必须在完全竞争的条件下，一方尽力"贱买"，一方尽力"贵卖"。所以，约·穆勒说："我们的结论提出的价值和价格，是商业的价值和价格，是市价表上所公开的价格，是批发市场上的价格。"③

① 约翰·斯图亚特·穆勒.政治经济学原理(上)[M].金镝，金熠，译.北京：华夏出版社，2017：400.

② 约翰·斯图亚特·穆勒.政治经济学原理(上)[M].金镝，金熠，译.北京：华夏出版社，2017：399.

③ 约翰·斯图亚特·穆勒.政治经济学原理(上)[M].金镝，金熠，译.北京：华夏出版社，2017：402.

三、约翰·雷姆赛·麦克库洛赫：任何符合愿望的作用或操作都创造价值

约翰·雷姆赛·麦克库洛赫是李嘉图学派的成员之一，其生活在1789—1864年。在19世纪20年代的论战中，他从最初李嘉图的信奉者，转变为马尔萨斯的跟随者。

李嘉图将商品的价值区分为真实价值和相对价值（交换价值）。真实价值来源于商品在生产过程中消耗的劳动量，是商品交换价值的基础；相对价值是商品用来和其他商品交换的时候，能够交换到的商品中所包含的耗费的劳动量，是交换到的劳动量。也就是说，商品之间进行相互交换的时候，相互交换的两个商品都内在地包含这一个劳动量，对于甲商品来说，其内在的劳动量是它的使用价值，交换到的劳动量是它的交换价值；相应地，对于乙商品来说，也是这样。所以，在两种商品进行直接交换的情况下，两种商品互为交换价值。生产商品的劳动量和交换商品的劳动量虽然不是同一个概念，但是在供求平衡的情况下，二者的值是相同的。而且，李嘉图关于商品真实价值和相对价值的见解是，对象是商品，并不包含劳动，也就是不包含商品与劳动之间的交换，换言之，不包含资本和劳动的交换。李嘉图认为在商品交换过程中，一个商品用与其相交换的另一个商品的劳动量来表征，相当于马克思定义中的价值形式。

麦克库洛赫通过阐释李嘉图相对价值的见解，"重构"了利润的起源，并把李嘉图商品与商品的交换普遍化到商品与劳动的交换，不仅歪曲了李嘉图关于真实价值和相对价值（交换价值）的见解，还从根本上瓦解了李嘉图的劳动价值论。麦克库洛赫说，相对价值"由它所具有的交换或购买某数量劳动或其他只能由劳动而得的商品的相对量或能力来考虑"[①]。然后麦克库洛赫重复李嘉图的思想，指出，在供求相当的时候，生产商品"所需要的比较劳动量，将决定它们的所有者用它们来彼此交换、以及与劳动

① 约·雷·麦克库洛赫.政治经济学原理[M].郭家麟，译.北京：商务印书馆，1975：119.

交换的比例”[①]。麦克库洛赫认为，事实上，资本家不可能用一定量劳动的商品去交换相同劳动量的另一商品，这样，对于资本家来说，一点意义都没有，资本家之所以进行交换，就是为了获得利润，不产生利润的地方，“等于不收取利息的贷款”[②]，不可能发生商品交易。麦克库洛赫这些曲折的迂回过渡不过是为了得到最后的结果：第一，利润的源泉是商品交换中的“贵卖”，购买商品的劳动量超过生产商品的劳动量；第二，资本与劳动的交换，自然是少量资本与多量劳动的交换，因为资本购买劳动的性质是“预付”，“没有一个资本家愿意把已经制成的一定量劳动的产品，来交换尚待制造的同量劳动的产品”[③]，那么，根据第一点，商品交换是“让渡利润”的交换，资本与劳动的交换只能是少量资本与多量劳动的交换。这两点从根本上否认了李嘉图的劳动价值论，恰恰有力地支持了马尔萨斯的观点：资本与劳动的交换是少量资本与多量劳动的交换；利润的源泉是让渡利润。

李嘉图认为只有活劳动才创造价值，詹·穆勒将活劳动的范围扩大到积累劳动，即死劳动——资本，麦克库洛赫又将积累劳动扩大到蓄力、自然力。他说：“有充分理由可以把劳动下定义为任何一种旨在引起某一合乎愿望的结果的作用或操作，而不管它是由人，由动物，由机器还是由自然力完成的。”[④]比如，如何解释葡萄酒闲置一段时间后会有更好的卖价。麦克库洛赫荒唐地说，就像机器参与到生产过程中，能够创造价值一样，发酵发挥了类似的作用，只不过一个是以看得见的方式创造价值，一个是以看不见的方式创造价值。他强调，“资本的利润只是积累劳动的工资的别名”[⑤]。

① 约·雷·麦克库洛赫.政治经济学原理[M].郭家麟，译.北京：商务印书馆，1975：125.

② 约·雷·麦克库洛赫.政治经济学原理[M].郭家麟，译.北京：商务印书馆，1975：125.

③ 约·雷·麦克库洛赫.政治经济学原理[M].郭家麟，译.北京：商务印书馆，1975：140.

④ 马克思恩格斯全集(第26卷III)[M].北京：人民出版社，1974：195.

⑤ 马克思恩格斯全集(第26卷III)[M].北京：人民出版社，1974：202.

第三节　辩护论代表人物

马克思指出，与萨伊相比，西尼尔、巴师夏是真正的辩护论者，而巴师夏公开承认，他的老师是凯里。西尼尔、巴师夏、凯里的庸俗经济学产生于资本主义对抗明显激烈的时代，这时候，资本主义制度已经确立，两大对立阶级的利益和矛盾尤其尖锐，资产阶级政治经济学的任务主要是论证资本主义的合法性、正当性。

一、纳索·威廉·西尼尔：资本价值论

纳索·威廉·西尼尔，19世纪中叶的英国庸俗经济学家，生活在1790—1864年。这时候，英国完成了工业革命，进入社会化大生产的大工业阶段，雇佣劳动成为整个社会的经济基础，生产剩余价值成为绝对规律，资本主义生产方式的异化本质比较突出，社会矛盾主要表现为无产阶级和资产阶级的矛盾，英国的工人运动从19世纪30年代开始，一直蓬勃发展，在19世纪40年代再次爆发了群众性的宪章运动。这个历史时期，庸俗经济学家在寻找新的能够代替古典政治经济学的理论，力图从根本上改变资产阶级政治经济学的面貌。因此，西尼尔提出了他的“节欲论”和“资本价值论”。

为了反驳劳动价值论，西尼尔提出了所谓的“节欲论”。西尼尔的逻辑思路是，价值有三个特征，要生产出符合这样三个特征的叫作价值的东西，需要三个生产手段，接着他重新解释了劳动、土地和资本这三个生产要素。他创造性地指出，节欲就是资本，资本就是节欲。马克思说：“这真是庸俗经济学的‘发现’的不可超越的标本！它用阿谀的词句来替换经济学的范畴。”①而这三个生产要素中，资本又是最重要的，涵盖了其他两个要素，

① 马克思恩格斯文集(第5卷)[M].北京：人民出版社，2009：688-689.

是三个要素的结合。

关于价值的三个特征。西尼尔把萨伊所说的效用价值、马尔萨斯所说的内在要素、麦克库洛赫所说的供给和需求拼凑到一起，概括出价值的三个特征：效用、供给有限、可以移交。关于效用，西尼尔指出，效用是价值三个特性中最为显著的一个特性，任何价值都必须具有能够直接或者间接地产生快乐（各种各样享受）、避免痛苦（各种各样的苦恼）的能力，如果一件东西没有效用，谁都不会愿意去交换它。西尼尔也指出对于同一个东西，由于个体主观因素千差万别，个体感受不同，那么效用是非常不同的，有无穷差别，他把这种差别叫作交换行为的动机。关于供给有限，西尼尔指出，严格地说，任何东西都是供给有限的，但是，像大海的水，只需极少力气就可以愿意要多少就能够得到多少，这个就叫供给无限，而如果把大海的水带到伦敦去，就变成供给有限了。关于可以移交，是指一件东西提供快乐、避免痛苦的能力能够全部地或者部分地移交出去。西尼尔同时又把“给予一件商品以效用和限制其供给的原因”叫作它的价值的内在原因，“限制供给和给予效用的原因”叫作它的价值的外在原因。

关于生产价值的三个要素：劳动、自然要素、节欲（节欲 abstinence，在有些译本里被翻译为“节制”，笔者用“节欲”，但是，在引文中，和翻译文本保持一致）。那么，节欲究竟是什么含义呢？西尼尔声称，“没有它则其他两者就无能为力的这个第三要素或生产手段叫作节制。我们用这个词来表示个人的这样一种行为：对于他可以自由使用的那个部分，或者是不作非生产性的使用，或者是有计划地宁愿从事于其效果在于将来而不在于眼前的生产。”①节欲对于可以移转的有限供给的效用的生产是必不可少的。西尼尔声称，让一棵树长成是节欲，把一只家畜养大是节欲，播下谷种是节欲，种下树苗是节欲，但是把谷物作为粮食食用掉则不是节欲。换句话说，任何用于作为当前生存手段、作为当前生命存续下去的用途，西尼尔称之为非生产用途的、消费用途的都不是节欲。由此看来，西尼尔认为必须有剩余才能够有节欲。所以，西尼尔指出：“我们用节制这个词所要

① 西尼尔.政治经济学大纲[M].蔡受百,译.北京:商务印书馆,1977:93.

表示的是这样一种要素，这跟劳动和自然要素不同，对资本的存在说来它的协助是必要的，它对利润的关系就和劳动对工资的关系一样。”①

很明显，西尼尔认为价值（效用）必须有资本的参与才能够被创造出来，效用必然是与生产成本联系在一起的一个概念，资本成为价值必然的成本要素。根据节欲理论，价值又必然是供给有限的。西尼尔指出，显而易见，任何人都要求以尽可能少的牺牲获得更多的价值，这是一个不说自明的、可以作为三段论式的公理的道理，是工资和利润理论的基石。利润是节欲的内在构成部分，或者说节欲内在地就包含利润这一内涵。西尼尔借用了詹·穆勒阐明工资内在地被包含于劳动的方法。詹·穆勒指出，从野蛮人开始，劳动就是获得生活资料的手段，所以，工资是内在于劳动的。同样，西尼尔认为，节欲同利润的关系正如劳动同工资的关系一样，工人参与到生产过程中，工人的劳动必须获得报酬，那么，节欲参与到生产过程中，当然也必须获得报酬，利润就是节制的报酬。因为资本家肯把资本节约下来，不提前用于自己的个人消费，延迟享受，把资本用在生产中，才能够有商品生产，所以，资本家必须因为自己的节欲获得利润。

二、弗雷德里克·巴师夏：服务价值论

弗雷德里克·巴师夏生活在1801—1850年。这个时期，法国也完成了工业革命，由资本原始积累的历史时期进入资本积累的历史时期，社会主要矛盾不再是资本主义生产方式的形成与封建社会的矛盾，简言之，资产阶级相对立的对象是无产阶级，而不再是封建贵族或者封建领主，资产阶级由反对封建制度的领导者成为与无产阶级对立的反动势力。无产阶级也开始登上历史舞台，斗争由自发状态逐渐进入自觉状态。1831—1834年法国里昂工人起义，此后法国工人的斗争从未停止过，并且在六月起义（1848年6月爆发的工人起义）中，提出了建立“民主的社会的共和国”的独立要求。巴师夏的代表作，1850年出版的《经济和谐论》，就是这个时期

① 西尼尔.政治经济学大纲[M].蔡受百，译.北京：商务印书馆，1977：94.

的产物，巴师夏反对古典政治经济学的劳动价值论，“和谐”出了服务价值论。马克思说：“只有癞蛤蟆才能搞出这种谐和的烂泥汤”[①]，称巴师夏为职业的资本主义辩护士。

马克思认为，巴师夏从萨伊那里“折衷”到使用价值，利用“效用”的概念，抽去了他不理解的价值的社会关系内涵，由“效用”自然地过渡到欲望和满足——人类天性的最自然的表现。而欲望和满足的主要手段是努力，所以，巴师夏认为，政治经济学的研究内容主要就是欲望、努力、满足。同时，欲望和满足总是结合在一起的，但是，努力并不一定必然和欲望、满足结合在一起，大多数的时候，欲望和满足并不与努力结合在一起。比如，一个人住房欲望的满足，并不依靠自己去建筑房屋；粮食欲望的满足，并不需要自己亲自去播种谷物；衣饰的满足并不需要自己去纺纱织布制衣；等等。巴师夏把这种通过别人的努力满足自己的欲望的手段叫作服务，价值就是从这种服务中产生出来的。

巴师夏把获得使用价值节约的劳动量作为价值的基础，他认为，一个人为他人劳动、从而为他人提供服务、满足他人欲望的努力是自然的，是天赋予人的才能，一个人的才能最重要的也就体现在努力为别人提供服务、满足别人的欲望的能力上。而每个人都努力满足别人的欲望，所以，满足欲望的努力是相互的，也就是提供服务的努力是相互的，这就是交换。巴师夏指出，只要交换是自由的，两种服务的交换总是等值的。而价值就存在于两种服务的交换中。

所以，巴师夏认为价值是与生产、生产关系、生产方式都无关的一个概念，价值只与交换有关，至于这个交换是在什么历史背景下出现的，具有什么特定的特征，和巴师夏都没有关系。在巴师夏看来，这个交换是始终存在的，只要交换，就是服务，就是一方愿意为另一方提供劳动和努力，交换中产生了价值，价值就是两种服务的交换关系，资本家与劳动者也是互相交换服务的关系。尽管巴师夏没有办法确定两个服务之间的价值量如何衡量，但是，他却“成功”地反对了李嘉图。因为李嘉图的劳动价值论

① 马克思恩格斯全集(第29卷)[M].北京:人民出版社,1972:250.

不利于认识“经济和谐”，只会因为揭露了劳动与资本的不平等交换而导致二者的对立。所以，马克思说：“‘服务’（《service》）这个范畴对于像让·巴·萨伊和弗·巴师夏那样的经济学家必然会提供怎样的‘服务’是不难了解的。”[①]

三、亨利·查理士·凯里：再生产费用价值论

亨利·查理士·凯里，19世纪上半叶美国最有影响的经济学家之一，其生活在1793—1879年。这时候，资本主义在美国的发展十分迅速，很快就赶上西欧各国，并在19世纪末，向垄断资本主义过渡，美国成为一个主要的帝国主义国家。所以，凯里的经济理论主要代表了这个时期资产阶级的要求，也代表着美国资产阶级不同于西欧资产阶级的利益诉求，不仅反对当时在美国已经有所传播的社会主义思潮，也反对那个时候的其他国家的经济学。凯里的方法是用再生产费用价值论论证阶级调和论。

凯里是调和论的创始人。凯里延续了资产阶级庸俗经济学的生产费用价值论。但是，和以往的生产费用价值论在论证方法上又有所不同。在凯里那里，他明确地把商品的价值与再生产理论联系起来，认为“价值决定于再生产的价格”，而且，凯里吸收了李斯特的生产力理论的思想，把再生产与知识和技术等要素结合起来。凯里认为，商品的价值是由再生产商品的费用决定的，这个再生产费用又是由现存的技术条件决定的。凯里对这个再生产费用的论证过程，采用了詹·穆勒的方法，从尽可能原初的始点开始，很自然地，就从李嘉图所说的鲁宾逊开始了。凯里从鲁宾逊所处的孤岛开始说起，指出那里有地上的飞禽走兽、树上的果实花卉、空中的飞鸟、海洋深处的鱼群，但是，鲁宾逊赤手空拳得不到这些物品，他得制造些工具，比如弓箭和小艇，通过劳动他获得了他需要的生活资料，所以，劳动有着巨大的意义。凯里指出了价值的概念：“为了享有自己所想望的物

① 纪明山.马克思恩格斯列宁斯大林论资产阶级庸俗政治经济学[M].天津：南开大学出版社，1990：344.

品，我们必须克服一种反作用；价值只不过是我们对于这种反作用的估计。”①

“起初，鲁宾逊取得植物食品能够比取得肉食费力少；但利用弓箭，取得肉食比取得果实还要快。这就使相对价值不断地改变着：同果实相比，鸟和兔的价格降低了。但他还不会捕鱼，乐意拿一打兔子去换一条江鳕鱼。用骨头制成鱼钩以后，他以较小的代价得到了鱼，像得到每一种食品一样。鱼价同以前的食品相比，不断地下跌；而由于人对自然力获得了这样一种支配权，人的价值同这一切生活必需品相比便提高了。现在他以过去所费时间一半的代价获得自己的食物，因此能够把其余的时间用来缝制衣服，建造比较宽敞的住房并改良自己的一切工具。”②这样，生活必需品和生产品的价格便随着个人征服自然的力量的增强和彼此间的协作的加强而价值不断降低，个人针对自然的价值却不断提升。所以，凯里指出：“比较的观念同价值的观念不可分割地联系着；我们常常拿得到的生活必需品同用来生产它们的脑力劳动和体力劳动相比。在交换中，几乎是自然而然地用劳动去交换劳动，并且每一个人都尽力想办法使付出的劳动在数量上不多于他所换得的劳动。”③人在这个世界上的伟大目标，便是力求获得对自然的统治权，并迫使自然来完成人的劳动；在这方面每前进一步，劳动的紧张程度便降低，而劳动的报酬则增加起来。每前进一步，过去所获得的一切东西在价值上便逐步变小，并且对劳动来说，越来越丧失了它们的作用。每前进一步，随着个人能力的增长，并在继续进步的力量同样不断增长的情况下，联合的力量继续增长，并构成了一个良性循环，在良性循环中，联合会带来一个比一个更新更大的胜利。

总而言之，凯里的论证其实很简单，即价值是人为获得生活必需品的必需支出。从凯里的描述中，我们发现，这个“必需支出”最终表现为两个部分：劳动和劳动的积累，而后者即资本。凯里指出：“资本是人用来获

① 季陶达.资产阶级庸俗政治经济学选辑[M].北京：商务印书馆，1963：226.

② 季陶达.资产阶级庸俗政治经济学选辑[M].北京：商务印书馆，1963：226-227.

③ 季陶达.资产阶级庸俗政治经济学选辑[M].北京：商务印书馆，1963：228.

得对自然力的支配权的工具，它是过去的脑力和体力积累而得的结果。”①这样，价值就转换为再生产费用——劳动和资本的协作。所以，马克思说，凯里“掩盖了资本关系的特殊性质，即掩盖了可变资本与活劳动力的交换，以及与此相适应的工人与产品的分离。代替的是一种协作关系的假象，仿佛工人和资本家在这种协作关系中是按照产品的不同的形成要素的比例来分配产品的”②。

第四节　其他代表人物

德国资产阶级的发展落后于无产阶级的发展，也落后于英法资产阶级的发展，所以，德国庸俗经济学具有自己的特点。马克思指出，要想研究德国的经济规律，唯一适当的方式是采取否定的方式。这个“唯一适当的否定方式”，指从封建到反封建，建立统一的民族国家，再把民族国家由绝对君权、绝对王权变为资产阶级政权。这里有三个台阶，德国只能一个台阶一个台阶往前走。而德国的庸俗经济学主要是强调利用国家的力量，通过发展生产力，达到和超越英法资本主义。

一、弗里德里希·李斯特:生产力理论

弗里德里希·李斯特是德国庸俗政治经济学的先驱者，也是历史学派的先驱者，他生活在1789—1846年。这时候，在英法两国的庸俗经济学有了一定发展之后，德国才有产生政治经济学的土壤，德国人才能够理解政治经济学，用德国的社会历史现状去理解和解释从英法输入的政治经济学，马克思称之为“各种知识的杂拌”，恩格斯说：“在那些讲求实际的人们当

① 季陶达.资产阶级庸俗政治经济学选辑[M].北京:商务印书馆,1963:231.

② 马克思恩格斯文集(第5卷)[M].北京:人民出版社,2009:610.

中，最先形成了工业家的保护关税派。他们的权威是李斯特。”[1]李斯特保护关税理论以生产力理论为基础。

李斯特用生产力理论反对古典政治经济学的劳动价值论。他把价值本身和价值的原因界分开，认为价值本身表现为一定的财富，而价值的原因则表现为生产力的发展水平，也就是说，创造价值的是生产力。李斯特认为，价值的原因不知道比价值本身重要到多少倍，因为只有价值本身，而没有创造价值的手段或者渠道，那么，价值被消费之后，人就会越来越穷。反之，即使一个人没有价值，但是只要他拥有创造价值的手段和技术，他就能够创造价值，使自己越来越富裕，一个国家也是如此。显然，对于个人或者国家来说，重要的是拥有和发展创造价值的生产力，而不是拥有价值本身。李斯特指出，财富本身不能够作为自身的保障，只有生产力才能作为财富的保障，因为生产力不仅保障了财富被生产出来，还能够保障在财富被消耗的时候，有新的财富被生产出来。显然，对于一个国家来说，要增加财富，就必须不断地生产出新的财富。

那么，什么是生产力呢？在李斯特看来，生产力的范围非常广泛，只要能够促使价值创造，任何因素都是生产力。所以，能够鼓励个人积极参加劳动，创造财富的都是生产力，包括对个人具有激发作用的精神力量等。不难看出，李斯特的生产力理论拓展了西尼尔的“节欲论”，把劳动本身包含进生产力了，涵盖了劳动、资本和土地三个要素。在劳动方面，生产力表现为人的体力和智力的总和，也就是人所能努力和激发出来的物质力量和精神力量的总和，物质力量是头脑和四肢等身体器官协调作用的力量，精神力量包括个人智力、情感、对幸福的理解和追求等。而社会状况远远超过资本和土地的总和，社会状况包括“科学、艺术、公共制度和法律、国内经济发展、农工商业的均衡、国家力量、教育、宗教、社会道德等”[2]。李斯特认为，当一个人提高了对未来幸福生活的认识时，他的智力和感情对他所起的激励作用就越大，身心力量对生产目标将作更大的发挥，

① 马克思恩格斯文集(第2卷)[M].北京:人民出版社,2009:596.

② 金国利,李静江.西方经济学说史与当代流派[M].北京:华文出版社,1999:160-161.

将获得更大的成就，但所有这些个人精神力量的发挥有赖于社会状况。[①]李斯特说的社会状况主要是指能够激发个人尽可能利用国内外资源创造财富的制度和措施等，当然也包括科学和艺术的发达状况等。简言之，李斯特认为，国家状况主要决定于生产力的总和。

二、威廉·罗雪尔：历史—资本价值论

威廉·罗雪尔是历史学派的奠基人，生活在1817—1894年。历史学派形成于19世纪40年代，这时候，法国早已建立共和国，而德国还非常落后，处于封建状态，它的资本主义落后到资产阶级尚无力消灭封建割据状态，资产阶级想建立统一的国内市场，封建主不答应，封建主对资本家征税。德国是个君主制国家，封建贵族掌握国家政权，全国各个邦国割据，关税壁垒森严，严重阻碍了自由贸易和资本主义生产方式的发展。德国庸俗经济学的任务是：一方面，消除国内关税壁垒；另一方面，反对外国庸俗经济学。而当1848年革命之后，德国资本主义真正发展起来的时候，德国资产阶级又要对抗无产阶级，德国的庸俗经济学便产生了，被称为历史学派，其奠基人是罗雪尔，主要代表人物还有希尔德布兰德、克尼斯等。

罗雪尔用“历史方法”——庸俗历史主义，论证了他的生产费用价值论。罗雪尔反对古典政治经济学的劳动价值论，回到萨伊的生产三要素，重复效用价值论，实际上仍然是生产费用价值论。不过，罗雪尔的庸俗价值论明确反对古典政治经济学，尤其是李嘉图的抽象法，否认经济规律的存在，强调根据历史事实、史料归纳经济生活的规律。他的“历史方法”按照各个时代的顺序，考察了各个时代的历史资料，重新解释了萨伊的劳动、土地、资本三要素。根据这三个要素的“历史”表现，罗雪尔要考察各个时代的国民需要什么，为什么努力，是怎样成功的，为什么能够获得成功。这样，政治经济学就又回到了对效用、各生产要素的有用性、人的欲望的满足的研究。不过，罗雪尔所说的欲望、满足和满足欲望的三要素

① 金国利，李静江.西方经济学说史与当代流派[M].北京：华文出版社，1999：161.

具有了“历史史料”的证明。罗雪尔认为，“对过去各文化阶段的研究同考察现代经济关系具有同样的重要性”，“所谓国民并不是今天生活着的个人的单纯组合构成的。因此研究国民经济的人，就不能仅仅满足于对现代经济关系的观察。”[①]这样，罗雪尔进行了所谓“根本性的”“历史性的”考察。

根据对“历史史料”的总体的观察，罗雪尔发现了尽管自然、劳动和资本是任何时代都必需的生产要素，但是，三者在不同的历史时代意义却非常不同。在最早的时候，人们欲望的满足主要依靠自然，自然在罗雪尔看来，天生就具有价值；而在不远的过去，则主要依靠劳动。但是，在罗雪尔的时代，却不是这样了。罗雪尔认为，“剩余价值或剩余产品的形成，以及与此相联的积累，是由于资本家的节俭’”[②]，相应地，罗雪尔就自然而然地回到了西尼尔的“节欲论”，强调资本家的“节俭”和利润的天经地义。所以，马克思说：“到处的社会都必须完成一定的剩余劳动，一部分作为不断增长的人口的基金，一部分作为补充现有资本的准备金。在资本主义生产中，工人无酬地完成这种剩余劳动，而表现出来则相反，似乎是资本家——由于他所占有的一部分剩余价值被用于这一目的——节制自己，为形成这种准备金‘节约’资金。所以可敬的罗雪尔也说，如果没有资本家的节约，恐怕社会就难以维持了！”[③]

---

① 高荣贵.经济学辞源[M].长春:吉林人民出版社,1991:39.

② 马克思资本论(节选本)[M].北京:中共中央党校出版社,1983:83.

③ 马克思恩格斯全集(第49卷)[M].北京:人民出版社,1982:503.

第三章　庸俗经济学的特点

马克思指出了庸俗经济学的三种形式：现象观念形式、辩护论形式、教授形式。[①]这实际上是庸俗经济学三种特点。根据马克思的相关论述，我们把庸俗经济学的特点概括为三类：研究目的上的辩护性，对研究对象主要采用现象描述的方法，研究方法上的唯心主义和形而上学性。

第一节　辩护性

辩护性是指庸俗经济学将资本主义生产方式作为理想的、自然正义的、永恒的纯粹的社会经济形态，赋予其超阶级的一般性，并自诩为是以所谓的事实为依据的科学。无论是辩护论还是调和论，或者其他形式的庸俗经济学，内在地都具有这样的特征。

一、所谓的科学

庸俗经济学批判古典政治经济学研究范围太过广泛，以至于既不能够对研究对象下定义，也没有办法廓清研究对象的范围。同时，庸俗经济学认为，人类福利问题不应是政治经济学的研究对象，政治经济学应该专注于财富专题的研究。西尼尔指出，利维尔在《政治团体的自然基本秩序》

① 马克思恩格斯全集(第26卷Ⅲ)[M].北京:人民出版社,1974:556-558.

中提出要建成一个组织，这个组织必然会提供世间能够享有的一切福祉，这就偏离了政治经济学，完全不是政治经济学这个词的意义的一部分，福祉问题应该留给“立法”这门科学研究。庸俗经济学实际上是局限于旧唯物主义世界观，试图探究财富生产所谓的自在、抽象的规律。

（一）旧唯物主义世界观

马克思指出，“旧唯物主义的立脚点是市民社会”[①]，“市民社会”即资产阶级社会。以旧唯物主义作为哲学世界观，资产阶级政治经济学只是从客体的角度，至多是从直观的角度去理解对象、现实、感性，而不是从实践能动性的主体角度，把客体作为对象，理解为对象性的存在。[②]

马克思实质上指出了“旧唯物主义”的物质观的根本缺陷是“自在性”，而自在性根源于认识论上的直观性。如果我们把客体当作人类的直观对象，作为对象的“客观事物本身”是完全独立于人之外的自我存在。这样的客体物质便是所谓“自在之物”。例如：原子一定以与他物无关的固有的空间形状、大小、质量、电荷和运动速度等性质存在着，即使世界上没有人，没有任何其他事物，这个原子也依然如此存在。

直观性潜含二元性，导致客体自在性与主体的先验性。自在的客体是既成的，不论是静止或者是运动。恩格斯从本体论角度直接指出既成性的根本缺陷，即世界由一个个独立自在的、既成的客观的物质客体所构成。“独立”指即使离开其他事物也能自我存在，其性质是与他物无关的事物自身性质，质量、尺度等与他物无关，每时每刻处于某一确定的状态。恩格斯称之为“既成事物的集合体”，海德格尔则称之为“存在者”。旧唯物主义者认为，这种既有的客体是物质客体，世界仅仅是物质客体的集合体，这实际上是一个想象出的孤零零地存在的、与人无关的自然界，一个非对象的自然界。旧唯物主义所唯之“物”，就是作为认识对象的物，强调的是它不依赖于认识主体的特征、作为客体的存在。这种物质与人无关，更与

① 马克思恩格斯文集（第1卷）[M].北京：人民出版社，2009：502.

② 马克思恩格斯文集（第1卷）[M].北京：人民出版社，2009：499.

人的活动无关，而只是与“意识”（或思维）处于某种抽象的关联（不依赖于人的意识并能为人的意识所反映）中。这样的“物质”自然是非历史的概念。科学的任务就是要发现这些物质客体的规律。牛顿力学、经典原子论等近代自然科学，正是以发现这种规律作为其理论目标的。

即便费尔巴哈反对把对象理解为抽象的认识客体，从生活的角度把物质看作感性的存在，即人的生存的物质条件。然而，费尔巴哈没有看到，这种感性对象“决不是某种开天辟地以来就直接存在的、始终如一的东西，而是工业和社会状况的产物，是世世代代活动的结果”①。总之，费尔巴哈之前的旧唯物主义者离开感性的人去谈论抽象物质，把物质变成了某种与人无关的东西；费尔巴哈虽然看到了物质与人的内在联系，即物质的感性特征，但他不是把感性看成感性活动，而是看成感性直观，从而离开人的活动去谈论感性物质。

旧唯物主义者以一种非历史的观点看待社会，而马克思主义哲学既不是从孤立的人出发，也不是单纯地从人的物质生活条件出发或者从实践出发，而是从现实的个人的存在出发。现实的个人的存在有两个特点：第一，它有一个把主体与对象联系在一起的存在论结构，在这一结构中实践处于核心地位；第二，现实的个人的存在是历史的存在，意识则从属于人的存在。马克思一再谈“对于人来说”“对于费尔巴哈来说”，马克思到处使用的这大量“对……来说”绝不是可有可无的字句，它表明马克思总是在人与环境的关系中看待一切。所以，马克思认为，根本不存在什么“永恒真理”和“永恒正义”，一切都是历史地形成的，也必然随着历史的发展而变化。马克思所说的一切，都“不适用于原始的、通过自然发生的途径产生的人们”②，而只适用于通过实践产生的人类。

（二）既定的规律

旧唯物主义哲学世界观必然导致庸俗经济学把资本主义作为永恒理性

① 马克思恩格斯文集（第1卷）[M].北京：人民出版社，2009：528.

② 马克思恩格斯文集（第1卷）[M].北京：人民出版社，2009：529-530.

的自在之物。马克思在《哲学的贫困》中指出："经济学家们的论证方式是非常奇怪的。他们认为只有两种制度：一种是人为的，一种是天然的。封建制度是人为的，资产阶级制度是天然的。在这方面，经济学家很像那些把宗教也分为两类的神学家。一切异教都是人们臆造的，而他们自己的宗教则是神的启示。……以前所以有历史，是由于有过封建制度，由于在这些封建制度中有一种和经济学家称为自然的、因而是永恒的资产阶级社会生产关系完全不同的生产关系。"①

比如，巴师夏和凯里认为，资本主义生产关系是永恒的自然规律和理性规律，本身是"和谐的"；之所以出现"不和谐"的生产关系，一方面是由于国家的干涉，另一方面是由于英国对世界市场的影响。他们从美国的资本主义中抽象出这个超验的存在物，当一个国家实际的经济关系出现"不和谐"时，他们就认为根本原因在于政府和市场的关系背离了抽象的经济规律。凯里认为，如果我们发现现实和这一规律不相符合，不管是发生在印度斯坦还是英国，我们只需抽掉政府的影响，即赋税、国家的垄断等就行了。马克思批判地指出："凯里没有研究国家的这些影响，即公债、国税等等本身在多大程度上是从资产阶级关系中产生出来的，——因而，例如在英国，这些影响决不是表现为封建主义的结果，相反地表现为封建主义的瓦解和被制服的结果。"②而巴师夏并不处在现实的资产阶级经济关系中，在他那里和谐决不是来自丰富的生动的直观，而相反地是从贫乏的、紧张的、对立的反思中产生的夸张的产物，他的美国式、英国式"和谐"不过是对18世纪的法国概括方式的留恋。巴师夏立足过去，企图通过政府与市场的关系恢复过去。

马克思认为，资本主义经济生活按其本质来说就是不和谐的，只是在民族国家范围内，这种不和谐"隐而不明"了，在世界市场范围内，在真实的经济关系即普遍现实的经济关系中，资本主义经济规律呈现出的不和谐正是资本主义经济规律最真实的表现。

① 马克思恩格斯文集(第1卷)[M].北京：人民出版社，2009：612-613.

② 马克思恩格斯全集(第30卷)[M].北京：人民出版社，1995：7.

即便古典政治经济学不再接受上帝支配社会经济生活的思想，古典政治经济学家们却囿于社会经济生活有其既定的自然秩序的思想。“在他们看来，新的科学不是他们那个时代的关系和需要的表现，而是永恒的理性的表现，新的科学所发现的生产和交换的规律，不是这些活动的历史地规定的形式的规律，而是永恒的自然规律；它们是从人的本性中引申出来的。但是，仔细观察一下，这个人就是当时正在向资产者转变的中等市民，而他的本性就是在当时的历史地规定的关系中从事工业和贸易。”①

古典政治经济学和庸俗经济学不同的地方在于，古典政治经济学是从感性实践中发现了财富的增长，较少发现资本主义生产方式本身的对抗，而庸俗经济学较多发现了对抗。因此，尽管古典政治经济学和庸俗经济学都把资本主义生产方式作为永恒的、自然的、合理的社会经济形态，但是，古典政治经济学是科学地理解和探究资本主义生产时期的经济，而庸俗经济学不是从现象到本质探究资本主义经济运动规律，解剖现代社会的本质，从而科学地理解资本主义，而是有目的、有意识地为资本主义进行辩护。

二、所谓的事实

庸俗经济学宣称要从可观测的、可验证的基本事实中，探究人们行为的真理，从这些真理中找出过去、现在和将来都存在的规律，这混淆了一般和特殊以及内部联系和外部联系。

（一）把一般和特殊相混淆

资本主义生产方式以雇佣劳动为整个社会的经济基础，内在地包含了劳动和资本的对抗，表现为工人和资本家之间的社会关系的对抗。古典政治经济学从内部联系的视角，明确了只有雇佣劳动才能创造价值，资本家的利润来源于工人阶级的剩余劳动，是对工人阶级剩余劳动的无偿占有，这也是对雇佣劳动经济基础对抗性的表达。而庸俗经济学，却用经济学的

① 马克思恩格斯文集（第9卷）［M］.北京：人民出版社，2009：158.

方法，从所谓的一般出发，抹煞这种对抗。

政治经济学，广义地说，是研究一定社会生产、分配、交换和消费等经济活动中的经济关系和经济规律的科学。[①]马克思把这种科学分为一般和特殊两个类别：一般研究主要是对生产力视角的研究，“生产的一切时代有某些共同标志，共同规定”[②]；特殊研究主要是对历史性产生和存在的经济规律的研究。马克思认为，构成经济发展的恰恰是特殊研究。当然，一般研究同样是必需的，“对生产一般适用的种种规定所以要抽出来，也正是为了不致因为有了统一而忘记本质的差别”[③]；而庸俗经济学为了达到目的，恰恰有目的地用一般研究混淆特殊研究。

人类社会的生存和发展是以物质资料的生产为基础的。在物质资料生产过程中，必然会发生人与自然的关系，这种关系是在人与人之间结成一定关系的状况下发生的，或者说，人类改造自然的活动，是在人与人之间结成的特定生产关系状况下进行的。马克思说：“而生产本身又是以个人彼此之间的交往［Verkehr］为前提的。这种交往的形式又是由生产决定的。”[④]生产什么、如何生产，就是在这种彼此交错的关系中进行的，这也就是马克思、恩格斯所指称的生产方式。生产方式是有阶级性的，但是庸俗经济学割裂了“生产”和“交往”的关系，仅仅从生产力的角度进行研究，就纯粹的人与自然的关系的视角进行研究，实质上既不是“生产”视角，也不是“交往”视角，是从纯粹抽象的生产能力的视角进行研究，这样就把资本主义生产方式的阶级本质给蒸发了，余下了超阶级的剩余物。

萨伊指责人们把政治经济学和政治学两者混为一谈，他主张把两者严格区分开来，把政治经济学变成所谓纯理论的科学是别有用心的，其目的在于否定政治经济学的阶级性，把政治经济学描述成超越阶级的东西，与自然科学一样，是没有阶级性的。事实上，萨伊的经济理论就极为明显地

① 逄锦聚，等.政治经济学(第5版)[M].北京：高等教育出版社，2014：1.

② 马克思恩格斯文集(第8卷)[M].北京：人民出版社，2009：9.

③ 马克思恩格斯文集(第8卷)[M].北京：人民出版社，2009：9.

④ 马克思恩格斯文集(第1卷)[M].北京：人民出版社，2009：520.

表现出了自己的阶级性，他为资产阶级利益而反对工人，还为大资产阶级反对雅各宾执政时期的经济政策，他力图把政治经济学变成欺骗劳动群众、麻痹他们斗志的工具。他认为，如果政治经济学能够“满意地证明，富人和穷人的利益，以及各个国家的利益，不是相对立，而所有对抗全是愚蠢，如果可从这些论证推断，许多被认为无可救治的弊病，不但可以救治，甚至容易救治”①。他把防止“人民的铤而走险”当作自己的政治经济学任务。由此可以看出，萨伊认为政治经济学应该成为超阶级的纯理论的说法是何等的虚伪。

再比如，詹·穆勒将资本混淆为一般劳动工具。他认为，联合起来进行商品生产的劳动和资本可以都属于一个人或一伙人，或者其之一属于一方，另一个属于另一方。例如，野蛮人使用他的弓箭杀死一只鹿时，他是劳动和资本的所有人，如果他用另一个人的弓箭杀死鹿，他是劳动的所有人，另一个人是资本的所有人；耕种一小块农地的人，他使用自己和自家人的劳动种地，不雇用帮工帮助，他是资本和劳动的所有人。

(二)将内部联系的整体混淆为外部联系的整体

马克思把社会作为一个有机体，一个内在联系的有机体，而庸俗经济学不懂得内部联系，只能把经济现象作为外部联系的、机械的整体进行研究。

马克思说：“摆在面前的对象，首先是物质生产。”②但是，政治经济学研究的物质生产不是斯密和李嘉图所说的“单个的孤立的猎人和渔夫”的物质生产，而是“指在一定社会发展阶段上的生产——社会个人的生产”③，即“个人，从而也是进行生产的个人”④的物质生活的生产和再生产，并且他们怎样生产就怎样生活。

---

① 萨伊.政治经济学概论：财富的生产、分配和消费[M].陈福生，陈振骅，译.北京：商务印书馆，1963：55.

② 马克思恩格斯文集(第8卷)[M].北京：人民出版社，2009：5.

③ 马克思恩格斯文集(第8卷)[M].北京：人民出版社，2009：6-7.

④ 马克思恩格斯文集(第8卷)[M].北京：人民出版社，2009：6.

这里，马克思强调“一定阶段上”“进行生产的个人”的物质生产，批判“单个的”“孤立的”的个人的物质生产，是指这种物质生产是有巨大历史联系的物质生产，既是作为过去历史的终点，又是作为未来历史的起点。对于马克思来说，当时政治经济学的对象——“现代资产阶级生产”①，这种物质生产，一方面，是一定技术水平的物质生产，是一定的生产力的生产和再生产；另一方面，又是人与人之间以一定的关系——生产关系组织起来进行的生产，是一定的生产关系的生产和再生产，是以一定的生产关系为核心的全部社会关系的生产和再生产。一定的技术水平和生产力，表征了生产劳动产品的技术手段和方法，对应不同劳动者在劳动组织中的技术分工和组织，体现的是劳动价值的创造能力和社会财富的生产能力；一定的生产关系，表征了劳动产品的分配比例和最终的劳动产品的消费手段和模式，对应不同劳动者在劳动组织中占有和享受劳动价值的能力，体现的是社会财富的分割和占有能力。简言之，前者是劳动价值在生产、分配、交换和消费这个统一的整体中的创造，是“物化价值”的形成，后者是劳动价值在该整体中的实现，是“人化价值”的形成。“物化价值”和“人化价值”是生产、分配、交换、消费整体的两个有机组成部分，“物化价值”和“人化价值”的创造是个统一的有机体。②

“真实的社会关系只能是从具体的社会物质生产中派生出来的。”③资产阶级经济学家只看到了生产过程的结果，即通过生产劳动过程而形成的生产物，作为商品的使用价值。也就是，只看到生产的自然关系，对生产的社会关系有目的地盲视。他们看到的是：“在生产中，社会成员占有（开发、改造）自然产品供人类需要；分配决定个人分取这些产品的比例；交换给个人带来他想用分配给他的一份去换取的那些特殊产品；最后，在消费中，产品变成享受的对象，个人占有的对象。生产制造出适合需要的对象；分配依照社会规律把它们分配；交换依照个人需要把已经分配的东西

① 马克思恩格斯文集(第8卷)[M].北京:人民出版社,2009:9.

② 鲁品越.劳动价值的物化形态与人化形态:产值悖论及其解决途径[J].财经研究.2009(2):20.

③ 张一兵.马克思哲学的历史原像[M].北京:人民出版社,2009:257.

再分配；最后，在消费中，产品脱离这种社会运动，直接变成个人需要的对象和仆役，供个人享受而满足个人需要。因而，生产表现为起点，消费表现为终点，分配和交换表现为中间环节，这中间环节又是二重的，分配被规定为从社会出发的要素，交换被规定为从个人出发的要素。在生产中，人客体化，在消费中，物主体化；在分配中，社会以一般的、占统治地位的规定的形式，担任生产和消费之间的中介；在交换中，生产和消费由个人的偶然的规定性来中介。”①

第二节　现象描述

商品的使用价值和交换价值互为对象，使用价值实现为交换价值时，才是使用价值；交换价值只有在转让中获得使用价值时，才是交换价值。②所以，商品“是一种经济关系的承担者，一个可感觉而又超感觉的物。……它要实现为使用价值，就必须实现为交换价值”③，去除其“形式存在”。而庸俗经济学家只考察了商品的使用价值，将使用价值混淆为价值。

一、表面性

马克思说：“正如商品本身是使用价值和价值的统一一样，商品生产过程必定是劳动过程和价值形成过程的统一。”④而庸俗经济学主要关注经济生活的表象，关注商品的有用性，即使用价值，疏漏或有意回避商品的内在本质——作为人与人之间社会关系的价值。即便庸俗经济学对商品使用

① 马克思恩格斯文集(第8卷)[M].北京:人民出版社,2009:12-13.

② 马克思恩格斯全集(第31卷)[M].北京:人民出版社,1998:436.

③ 马克思恩格斯全集(第31卷)[M].北京:人民出版社,1998:435.

④ 马克思恩格斯文集(第5卷)[M].北京:人民出版社,2009:218.

价值有关注，也远不及马克思的阐释全面、深刻。

庸俗经济学只关注到商品的使用价值，包括质和量两个要素。所谓质，指的就是劳动产品的质，质的属性是商品能够满足何种需要。正是质的要素，使劳动产品是日用品、厨房用品等消费资料，或者是机器设备、厂房车间等生产资料，商品之所以表现为财富，在于其具有劳动中介的满足人们某种需要的属性。而量的属性，是满足特定需要的商品的商品体的量的多少，是可以计量的属性。而任何质都是用量来计量的，比如可以用吨计量粮食、钢铁、煤炭等的产量。所以，作为劳动产品的商品，是质和量的统一体。当然，商品体并不意味着商品必然有特定的形式，商品既可以是有形的，也可以是无形的。

庸俗经济学所能理解的劳动，表面上和马克思强调的一样，“撇开每一种特定的社会的形式来加以考察。劳动首先是人和自然之间的过程，是人以自身的活动来中介、调整和控制人和自然之间的物质变换的过程。”[①]但是，庸俗经济学家和马克思完全不同的是，庸俗经济学家到此就止步了，他们至多研究通过这个“中介、调整和控制”，使自然物质发生变化，按照人的需要发生变化。比如，把谷粒作为种子，播种在泥土中，在适宜的阳光、空气、水分等自然力作用下，让谷粒发芽，生长成植株，植株再长出更多的谷粒。这样，在人的有目的的行为调控下，谷粒就生长为更多的谷粒了。但是，如果把谷粒去皮、放在适宜多的水中，用适宜的温度蒸煮，谷粒就不是生长出更多的谷粒，而是转变成米饭或者粥等。研究这个物质变换过程的目的在于，促使这个物质变换过程更有效率，创造出更多的使用价值，创造更多的财富。

比较于庸俗经济学，马克思对使用价值的理解深刻多了。首先，马克思认为，“非对象性的存在物是非存在物［Unwesen］”[②]，“现实的个人”是对象性的存在物，必须与自然和社会处于不间断的物质和能量的交换过程中，一旦这种交换过程不存在，个体的生命活动也就不存在了，这样，

---

① 马克思恩格斯文集(第5卷)[M].北京:人民出版社,2009:207-208.

② 马克思恩格斯文集(第1卷)[M].北京:人民出版社,2009:210.

个体的生命也就不存在了。个体生命和生命活动的存在对外在于生命及其活动本身的物的依赖关系，就表现为需要。所以，对于“现实的个人”来说，“商品首先是一个外界的对象”[①]，是一个能够满足其对象性依赖关系的对象，或者说是能够满足其某种特殊需要的对象。而商品的这种“自然规定性”和它所满足的“某种特殊需要的关系”，使商品具有有用性，成为使用价值，成为“一种使用的财富”[②]。所以，商品对“现实的个人”来说，具有有用性，因而成为使用价值，成为财富的要素，商品是“一个靠自己的属性来满足人的某种需要的物”[③]。

其次，商品的有用性，在于其劳动中介的“自然规定性”[④]，即商品不是天然的物质财富要素，并且体现在质和量两个方面。商品具有满足“现实的个人”与自然和社会进行物质和能量交换的属性，但是，这种属性不是纯粹的、作为既成的商品与生俱来的。这句话内含以下两个意思：一方面，商品本身不是与生俱来的，而是通过劳动获得的劳动产品，这是“人类生活得以实现的永恒的自然必然性”[⑤]。马克思认为，人之为人，不同于动物的起点就是人能够自己生产自己的对象性存在物，按照自己的“观念”构造自己的生活，而不是如同动物一样，按照自然的规定被设定了一种生活。[⑥]无论是劳动本身，还是劳动对象或者劳动资料，都是具体的空间中的存在。也就是说，当人在一定的目的支配下，以自身的活动为中介，使自然物质发生变化时，人的活动就具有了空间的性质，使自然空间生成为生产特定劳动产品的劳动空间，时间和空间的延展，也就有了历史。另一方面，商品的价值是无差别的人类体力、脑力的固化，也就是通过交换这种社会性的活动，商品中固化的抽象劳动，形成了商品的价值。马克思说：“如果我们把价值形成过程和劳动过程比较一下，就会知道，劳动过程的实

① 马克思恩格斯文集(第5卷)[M].北京:人民出版社,2009:47.

② 马克思恩格斯全集(第30卷)[M].北京:人民出版社,1995:172.

③ 马克思恩格斯文集(第5卷)[M].北京:人民出版社,2009:47.

④ 马克思恩格斯全集(第30卷)[M].北京:人民出版社,1995:172.

⑤ 马克思恩格斯文集(第5卷)[M].北京:人民出版社,2009:56.

⑥ 马克思恩格斯文集(第1卷)[M].北京:人民出版社,2009:162.

质在于生产使用价值的有用劳动。……在价值形成过程中，同一劳动过程只是表现出它的量的方面。所涉及的只是劳动操作所需要的时间，或者说，只是劳动力被有用地消耗的时间长度。在这里，进入劳动过程的商品，已经不再作为在劳动力有目的地发挥作用时执行一定职能的物质因素了。它们只是作为一定量的对象化劳动来计算。无论是包含在生产资料中的劳动，或者是由劳动力加进去的劳动，都只按时间尺度计算。它等于若干小时、若干日等等。”①

二、肤浅性

庸俗经济学的肤浅性表现在对生产关系、交换关系研究的浅薄性、粗浅性上，只看到商品生产和交换的时空承接和连续，却看不见，或回避、遮掩资本主义生产方式的内在本质，简言之，只见现象不见本质。

比如，关于资本主义利润的来源，庸俗经济学家威·莱克西斯指出：“资本主义的出售者、原料生产者、工厂主、批发商、零售商，由于每个人都高于买价出售，因而都按一定的百分比提高商品本身的成本价格，都能从他们的营业中获得利润。只有工人不可能实行类似的追加价值的办法。工人在资本家面前所处的不利地位，使他只好按照等于劳动本身费用的那种价格出卖劳动，也就是为了必要的生活资料而出卖劳动……因此，这种价格追加对于那些作为买者的雇佣工人来说，具有十分重要的意义，并且使总产品的一部分价值转移到资本家阶级手中。”②威·莱克西斯把利润建立在“贵卖”的基础上，并进一步指出，由于工人阶级的不利地位，就不可能“贵卖”，而且雇佣工人的“价格追加”会使总产品的一部分价值转移到资本家阶级手中。威·莱克西斯对“贵卖”的分析，就是只看到现象，没有看到资本主义生产方式的本质。

这里，资本主义生产方式的本质有两点：一是作为价值的人与人之间

① 马克思恩格斯文集(第5卷)[M].北京:人民出版社,2009:227-228.

② 马克思恩格斯文集(第7卷)[M].北京:人民出版社,2009:13.

的关系，而不是价格。价值作为人与人之间的关系，由价值实体形成价值形式，这一层构成的是商品经济的平等关系，人与人之间的平等关系。我们发现，威·莱克西斯从价格的视角进行分析，把雇佣工人进行的消费品的商品交换变成了不符合价值规律的交换。而本质上，这个交换是符合价值规律的等价交换。二是由于第一点的错误，就直接导致了第二点的错误。从价格交换的不平等，我们可以看出，这个不平等发生在商品交换层面，这样，在商品交换层面，雇佣工人多付出了代价，而不是在劳动力和资本交换这个环节，这样，就否定了剩余价值规律。所以，威·莱克西斯基于表面现象的分析，显然既否定了价值规律，也否定了劳动价值论和剩余价值规律。

例如，40码麻布“值”什么呢？两件上衣。这里，用两件上衣来表征40码麻布的价值，内含的意思是：两件上衣里包含的社会必要劳动时间的抽象劳动的量，和40码麻布里包含社会必要劳动时间的抽象劳动的量相等。当我们用“社会必要劳动时间”“抽象劳动”去思考商品交换的时候，就能理解交换是作为价值的人与人之间的关系，而不是价格，不是物与物之间的关系。而对于资本主义生产方式来说，工人用自己的活劳动和资本家进行交换，工人的活劳动“值”资本家支付的工资，这里工人的活劳动包含的社会必要劳动时间的抽象劳动的量就是资本家支付的工资吗？显然不是！资本家支付的工资是工人及其养家糊口所必需的生活资料的价格，是这些使用价值的价格。工人的活劳动实际上包含的社会必要劳动时间的抽象劳动，超过这些使用价值包含的社会必要劳动时间的抽象劳动。所以，工人的活劳动和资本家给付的工资进行交换是不平等的，这个不平等发生在商品交换层面。

第三节　唯心主义和形而上学性

庸俗经济学不是从现实出发，而是从现存出发，从碎片化的事实出发，不是从人与人、人与自然的互为对象性和联合出发，而是从人与人、人与自然的分隔和对立出发，必然形成历史观上的唯心主义和方法论上的形而上学性。

一、唯心主义的历史观

比较于马克思、恩格斯“按照事物的真实面目及其产生情况来理解事物”①，庸俗经济学“从私有财产的事实出发”②，这种理论方法必然导致唯心主义的历史观。

“从私有财产的事实出发”就是看不见“私有财产的事实”不是从来就有的。庸俗经济学不知道“私有财产的事实”像生命有机体一样，是经“胚胎”发育、生成的，“胚胎”也是有前史的，并且“私有财产的事实”自身作为生命有机体同样孕育“胚胎”，将“私有财产的事实”推进到下一个环节；不知道“私有财产的事实”是前后相继的现实的“胚胎”的否定和扬弃中的一个零散的碎片；不知道把“私有财产的事实”放在它自己本身的前后相继的历史性脉络中进行研究。也就是说，庸俗经济学把“私有财产的事实”当作肯定的东西，按照形式逻辑，进行分析、观察、比较、演绎、归纳，获得所谓的本质性认识，再把本质性认识推进到“高级的哲学直观”，或者从本质性的认识出发思辨出绝对的观念，这种非历史性必然演化为历史观上的唯心主义。庸俗经济学家认为，“绝对真理是不依赖于时

① 马克思恩格斯文集(第1卷)[M].北京:人民出版社,2009:528.

② 马克思恩格斯文集(第1卷)[M].北京:人民出版社,2009:155.

间、空间和人类的历史发展的”[①]，只要把资本主义上升到绝对真理、理性和正义的表现，资本主义就可以成为征服世界的力量，这是典型的唯心主义。

马克思、恩格斯在历史观上坚持唯物主义。他们扬弃黑格尔自我意识的哲学方法论，继承了“巨大的历史感”，相信历史进步性、规律性。他们也都吸收了费尔巴哈的直观的感性对象性原则，并将之改造为从实际出发、从经验出发的活动对象性原则。当然，黑格尔认为劳动是思维的劳动。马克思、恩格斯的文本显现出他们一直在寻找历史进步的规律及其推动原则和创造原则。《〈黑格尔法哲学批判〉导言》批判地指出，历史地产生的无产阶级是人类解放的物质武器，哲学是人类解放的精神武器。《论犹太人问题》进一步把资本主义对封建制的扬弃称为政治解放，把共产主义对资本主义的扬弃称为人的解放。接下来的《1844年经济学哲学手稿》已经试图从“人的历史性存在”视角考察当时的各种矛盾和对立，承上探讨了无产阶级的生成史。中介是异化劳动生产出私有财产，进而使整个社会形成两大直接对立的阶级——无产阶级和资产阶级。《神圣家族》接续异化劳动，批判地分析了“尘世粗糙的物质生产活动”在无产阶级历史地产生中的作用。《关于费尔巴哈的提纲》提出从“革命的实践”去考察“对象、现实、感性”，驳斥了“仅仅把理论的活动看做是真正人的活动”[②]的观点。《德意志意识形态》把“革命的实践”溯源到粗糙的物质生活的生产实践。“全部人类历史的第一个前提无疑是有生命的个人的存在。因此，第一个需要确认的事实就是这些个人的肉体组织以及由此产生的个人对其他自然的关系。……任何历史记载都应当从这些自然基础以及它们在历史进程中由于人们的活动而发生的变更出发。”[③]物质生活的生产方式制约论已经呼之欲出了。《哲学的贫困》论战性地分析了随着生产力、分工和交换的发展，物质生活生产方式的历史性演进。最终，1859年，马克思在《〈政治经济学批判〉序言》中将“历史进

① 马克思恩格斯文集(第9卷)[M].北京：人民出版社，2009：22.

② 马克思恩格斯文集(第1卷)[M].北京：人民出版社，2009：499.

③ 马克思恩格斯文集(第1卷)[M].北京：人民出版社，2009：519.

步的规律及其推动原则和创造原则”表述为：“物质生活的生产方式制约着整个社会生活、政治生活和精神生活的过程。不是人们的意识决定人们的存在，相反，是人们的社会存在决定人们的意识。”①

马克思主义政治经济学和庸俗经济学的根本区别在于是否用历史的态度对待生产方式及其与之相适应的生产关系和交换关系。两种不同态度的根本区别是“旧唯物主义的立脚点是市民社会，新唯物主义的立脚点则是人类社会或社会的人类”②，市民社会的立脚点是资产阶级的立脚点，其坚持剩余价值最大化规律；人类社会的立脚点是无产阶级的立脚点、广大人民群众的立脚点，其坚持广大人民群众的解放和美好生活的规律。按照马克思的思想，历史性与无产阶级和全人类的解放和幸福生活联系在一起。

二、形而上学性

庸俗经济学用非历史的态度对待生产方式及其与之相适应的交换关系和生产关系，就必然是用形式逻辑处理历史材料，即方法论上的形而上学性。

恩格斯把当时的研究方法概括为两种：“一方面是黑格尔的辩证法，另一方面是平庸的、现在重新时兴的、实质上是沃尔弗式的形而上学的方法，这也是资产阶级经济学家写他们那些缺乏内在联系的大部头著作时采用的方法。后一种方法，曾被康德特别是黑格尔在理论上摧毁，只是由于惰性和缺乏一种别的简单方法，才使它能够在实际上继续存在。”③这种方法就是形而上学的“是”的逻辑。

形式逻辑，其基本形式是“S是P”。核心是“是”，S是现象，P是本质，因此，“S是P”是把现象归属于本质，把个别归属于一般。连接现象和本质的“是”，是一种思维规定，属于思想领域。为了认识客体，要么是

① 马克思恩格斯文集(第2卷)[M].北京:人民出版社,2009:591.

② 马克思恩格斯文集(第1卷)[M].北京:人民出版社,2009:502.

③ 马克思恩格斯文集(第2卷)[M].北京:人民出版社,2009:601.

要么不是，不会出现“是又不是”，所以，“是”的逻辑，是关于存在的逻辑，关于知识的逻辑，是关于现存事实肯定和否定判断的逻辑，遵循同一律、不矛盾律、排中律。

形式逻辑，源自古希腊哲学的知识论传统。从古希腊哲学开始，“对象、现实、感性”，就是外在于主体的客观实在，主体看到的都是对于对象的一种直观的态度。所有这些哲学家，没有一个认为自己的研究本身会对对象产生影响，反而试图摆脱自身的主观性来研究对象。究其原因，是因为哲学家们认为自身的活动（包括认识活动）处于对象之外，不对对象产生任何影响。这与后来康德关于对象由主体构建起来的观点显然大相径庭，也与马克思关于对象产生于主体的对象性活动的观点完全相反。

追寻不受主观影响的本体“是”，从“哲学之父”泰勒斯开始，因为他第一个试图寻找世界本原，而“本原”无非是万物从中产生、最后又复归于它的东西，也就是“多”中之“一”，“变”中之“不变”。虽然在古希腊的自然哲学中，这样的本原还是感性的东西，从感性的“本原”到理性的“存在”还有一段距离，但“一”与“多”的对立、“变”与“不变”的对立，已经是一种把对象作为直观对象，而不是作为活动对象的知识论态度了。它与从“非存在”中找出“存在”的巴门尼德遵循的是完全相同的思路，而苏格拉底和柏拉图的理念论只不过是把这种思路推到了极端而已。把“不变”之“一”作为本体，其实质是把时间排斥于本体之外。不管这种“变”中之“不变”、“多”中之“一”是什么，既然它是“不变”之“一”，那它就是永恒的，换一种说法，它就是无历史的，或处于历史之外的。

庸俗经济学就是要从多变的经济现象中寻找不变的“一”。实际上，从古典政治经济学的配第开始，资产阶级经济学家都囿于知识论范畴，寻找作为“一”的经济规律。在庸俗经济学家看来，经济规律是不包括研究者在内的人的活动（包括研究者的研究活动）的规律，是不以人的意志为转移的，我们只能认识规律，不能创造规律。人的“主观能动性”仅仅表现在如实认识经济规律，并在认识经济规律之后，按照经济规律的要求行动。

第四章　庸俗经济学的研究目的

庸俗经济学以私有制为前提，把“人”作为自在自为的“私人”，强调政治经济学以发财致富以及与之紧密相关的资源配置作为研究目的，每个人都认为自己比为别人要更加能促进集体的利益。比较之下，重商主义是一种赤裸裸的自私和贪婪，而庸俗经济学则以“看不见的手”为自己的自私自利打掩护。所以，恩格斯说：“新教的伪善代替了天主教的坦率，”[①]“这种从商人的彼此妒忌和贪婪中产生的国民经济学或发财致富的科学，在额角上带有最令人厌恶的自私自利的烙印。”[②]

第一节　发财致富的科学

庸俗经济学认为，政治经济学所研究的问题在各个时代都必然是与人类的实际利益密切相关的，尤其是有关财富的问题，更是得到人类的高度关注。但是，政治经济学所研究的财富，“在应用于个人的占有物与应用于国家或者人类的占有物时具有重大的差别”[③]。比如空气，约·穆勒举例说，如果空气像自来水那样，必须付费才能获取，那么，对于个人来说，空气就是财富，但是，对于国家来说，空气并不是财富，因为空气并不能

① 马克思恩格斯文集(第1卷)[M].北京:人民出版社,2009:61.

② 马克思恩格斯文集(第1卷)[M].北京:人民出版社,2009:56.

③ 约翰·斯图亚特·穆勒.政治经济学原理(上)[M].金镝,金熠,译.北京:华夏出版社,2017:9.

增加国家的财富总量。[①]所以，国民财富本质上是私人财富，国民经济学本质上是私人经济学。庸俗经济学研究的是个人的财富，以个人财富的增值为研究目的，恩格斯指出："经济学没有想去过问私有制的合理性的问题。"[②]

一、财富的内涵

什么是财富？萨伊认为，谷物、材料、铸币、金属、土地等各种各样的商品，以及期票、支票、土地证券等都是财富，所以，财富是人类生产生活中使用到的有用的无数物品。而西尼尔认为，财富包括而且只包括所有那些可以移交的、供给有限的和直接或间接产生快乐或避免痛苦的东西。[③]综合起来，庸俗经济学认为财富是物品固有的对人的效用，是物品的有用性。

(一)使用价值:财富的基础

庸俗经济学认为，在日常交谈中，问一个人有多富，得到的答复是他有几千镑，所有的收支益损也都是用货币来计算，财富总是用货币来表示，重商主义或明或暗地只把货币或贵金属作为财富，而这是不符合事物本质的。

庸俗经济学认为，货币之所以被认为是财富，基本事实是它具有方便的形态，便于人们分享和分配产品，能够节约时间和减少麻烦，它本身并不能够满足任何需要，它的这种用处也不随着流通中货币量的增多而增加。比如，200万英镑能够与400万英镑做同样规模的生意。而物品却不是这样，400万夸特谷物能够养活的人口，200万夸特谷物却做不到。约·穆勒认为，"将货币视为财富，就如同将可以最便捷地通往你的房屋或者土地的

① 约翰·斯图亚特·穆勒.政治经济学原理(上)[M].金镝,金熠,译.北京:华夏出版社,2017:8.

② 马克思恩格斯文集(第1卷)[M].北京:人民出版社,2009:57.

③ 西尼尔.政治经济学大纲[M].蔡百受,译.北京:商务印书馆,1977:17.

大道通衢视为房屋和土地本身那样，都是大错而特错的。”①

所以，庸俗经济学认为，货币因为能够便利人们交换，对人们有用，才是财富。一物要成为财富，依从该物本质上是否有用。因为人要生存，就必须有满足生存的各种对象，比如阳光、空气，再比如谷物、房屋，以至于股票、名誉，都具有满足人类需要的属性。所以，一物是否是财富取决于该物本质上是否具有使用价值——物对人所具有的满足需要的属性，财富就是大量有用的物品，每一件具有购买力的东西都是财富的组成部分。

（二）效用作为财富

效用作为财富的思想具有很长久的历史，不同历史时期、同一时期的不同思想家对此也有不同的观点。所以，关于效用并没有完全一致的思想，不过，大致也还是有一个基本的主线和脉络。比如古希腊思想家色诺芬认为，财富即有用，表现于使用和交换。亚里士多德进一步认为，“经济”就是获取这些自然提供的“有用”。而到了近代，边沁的功利原理对效用作了更详细的阐释。根据边沁的功利原理，功利是物所具有的，能够带给利益相关者利益、好处或者幸福，避免苦痛、不快或者不利的属性。②尽管人们对效用的理解有所不同，但是，自从萨伊提出“效用价值论”之后，“效用价值论”实际上就成为庸俗经济学发展历史中的一根主线。那么，庸俗经济学关于效用的基本观点是什么呢?

庸俗经济学的效用理论直接与财富相关联，效用理论即财富理论，可以概括为两大方面：一是有用性，二是交换性。

关于有用性。按照萨伊的解释，有价值的东西就是有用的东西，因为，很明显，没有用的东西谁都不愿意付给价格。当然，萨伊把价值视为与价格同一的经济范畴。概括地说，物品满足人类需要的内在力量就叫效用。不过，有用性不是对持有者本人直接有用。关于交换性。庸俗经济学关于效用的观点非常明确：一物之所以有效用，不仅仅因为其有用，还在于其

① 约翰·斯图亚特·穆勒.政治经济学原理（上）[M].金镝，金熠，译.北京：华夏出版社，2017：8.

② 边沁.道德与立法原理导论[M].时殷弘，译.北京：商务印书馆，2009：59.

必须具有交换的特征，是交换的结果。庸俗经济学语义中的效用，其有用性的载体和中介表现为购买力，能够交换到合意的有用物。比如说，棉花具有效用，不仅仅因为棉花能够保暖，还因为棉花能够拿到市场上进行交换，一个拥有棉花的人，可以用棉花交换到自己意愿中的物品。所以，庸俗经济学的效用，显然是经济效用，效用有用性的载体是交换，或者说可交换性。也正因此，财富就是有用的物品、具有购买力的物品的总和，而不是有用的物品的总和。

所以，约·穆勒指出，凡是不能用来交换的东西，比如没有加工过的空气、阳光，无论多么有用、多么不可缺少、绝对必需，都不是财富。但是，自来水、类似自来水用人工供应的空气，都具有效用了。约·穆勒认为，水和空气在这两种不同的状况下，遵循了不同的生产和分配规律。作为财富的水和空气，是政治经济学的研究范畴，遵循政治经济学规律。

庸俗经济学正确地认识到，除了阳光、空气等天然存在的物品，其他用来满足人的需要的物品的使用价值，都是需要进行生产的，是在生产过程中被创造出来的。也就是说，对于大多数使用价值来说，它的使用性、即满足人的需要的属性不是天然具有的，而是需要借助人力才能够实现的。庸俗经济学还自以为具有该项学术发明的专利权，竟然猛烈批判马克思主义政治经济学看不见这一基本事实，也猛烈批判古典政治经济学看不见这一基本事实。

庸俗经济学认为，所谓创造效用，并不是完全无中生有地造出一种新产品，创造效用的实质是使物质的形态发生改变，比如把面粉做成面包。一旦物被改变形态，这种新形态又具有了新的效用，就是在创造财富。所以，创造新效用，就等于创造财富。[①]那么，如何改变现有物品的物质形态，在改变过程中赋予其新效用，或扩大其原有的效用，并努力使这个改变的过程更有效率，就成为庸俗经济学的研究目的。

对于庸俗经济学来说，效用就是价值，价值是财富，即效用是财富，

① 萨伊.政治经济学概论：财富的生产、分配和消费[M].陈福生，陈振骅，译.北京：商务印书馆，1982：59.

作为财富的价值就是效用，显然，这不仅和马克思主义价值观有本质区别，与古典政治经济学价值观也有本质区别。正如恩格斯在《国民经济学批判大纲》中所说，“随着它（国民经济学——引者注）的出现，一个成熟的允许欺诈的体系、一门完整的发财致富的科学代替了简单的不科学的生意经。”①这里，我们有必要注意，国民经济学和庸俗经济学不是一回事，“国民经济学是当时德国人对英国人和法国人称做政治经济学的资产阶级政治经济学采用的概念”②。

庸俗经济学的以下观点，值得关注：

第一，关于效用、客观效用、主观效用。有学者将效用界分为客观效用和主观效用。物品的使用价值就是它的客观效用，而主观效用则是物品对主体欲望满足的能力和属性。有学者认为，效用就是客观效用，不包括主观效用。也有学者认为，效用就是使用价值，不必将效用进行客观效用和主观效用的区分，所谓的主观效用实际上不过是效用评价而已。笔者认为，从庸俗经济学文本考察，效用作为政治经济学术语，早期庸俗经济学家就已经明确赋予效用有用性和交换性双重特征，这就是后来客观效用和主观效用分歧的根源。而至于究竟是否需要进行客观效用和主观效用的区分，笔者认为，这种区分对于对象的研究和问题的解决还是需要的。

第二，庸俗经济学还明确提出，个人财富和国家财富的不同，也强调有些“物品”，比如奴隶，从其作为人这一本身来说，是不可以作为财富来计量的。当然，马克思主义政治经济学是从人的发展、从财富的丰富性的视角看物质财富，把物质财富仅仅作为财富的一种类别，最终物质财富会

---

① 马克思恩格斯文集(第1卷)[M].北京:人民出版社,2009:56.

② 德国人认为政治经济学是一门系统地研究国家应该采取哪些措施和手段来管理、影响、限制和安排工业、商业和手工业,从而使人民获得最大福利的科学。因此,政治经济学也被等同于国家学。英国经济学家亚·斯密认为,政治经济学是关于物质财富的生产、分配和消费的规律的科学。随着斯密主要著作的问世及其德译本的出版,在德国开始了一个改变思想的过程。有人认为可以把斯密提出的原理纳入德国人界定为国家学的政治经济学。另一派人则竭力主张把两者分开。路·亨·冯·雅科布和尤·冯·索登在1805年曾作了两种不同的尝试,但都试图以一门独立的学科形式来表述一般的经济学原理,并都称其为“国民经济学”。马克思恩格斯文集(第1卷)[M].北京:人民出版社,2009:765.

从属于精神财富。

第三，财富与手段的关系。有观点认为，可以将财富定义为“手段”。比如，充饥是目的，而获得充饥的面包，需要这样一个过程：田地、工具、机器—谷物—面粉—面包—充饥和维持生命，这个过程的终端是目的，其余都是作为目的的手段。

第四，隐藏于工人体内的无形的体力和脑力是否是财富？约·穆勒认为劳动生产的效用有三类：一是直接作为物质实体的效用，我们通常所见的商品，都是这种类型的效用；二是固定和体现在人身上的效用，通常与教育有关的、个体的身心成长都属于该类效用；三是服务给予人的快乐或者消除不变和痛苦，这种类型的效用不能以固定的形式保存下来，通常各类戏剧表演都属于此类效用。

第五，在庸俗经济学看来，一件物品有用是指它能满足某种欲望或达到某种目的。对于庸俗经济学的这一观点，笔者认为，务必有一个正确的理解。我们日常生活中，甚至理论研究中常常被许多现象困惑，比如，根据马克思的劳动价值论，钻石所包含的价值实体显然没有实际交换能力大，根本上就是因为我们受到庸俗经济学的影响，没有科学理解劳动价值论和庸俗经济学效用价值论的本质区别。按照效用价值论，价值决定于物满足欲望的能力，钻石之所以具有较大的交换能力，是因为它能够满足人们的虚荣心或者精神上的需要。人们在日常交换中，是用效用价值，而不是劳动价值来衡量物的价值。

总之，庸俗经济学关于财富的观点可以概括为：财富是物品，这种物品具有交换价值，有交换价值是因为该物具有满足人的欲望的能力和属性，不过，庸俗经济学认为随意可以获得的、不需要付出劳动的物品，不是财富。

（三）财富的计量

如何计量效用财富？既然是效用的财富，计量的对象，当然是效用。不对产品的大小、长短或轻重进行估计，而是对产品的有用性进行估计。

然而，有的效用是制成衣服，有的效用是用于欣赏，有的效用是维持人的生命，各种商品的有用性是不一样的，不同的有用性之间如何通约？比如，抵御饥饿的满足和御寒的满足，二者如何相当？

庸俗经济学用价格来计量财富的价值。价格是就货币而言的物品的价值，即某一物品可以换得的货币数量。萨伊说："人们毫不犹豫地愿意拿出以交换一件东西的一定数量的货币叫做价格。在某一时刻和某一地点，一件东西的所有者，如果愿意卖掉它一定可换得到的钱，叫做该东西的时价。"[①]简单地说，价格就是用货币表示的价值，萨伊还进一步区分出时价。萨伊注意到一件物品，在不同的场合下会有不同的价格，所以，他把一物在任一特定时间和地点所具有的交换能力，规定为该物的时价。

价格即交换价值，即效用价值的尺度。我们知道，不同情况下，特定效用的价格会有不同，比如一把遮雨伞，雨天的价格就可能比晴天高，这样就出现了绝对价值和相对价值。萨伊认为，即便如此，针对任一特定效用，价格还是可以确定的，就像自然科学一样，可以确定一个"不受任何其他影响的场合"，"正如晴雨针只在水银受大气压力的影响而不受其他压力的影响的场合下才表示大气的压力"[②]。这种价格是如何确定的呢？庸俗经济学家认为，这种价格是由竞争所决定的。而且，他们认为，由于竞争的作用，市场上质量相同的商品，只会有一种批发价格。

当然，庸俗经济学家用价格计量财富，但他们并没有把价格与价值完全混淆，他们只是用价格来表征价值。约·穆勒就明确指出，交换价值必须与价格区别开来。价格表达的是物品的一般购买力，是某一物品对一般可购商品所具有的支配力，和物品本身的使用价值还是有一定区别的。

① 萨伊.政治经济学概论:财富的生产、分配和消费[M].陈福生,陈振骅,译.北京:商务印书馆,1982:58.

② 萨伊.政治经济学概论:财富的生产、分配和消费[M].陈福生,陈振骅,译.北京:商务印书馆,1982:60.

二、发财致富的规律

从马尔萨斯、萨伊开始，庸俗经济学家就强调庸俗经济学与古典政治经济学的不同。古典政治经济学研究国民财富。比如，斯密就规定了两个研究目标，即为国家事务正常运转提供经济学方面的支持，为人民能够获得满意的生计提供经济学方面的支持。而萨伊的《政治经济学概论：财富的生产、分配和消费》指出，财富本来不依存于政治组织，他要“阐明财富是怎样生产、分配与消费的”[①]，即发财致富的规律。综合考察庸俗经济学史，关于发财致富的规律，庸俗经济学主要是围绕工资的支付、地租和利润的获得来论述的。这里，我们也从这三个方面来阐释。

（一）“三位一体”公式

庸俗经济学认为，生产效用的三种要素是劳动、资本、土地，相应的收入分配是工资、利润、地租。“三位一体”公式，即资本—利润、土地—地租、劳动—工资，也就是资本创造利润，土地创造地租，劳动创造工资。这种观点的最初提出者是萨伊，之后就成为庸俗经济学的主要分配理论，也是发财致富理论的主要理论基础。

庸俗经济学认为，生产经费是由资本家垫付的，这些垫付的经费一部分用以支付工人的工资，或者在工人工作期间供养其生活，另一部分用来提供生产必需的场地，比如车间、工作间等建筑物，以及工具和机械、原材料等生产资料。生产出的效用由资本家支配，资本家将生产所得物转化为货币后，一部分用以补偿自己以及垫付的各种生产经费，剩余的部分就是自己的生产所得，是对自己垫付的补偿。按照西尼尔的说法，这种补偿是对资本家节欲的补偿。因为资本家没有将自己的财富全部用来享受，而是节欲出来，让生产工人用于生产消费。庸俗经济学还认为，资本家所得，

① 萨伊.政治经济学概论：财富的生产、分配和消费[M].陈福生，陈振骅，译.北京：商务印书馆，1982：15.

不仅仅源于节欲补偿，因为节欲补偿仅仅相当于使用资本的利息，资本家的实际所得，除了这部分利息外，还必须有一份是为自己甘冒风险的报酬，一份是为自己勤勉努力进行生产管理的报酬。所以，资本家的生产行为，可以分解为节欲、风险和努力，相应地，利润可以分解为利息、保险费和监督工资。

工资受多种因素影响，但是其中最重要的、起主导作用的因素，是需求和供给之间的竞争。劳动的需求是资本进行生产，劳动作为资本生产的一类生产资料，资本对劳动的量的需要。而劳动的供给是指需要用工资养家糊口、谋生计的劳动阶级能够提供的劳动的量。劳动的需求是雇方，劳动的供给是受雇方。工资是市场上劳资双方竞争的结果。值得注意的是，这里购买劳动的资本，不是资本家的全部资本，仅仅指流动资本中用来购买劳动的那部分资本，也就是可变资本。

（二）生产价格规律

庸俗经济学认为，资本购买了劳动和土地，使生产得以运转，所以，真正创造价值的是资本，创造财富的是资本，发财致富的只能是资本家。

1.工资规律：主要由劳动和资本的供需所决定

庸俗经济学认为，工资是劳动者作为生产要素参与到生产中得到的收入。这个收入额的确定规则，笔者称之为工资规律。

劳动是任何生产所必需的，庸俗经济学非常清楚这一点。萨伊认为，“仅仅是由于勤劳，人类才能得到堪称丰富的生活必需品，以及其他各种物品”[①]。但是，在对劳动成果进行分配的时候，庸俗经济学家却把最少的成果分配给了劳动。马克思将之概括为三个组成部分：工人自身的生活费用；工人养活家属的费用；工人自身提升工作能力的费用。对于这种分配结果，庸俗经济学家给出的理由有很多，比如这是自由竞争的结果，比如资本是更重要、甚至最重要的生产条件，等等。庸俗经济学家的理由可以概括为工资主要是由劳动和资本的供需所决定的，这也就是庸俗经济学所坚持的

① 季陶达.资产阶级庸俗政治经济学选辑[M].北京：商务印书馆，1963：100.

工资规律。

马克思、恩格斯对庸俗经济学的工资理论有较多的阐释和批判，他们认为，庸俗经济学的工资规律体现的是资本主义的生产关系。恩格斯指出，简单商品经济中，劳动者直接占有自己的劳动产品，不过，劳动者必须以市场为中介，通过市场交换才能将劳动成果转化为可以使用的形式，这时候，市场价格以价值为基础形成。而在资本主义市场经济条件下，市场价格不再以价值为基础，而是以生产价格为基础形成，也就是说，价值规律转化为生产价格规律。所以，按照马克思、恩格斯的思想，资本主义市场经济的价格规律，不同于简单商品经济。因为资本主义生产，需要进行实物补偿和价值补偿，然后还得有剩余。资本家投资与否，是根据平均利润来考虑的，如果利润率低于平均利润率，资本家就会转投其他。

在生产价格规律作用下，劳动收入不再是自己劳动产品交换到的价值，而是工资。工资是劳动力的价格，不是劳动的价格。也就是说，资本主义市场经济中，劳动是作为成本计入生产中的，作为劳动力成本。劳动的价格规律，就是劳动力成本的价格规律，也可以称为劳动力商品的价格规律。劳动力作为商品卖给资本家，劳动力商品的价格也就只能在市场竞争中形成，由劳动和资本的供需所决定。

2.利润规律：持续维持资本家的节欲、奉献和努力

关于最低利润。按照庸俗经济学的思想，资本主义生产的前提是必须能够获得最低利润，即利润有个最低限度。第一，生产必须为资本提供最低利润率。因为资本为生产提供了节欲、风险和努力，那么，具体生产条件和时期内，资本得到的能够刚刚抵偿付出的节欲、奉献和努力的利润率，就是最低利润率。第二，对节欲的补偿。资本家放弃对其资本的消费而选择节欲，对于这种节欲通常会有一个补偿，以维持资本家愿意继续选择节欲、放弃享受。补偿额的确定，则取决于当时的社会所认定的现在和将来的比较价值，即取决于实际积蓄欲的强度。第三，资本家为生产还付出了努力，所以，生产所得除了成本抵偿、节欲补偿外，还必须有一份剩余，能够补偿资本家的勤勉和努力，鼓励资本家放弃休息而愿意选择辛劳，对

生产进行管理和筹划，将时间奉献给企业。报酬的具体数额，得能够诱使资本家愿意烦劳，或者愿意请人代以烦劳。

当然，按照庸俗经济学的思想，这个最低利润也是通过竞争获得的。一旦实际利润不能够满足资本家的需要，资本家会退出生产，供不应求，必然导致市场利润率提高，诱使资本家由非生产状态进入生产状态。反之，一旦利润过高，进入生产的资本过多，供过于求，利润就会自动下降，就又会有一部分资本退出市场。而且，实际上，在各种不同的社会情况下，最低利润是非常容易变动的，甚至会很低。这是因为利润的成本抵偿、节欲补偿和努力报酬三个构成要素中，后两者是非常容易变动的。比如，在社会治安状况不好的情况下，人们也不愿意冒风险把钱财积蓄起来投资到生产里。

关于不同性质事业的不同利润。由于人们对于不同事业的好恶导致不同事业间的利润差别非常大。这些差别也主要因为节欲、风险和努力的不同而不同。比如通常零售业的利润高于批发商业和制造业的利润，就是因为零售商业被认为不够体面，资本家不愿意选择节欲、投资生产。而要诱使资本家把钱财投资到不体面的行业中，显然就必须得有较高一点的利润来弥补资本家的不满意。再比如，火药制造业者，利润大大高于平均利润，主要是因为从事这个行业的资本家，其生命财产常常面临不特定的巨大风险。承担较高风险就对应得到较高利润。当然，航海类行业有些特殊，他们的特殊风险变换为保险费，计入生产成本，风险可以由保险来支付。最后，利润还必须与人们的勤勉和努力相称。技术含量较高或者劳动量较大的职业，就得到较高的利润。比如，药剂师、工程师得到的利润非常高。总之，利润总是受到很多具体的实际情况的影响，最终是各种因素合力作用下，资本家合意选择的结果。如果某种行业需要有巨额资本经营才能有利，一般能够有足够资本投资到该种行业的资本家不多，那么，这些资本家就会谋求一个更高水平的利润率。

关于利润平均化。庸俗经济学认为，影响利润的各种因素充分发挥作用之后，通过激烈的竞争，各影响因素内部在利润率方面会形成一个基本平衡、趋于一致的比率，达到均等化。以节欲的报酬为例，资本家愿意节欲，把多余的钱财积蓄起来进行投资，节欲的报酬就是利息，具体数值是贷出之间、贷入之间、贷出贷入之间相互竞争的结果，而且在贷出、贷入之间，存在着精明的中间阶层：银行家、证券经纪人、票据经纪人，等等，这些中间阶层对于极细小的得利都非常敏感，所以，同时同地，利润率总是相同的。

3. 地租规律：使用土地所付的报酬

劳动、资本和自然要素是生产所必需的条件。自然的要素主要是土地。获得土地所有者的土地使用权，必须支付其相应的报酬作为使用代价，这就是地租。地主之所以可以要求在生产物的分配中分享一份，是因为土地是生产所必需的要素，而又不是每个人都有这种要素，要让生产正常、顺利地进行，就必须使用地主的土地，也就必须付给地主相应的报酬。比如，约·穆勒指出，拥有土地就有权要求地租，而且地租的具体数额，也是竞争的结果。如果一个人拥有一个国家全部土地的所有权，那么，就不存在竞争，这个人就可以任意提出他愿意得到的地租标准。为了获得生活必需品，全体人民，必须顺从土地所有者的意志。也正是同样的原因，如果某种质量或位置的土地，数量不少于需求，也就是说，市场上不产生需求，那就自然不产生地租。某一土地的地租由其收获超过已耕作的最劣等土地的收获的部分构成，或者由超过在最不利情况下使用的资本的报酬的部分构成。显然，这就是对土地所有者的主观愿望的描述，就是对日常观念的被动反映，根本就没有任何科学性可言。

第二节　所谓“资源配置的科学”

资本主义的财富生产和资源配置是同步进行的，可以说资本主义的财富生产就是资源配置的财富生产。

一、关于资源

对于庸俗经济学来说，财富的本质是效用，那么，资源就是能够参与创造效用的投入。不过，在究竟哪些投入是资源这一问题上，庸俗经济学各流派观点并不一致，比如对阳光、空气是否是资源就没有得出一致的结论。综合庸俗经济学的各种观点，我们可以把资源概括为：劳动、资本（节欲、风险和努力）、自然的要素（主要是土地），它们的共同特征是有用性、稀缺性、可转移性。

（一）资源的特征

概括地说，庸俗经济学从三个方面定义资源：有用性、稀缺性、可转移性（可交换性）。

关于有用性。美国经济学家唐纳德·W.莫法特认为，资源是“一种经济的基本投入物或组成部分，人们常常认为包括劳动、土地和资本。但现代经济学家把经营能力作为第四种资源。经营能力指一切可以帮助人们把其它资源组合起来的能力，包括管理、创新、风险承担，以及应用分析”①。莫法特强调了资源的有用性。也就是说，一种投入之所以是资源，它必须是有用的，能够给人们带来利益或者满足。这里的有用性，当然是经济学意义上的有用性。正如莱昂·瓦尔拉斯所说：“关于任一件有用物品，用以适应或满足任何欲望时是否合乎道义这一点，我们不必关心。一种药品，是一位医师要用来治病救人呢还是一个凶手要用来谋害他的家属，这从别的观点来看是一个极其严重的问题；但从我们的观点来看，是全然无关的问题。”②

关于稀缺性。有用的投入就是资源吗？有学者指出，经济学，顾名思义，经济就是节约的意思，要求用尽可能少的投入获得尽可能多的产出，

① 周月秋.资源配置与金融深化[M].北京：中国经济出版社，1995：2-3.

② 莱昂·瓦尔拉斯.纯粹经济学要义或社会财富理论[M].蔡受百，译.北京：商务印书馆，1989：47.

因为经济学有一个基本假设，即资源稀缺性。庸俗经济学认为，人类的需求是永无止境的，正是因为资源不能够无限量地满足人类的需求，才出现“生产什么，如何生产和为谁生产”的问题，否则，经济学就不必存在了。瓦尔拉斯认为稀缺是政治经济学的一个基本概念。更早的时候，西尼尔就把“供给有定限”作为财富三要素之一。[①]所以，庸俗经济学认为，稀缺也是资源的一个内在要素。“某物之为财富，并不是因为他具有财富的性质，而是因为它是稀缺的。”[②]在《经济科学的性质和意义》一书中，罗宾斯甚至认为，用“研究物质福利”的学问来定义经济学是有严重缺陷的，他把经济学定义为稀缺性迫使人类采取的行为方式。

当然，这里的稀缺必须和马克思所说的稀缺相区别。马克思在《政治经济学批判（1857—1858年手稿）》的“货币章”讨论了两种稀缺：一种是“一切贵金属的一个共同的地质性质是稀有性”，这里的稀有性，不是供求关系意义上的稀有性，不具有经济学意义；一种是作为“生产的结果”，需要通过交换的手段才能够获得的稀有性，这种稀缺是经济学意义上的稀缺。马克思说得很清楚，“一种东西要成为交换对象，具有交换价值，就必须是每个人不通过交换的中介就不能得到的，必须不是以这种天然元素的形式即作为共同财富的形式而出现的。稀有性就这一点来说是交换价值的要素。”[③]所以，有些学者断章取义，把马克思所讲的第一种稀缺——物由于自身质地的原因而稀少，视为经济学意义上的稀缺，并用马克思的话来论证资源有限欲望无穷，显然是歪曲了马克思的本意。

关于可交换性。一种投入具备了有用性和稀缺性，还不一定是资源，资源还必须满足第三个要件——可交换性，也可以用可选择性，或者可转移性来表示。因为资源可以划分为经济资源和非经济资源，非经济资源比如地理资源、历史资源。所以，并不是一个地区内所有的人力、物力、财力都是资源，“从经济发展的意义上说，所谓资源，是指对产出创造具备有

① 西尼尔.政治经济学大纲[M].蔡受百，译.北京：商务印书馆，1977：18.

② 莱昂内尔·罗宾斯.经济科学的性质和意义[M].朱泱，译.北京：商务印书馆，2000：43.

③ 马克思恩格斯全集(第30卷)[M].北京：人民出版社，1995：127.

效增长功能的各种投入的集合，但这些投入必须为创造产出的投资者通过一定的方式所能选择。”[①]经济学上的资源必须是可以交换的、当事人可以进行选择的投入。

（二）资源的外延

按照庸俗经济学的思想，在生产和非生产的各种资源中，最重要的是资本。如果没有资本，就不会有生产的任何进步，现在的人类还将处于最初的原始状态。资本是以前劳动产物的积累，为生产提供劳动并在生产过程中供养劳动者，提供劳动所需要的工具和原料、场所和保护，还为劳动提供管理和服务，等等。总之，资本为生产提供需要的一切元素，劳动受资本的限制，当然劳动并非总是达到资本设置的限度，资本的增加可以使更多的劳动得到雇用，而且这没有明确的限度，没有资本就没有各种各样的效用的生产，更没有生产的发展。

资本组织生产，得有各种具体的资源，各种具体的资源大致可以概括为两大类：劳动和自然的要素。

劳动可以是体力的，也可以是脑力的，或者体力和脑力共同的。按照约·穆勒的分类，又包括直接用于所生产的物品，或是用于生产的预备性作业，用于生产随后劳动所需口粮的劳动，用于生产原料的劳动，用于制造工具的劳动，用于包含劳动的劳动，用于产品运输和分配的劳动，与人有关的劳动，发现和发明的劳动，农业上、工业上和商业上的劳动。

作为资源的自然要素不是能满足人类需要而自然存在或生长的，比如根茎、果实等用来维持人类生命的天然产物。一般情况下，自然物品并不能直接为人类生存和福祉所依赖，必须假借劳动，经过劳动转化，才能够为生命所需。自然要素的这种转变，可能需要很小程度的变化即可，也可能是巨大的变化，以致看不出原先的形态和构造，比如羊毛与绒面呢。羊毛和棉籽都不是自然生长的，都是以往劳动和照管的结果。参与生产的自然的要素多种多样，不过，按照庸俗经济学的观点，主要是土地，“土地是

① 周月秋.资源配置与金融深化[M].北京：中国经济出版社，1995：4.

财富之母”。

二、关于资源配置

欲望无穷，资源有限，庸俗经济学认为这个矛盾亘古不变。如何解决这个矛盾？资源配置就是解决这一矛盾的手段。任一资源往往可用于不同的经济目的，对于资源用途的选择决定了未来社会产品的构成，也间接地决定了生产者产品的实现程度和生产效益。所以，资源配置就是如何组织资源，进行生产，让经济有效运行。简单地说，“资源配置，就是指资源投入的方向和分派”①，或者资源配置即“资源在不同用途之间的分配”②。如何配置资源，主要由资源配置的目标决定，而资源配置的方式和手段，又决定了资源配置的结果和效率等，这里笔者主要概述庸俗经济学资源配置的目标和手段。

（一）资源配置的目标

庸俗经济学认为，资源配置的目标是效益或财富最大化。一般来说，对于任一特定资源，都可以有两种或者两种以上的效用，可以用作不同的生产目的，由此就出现了如何利用特定资源的不同有用性。这里需要特别注意的是，庸俗经济学语义中的效益最大化，是指资本的效益最大化，或者用通常的话说，是经济人的效益最大化，而不是某个团体或者共同体的效益最大化。

按照庸俗经济学的思想，土地、劳动和资本在不同的时间地点具有非常不同的生产力，所以，就要借助资源配置，使土地、劳动、资本具有最高的劳动生产力，在开发各个不同资源的生产力方面，要注意几点：有利的自然条件、较大的劳动干劲、整个社会较高的知识水平和相互信任程度、较高的安全感，这些都能够提升资源的生产力。此外，合作或劳动的联合，

① 钟契夫.资源配置方式研究：历史的考察和理论的探索[M].北京：中国物价出版社，2000：2.

② 干春晖.资源配置与企业兼并[M].上海：上海财经大学出版社，1997：3.

也可以提升资源的劳动生产力。劳动联合是生产力较高的一个主要原因，其中分工起着较大的作用。生产的规模化也有助于提升资源的生产力。

（二）资源配置的手段：市场配置

庸俗经济学认为，资源配置的手段主要是市场配置资源，次之是国家配置资源。国家配置资源，比如重商主义时期，就是原始的国家干预主义，李斯特、罗雪尔的国家干预论。

庸俗经济学主要赞成借助市场的力量，按照生产主体的判断和意图配置资源。市场配置资源，即自由竞争条件下，借助市场机制，进行资源配置。相关流派、人物和观点众多，也各有侧重和不同，但是都论证了自动调节的市场机制可以实现资源的最优配置。18世纪晚期，斯密的“自由放任”思想取代了原始的国家干预主义。“自由放任”的市场主义大致可以概括为以下几个历史时期：

工场手工业和市场配置资源机制的自然形成。资本主义萌芽和形成过程中，作为经济运行主体的企业，是规模比较小的、在封建社会夹缝中生存的、私人投资并经营的工场手工业。这时的资本主要是商业资本。当时，商业资本为了组织货源，就购买生产商品的原料，交给个体的劳动者去加工，劳动者从商业资本中得到加工报酬，报酬就是工资。这样，个体的劳动者和商业资本之间就形成了资本主义性质的雇佣关系。最初，个体劳动者用自己的劳动工具对原料进行加工，形成家庭手工业。后来，为了统一商品规格，商业资本不仅为个体劳动者提供原料，还提供统一的生产工具，将个体劳动者集中到统一的商品加工地点进行商品生产，个体劳动者仅仅出卖劳动力就可以了。商业资本和个体劳动者形成的这种生产方式，就是资本主义性质的工场手工业。显然，工场手工业初期，商业资本就是工业资本，工业资本是作为商业资本运动的一个环节、一个阶段发挥作用的；同时，工业资本本身也内在地从商业资本中开始萌芽了。随着手工工场的进一步发展，规模越来越大，专门的工场主出现了。这时候，生长于商业资本内部的工业资本与商业资本分开，作为与商业资本并列的资本运动过程的一个环节、一个阶段。显然，这一历史时期，是否生产、生产什么、生产多少以及如何经营，都是由私人资本家根据供求状况来决定的，这种状况只能是市场配置资源。

产业革命和市场配置资源机制的巩固。18世纪中叶，瓦特发明了蒸汽机，英国开始了机器大工业对工场手工业的产业革命，即世界历史上的第一次产业革命。18世纪后半期和19世纪初期，英国的棉纺工业和制铁工业开始了技术变革，棉纺工业的专利注册数字从18世纪60年代开始持续上升。18世纪60年代，英国注册的专利第一次超过了200项。接下来的十年，专利注册数几乎达到300项。而进入19世纪的第一个十年，该数字达到910项，在19世纪30年代猛增至2453项。制铁工业在18世纪后半期也迎来一个增长的高峰，1788年到1806年间，英国生铁产量增加了四倍，在随后的十年里，英国变成了棒状铁的纯出口国。[①]英国经济组织也进行了发展性变革。1770年以前英国经济中出现的、为促使工业革命开始或者说至少为工业革命开创道路的关键性变革主要是经济组织变革。在国内和国际贸易的增长过程中，这种变革有着深刻的影响，而且与明确的、但不太显著的经济规模发展有着紧密的联系。经济规模的变化部分是由于对外贸易增加，部分是由于国内贸易的增加。人口的增长，特别是城市人口的增长促进了国内贸易的发展。总而言之，英国经济在18世纪中叶发展得非常快，并且建立了很多新的机构促进其发展。不断增加的迹象表明技术变革也在那时开始山现。

从1820年开始，英国开始了自由贸易运动，改革海关税制，降低生丝进口税，取消对纺织品进口的禁令。1846年，英国废除保护本国农业的《谷物法》，废除对外国谷物征收高额累进税，降低了外国制品的关税，逐渐形成经济运行完全由市场调节、由“看不见的手”配置资源的自由市场经济体制。

萨伊定律和价格机制。随着产业革命的发展和资本主义制度的建立，

① 卡洛·M.奇波拉.欧洲经济史：第四卷上册工业社会的兴起[M].王铁生，王禺，袁广伟，等，译.北京：商务印书馆，1989：142-145.

资本主义生产的无政府状况显现，产品出现了销路问题，就业也出现了周期性问题，于是人们提出了产品销路的极限问题。萨伊指出，“供给会创造出它自身的需求”，这就是萨伊定律。萨伊定律的意思是说，产品滞销以及工人失业等经济危机现象，都只是短期内的个别产品配置问题，这种局部现象会很快由货币流动和价格机制纠正过来。按照萨伊的思想，市场上的任何交换，商人需要的都不是货币，他们需要的都是产品。因为，货币事实上什么用都没有，不能用来吃，不能用来穿，所以，商人们需要的是产品而不是货币。既然商人们彼此之间的真正目的是产品，那么，产品与产品之间进行交换，有需求才会有产品，才会有交换，这样的话，产品创造自己的需求，市场上出现的产品滞销等问题，就是价格机制、市场调节等问题了，可以通过价格机制、市场调节等途径解决。

(三)资源配置的手段:政府主导

政府主导资源配置，是指政府代表一定阶级、阶层的利益，依据一定的理论，采取适当的手段，对资源的分配和投入进行调控。如果把庸俗经济学的始点界定于马尔萨斯和萨伊，那么，政府主导资源配置的理论的主要代表是德国历史学派。这种理论主要解决了两个问题：第一，为什么要由政府来主导资源配置？必要性是什么？第二，政府怎样主导？也就是政府采取什么样的干预措施，让资源配置切实可行。为什么德国历史学派主张政府主导资源配置？因为他们认为，政府配置资源是充分、合理地利用现有资源，最大限度地提高资源利用效率、实现赶超的最好方法。这是由当时德国所处的时代背景决定的。

首先，德国资产阶级的力量比较弱小，需要借助国家的力量。1843年的德国，资产阶级需要借助封建国王的力量铲除关税壁垒。这时法国早已建立共和国了，而德国还非常落后，还处于封建状态，也就是说，它的资本主义落后到资产阶级尚无力消灭封建割据状态，资产阶级想建立统一的国内市场，封建主不答应。在当时这种情况下，很多封建主征税，每到一处就征税，到最后征得他们赚不到钱了。所以，英国19世纪40年代就完成工业革命了，法国1789年完成资产阶级革命。而19世纪40年代的德国，在经济上还是一个封建农奴制国家，封建农奴制生产关系占统治地位；在政治上，德国是个君主制国家，封建贵族掌握国家政权，全国38个邦国割据，关税壁垒森严，严重阻碍了自由贸易和资本主义生产方式的发展。简言之，德国自己的民族史还是封建制的时候，它所处的世界史已经是资本主义时代了。所以，德国资产阶级要获得发展，必须借助封建力量，建立关税同盟、铲除关税壁垒。

其次，和无产阶级进行斗争的需要。德国资本主义的发展是和英法两国激烈的工人运动和社会主义的传播同时进行的，这就意味着德国资产阶级从一开始就感受到无产阶级和社会主义运动的威胁。所以，德国的发展，唯一适当的方式，只能是第一步从封建到反封建，建立统一的民族国家，第二步是把民族国家由绝对君权、绝对王权变为资产阶级政权，德国只能一个台阶一个台阶往前走。而德国工人运动具有较高的水平。在马克思、恩格斯的指导下，德国工人运动取得了较大发展。马克思主义的广泛传播和工人运动的发展，使德国统治阶级迫切需要一种理论来进行抵制，德国的新历史学派就是在这种历史条件下成长起来的。资产阶级和容克贵族相勾结，共同镇压工人运动。

所以，1848年革命之后，德国资本主义真正发展起来的时候，德国产生了自己的庸俗经济学，被称为历史学派。它代表德国资产阶级的利益和要求，主张运用国家政权的力量来发展德国民族资本主义，主张国家干预经济生活。一方面，德国处在自己的资本主义经济不发达的时代；另一方面，英法的殖民地的资本主义经济有一定的发展，德国又处于英法的无产阶级革命的时代。所以，当德国资产阶级登上历史舞台的时候，德国无产阶级的觉悟已经较高，这就决定了德国资产阶级政治经济学反对英法资产阶级，反对英法古典政治经济学，反对无产阶级、社会主义运动和社会主义学说，企图借助封建国家的力量来反对无产阶级。

德国历史学派认为，政府必须主导资源配置。首先，经济学说必须符合各国自己的特点和本民族的利益，德国必须建立自己的“国家经济体系”。德国历史学派、国家主义的先驱者之一亚当·米勒认为，以往的经济学主要是关于交换价值和资本的发展，是私有财产和私人利益的学说，不顾个体生存需要的满足和整个民族的生活，不注重道德力量、民族精神的培育，忽视建立道德秩序的必要。所以，米勒主张，必须根据德国自己的情况，建立适合德国特点的“国家经济体系”，强调国家统一和国家政权的作用，代表国家或民族生活的总体，并把它作为更高的目标，使经济学的各种研究都统一于这一更高目标，获得和谐发展。比如，关于货币的理论，米勒认为，货币是联合人们的经济形式，具有维护国家统一的职能。而且他还区分了金属货币和纸币，认为纸币才是国家的，表征国家的统一和力量，而金属货币没有国界，与国际贸易相联系，会削弱每一个人和他本国的联系。

李斯特把经济学划分为“社会经济学”和“私经济学”，前者又包括“国家经济学”（即政治经济学）和“世界主义经济学”（即万民经济学）。李斯特强调，国家经济学是关于一个国家如何在当前的世界形势和国际经济关系下获得发展、变得富强的科学。他认为以往的政治经济学没有从国家精神和政治利益角度出发，没有把国家发展的眼前利益和长远利益结合起来，无边的世界主义牺牲了国家利益，实际上是看不见社会劳动的本质及其联合起来的强大力量，从而以狭隘的个人主义牺牲了国家和国民的利益。罗雪尔主张国民、国家和公共经济同时产生，是人之所以为人的性能和倾向的自然产物。施穆勒强调，“承认发展的观点是我们这门科学的思想主流”①。

其次，李斯特提出关税保护理论。李斯特用生产力理论否定古典政治经济学的劳动价值论。他给出了一个案例：各有5个儿子的两个家庭，每个家庭每年可以积蓄1000泰勒②，其中一个家庭将这1000泰勒用于储蓄生息，而另一个家庭将这1000泰勒投资到孩子的教育，让他们成为有技术、有知识的地主，或者让他们按照自己的兴趣学习一种行业知识。前一个家庭地

① 季陶达.资产阶级庸俗政治经济学选辑[M].北京：商务印书馆，1963：367.

② 德国旧银币名。

产越分越小，后一个家庭财富越聚越多。[①]李斯特指出，前一个家庭是按照劳动价值论行为的，后一个家庭是按照生产力理论行为的。所以，一个国家需要用保护制度，让自己的生产力发展起来，成为一个工业国。对于德国这样生产力落后的国家，就应该主张关税保护，尽管在关税保护初期，可能出现商品价格上涨的情况，但是一旦生产力发展起来之后，价格就会降落到进口商品价格之下。李斯特指出，保护关税如果使价值有所牺牲的话，它却使生产力有了增长，足以抵偿损失而有余，由此使国家不但在物质财富的量上获得无限增进，而且一旦发生战事，可以保有工业的独立地位。工业独立以及由此而来的国内发展，使国家获得了力量，可以顺利经营国外贸易，可以扩张航运事业，由此文化可以提高，国内制度可以改进，对外力量可以加强。[②]李斯特主张根据工业品的不同，禁止输入或者可以实行较高税率。具体税率，根据征收目的而定，较高的税率，实际上等于禁止该工业品输入，稍低一点的税率，达到限制输入的目的，限制输入的程度不同，税率也跟着作相应调整。李斯特认为，所有的税率，并没有绝对有利或者绝对有害之别，主要是看本国的资源和工业生产情况。李斯特的生产力理论和关税保护理论是适合当时德国的经济发展的，但是李斯特没有讨论生产力的制约因素。

最后，罗雪尔提出工业保护制度。罗雪尔强调了保护制度的重要性与合理性，并给出了四个方面的原因：

第一，保护制度有助于培养一国的生产力。他认为，尽管工业保护制度直接使国民蒙受牺牲（因为在尽量利用该国等量生产要素的前提下，其国民所得到的产品和享受同在自由贸易条件下相比要少），但是借助于保护制度这一手段培育起来的新的生产力，有利于唤醒处于休眠中的那部分生产力。从长期看，保护制度所造成的只是交换价值上的牺牲，却可以带来比这种牺牲大得多的生产力。同李斯特一样，罗雪尔认为，一个纯农业国无论在人口和资本数量上，还是在劳动技术和资本能力上，都不及一个农

① 弗里德里希·李斯特．政治经济学的国民体系［M］．陈万煦，译．北京：商务印书馆，1961：122.

② 王俊凯．李斯特政治经济学思想与中国当代社会问题［M］．北京：中国商务出版社，2014：16–17.

业和工业相并存的国家充裕，甚至它还无能力将其自然力充分地加以利用。所以，“只有通过发展工业，国民经济才能变得成熟起来”[①]。在罗雪尔看来，如果保护制度可以促成一门民族工业，而这门工业在创立初期可能会造成国民利益的牺牲，那么，“这种牺牲……应当看作是犹如由播种者所造成的种子的牺牲一样”[②]。他写道：“任何一种保护制度都要给国民带来牺牲，所以应该经常记住，完美无缺的保护制度是极其少有的。”[③]在罗雪儿看来，实行保护制度就如学生需付学费一样。此外，罗雪尔还把对受保护工业的培育比喻成播下的种子一样，必须满足三个条件，即种子必须能够发芽，土壤肥沃并且宜于耕作，季节适宜。

第二，保护制度的终结是自由贸易的开端。罗雪尔认为，当一个国家在政治上已取得独立而在经济上尚处于很低的发展阶段时，其最佳办法就是同外部世界进行完全的自由贸易，因为通商自由会对该国的活力、需求及其满足需求的手段施以影响，对该国向高级文化阶段发展能够起到最迅速地促进和助长作用。在这个时期，如果没有保护制度，就不可能同已经发达的工业国家竞争。他说：“如果二国相互竞争，一国有保护关税，而另一国没有，则没有保护关税国家的生产者就会陷入孤立；反之，有保护关税国家的生产者则得到全国力量的支持。完全无限制的通商自由，尤其是在交通非常发达条件下的通商自由，将使已占优势地位的工业强国处于这样一种地位，即它对待别一国家，正象工商业都市对待纯粹农业地区的情况一样。”[④]但是，“当一国进入了繁荣时期，就不需要任何保护制度”[⑤]，在他看来，正是借助于保护制度的手段，才会出现达到自由贸易的前景。在高度发达的国家，如果还存在着实行保护制度的愿望，那就必然会被看作是某种疾病的征兆。罗雪尔相信，在最发达的经济阶段会出现彻底的通商自由。

① 谭崇台.西方经济发展思想史(修订本)[M].武汉:武汉大学出版社,1995:222.

② 谭崇台.西方经济发展思想史(修订本)[M].武汉:武汉大学出版社,1995:222.

③ 谭崇台.西方经济发展思想史(修订本)[M].武汉:武汉大学出版社,1995:222.

④ 威廉·罗雪尔.历史方法的国民经济学讲义大纲[M].朱绍文,译.北京:商务印书馆,1981:87.

⑤ 威廉·罗雪尔.历史方法的国民经济学讲义大纲[M].朱绍文,译.北京:商务印书馆,1981:88.

第三，保护制度在必然地影响到国内阶级和财产关系的同时，还能促进国内不发达地区的发展。保护制度的实行，将迫使劳动和资本从原料生产部门流出，注入工业中去。当对谷物出口实行限制时，会使一定数量的资本和劳动人为地从农业转移到商业方面；当对谷物进口采取限制措施时，则起相反的作用。因此，保护制度势必对一国的阶级关系和财产关系发生重大影响，同时这种制度“可以人为地对一国未发达的那一部分或尚未得到适当发展的那一部分注入国家的养分”①。

第四，保护制度可促进国民教育。在这里，罗雪尔所说的教育具有双重含义。其一，工业保护制度本身就是一种教育措施。他相信，实行保护制度的年轻国家往往可以从达到了高度工业化水平的国家获得资本和技术工人，并能够立即将最新的加工程序投入应用。其二，实行保护制度应伴随以全民性教育。他指出，保护制度“只有置于大规模的即整个国家的基础上，方能生效”②，这一点正像在学校或大学教育中要力求得到一定程度的全面发展一样。

第三节　财富观的庸俗性

庸俗经济学的财富理论服务于资本，集中于研究如何最大限度地发挥生产要素的生产力，提高资本的劳动生产率。表面上它强调研究与政治组织无关的财富的生产，实质上却完全是为了资本主义生产方式下实现资产阶级个人利益的最大化，是资本主义的辩护士。马克思强调的“现状辩护论者”，比如西尼尔，他们所辩护的“现状”，正是资产阶级所欲求的。所以，庸俗经济学对“现状”的肯定和辩护，实际上就是服务于资产阶级的利益。

① 威廉·罗雪尔.历史方法的国民经济学讲义大纲[M].朱绍文,译.北京:商务印书馆,1981:88.

② 威廉·罗雪尔.历史方法的国民经济学讲义大纲[M].朱绍文,译.北京:商务印书馆,1981:88.

一、用价格偷换价值

庸俗经济学关于经济生活的研究，实质上就是关于生产要素及其配置的研究和效用生产的研究，借助的分析工具就是价格工具。

(一)效用的价值

马尔萨斯的内在交换价值论、萨伊的效用价值论、詹·穆勒的死劳动和活劳动都创造价值论、麦克库洛赫的任何符合愿望的作用或操作都创造价值论、西尼尔的资本价值论、巴师夏的服务价值论，以及凯里的再生产费用价值论，本质上都是效用价值论。那么，庸俗经济学是如何度量效用的价值的呢?

1.效用的可度量性

前文已经阐明，度量必然有内容，没有无内容的度量，庸俗经济学认为，财富的内容就是效用，效用就是被度量的内容。按照庸俗经济学的思想，价值的内在衡量标准是效用，即效用是商品需要被度量的内容，这个内容用价值这个范畴来表示，价值是效用的经济学表达方法。对于庸俗经济学来说，这一点就像用长度单位度量长度一样。比如，要知道一张桌子的物理的量，度量内容就是空间距离，度量结果用长度单位来表达。庸俗经济学关于价值的观点，承接了古典政治经济学庸俗性的一面。詹·穆勒指出:“谈到任何国家贵金属的价值，我一概是指它们与该国的商品比较的价值。”①

庸俗经济学认为，具有有用性的物不一定是政治经济学意义上的效用，具有价值。政治经济学意义上的效用，还必须具有购买力，即交换性。价值的内容是效用，而有用性要成为价值，还必须能够进入交换，具有购买力。所以，价值产生于交换，没有交换就永远不会有价值，所以价值即交

① 斯法拉.李嘉图著作和通信集(第6卷)[M].胡世凯,译.北京:商务印书馆,1980:89.

换价值。总之，“价值是对交换物的效用的度量”[①]。

但是，庸俗经济学强调的可度量性和李嘉图思想中的可度量性是不一样的。李嘉图曾说：“要使价值尺度成为一个完善的尺度，其仅有的一些必要属性是，它自身应当具有价值，这个价值自身应当是不变的，就象长度的一个完善尺度应当具有长度，那个长度既不会增也不会减，或者是重量的一个尺度应当具有重量，那个重量应当是恒定的情况一样。”[②]很明显，李嘉图强调，作为完善的价值尺度，首先，它自身应当具有价值；其次，这个价值自身应当是不变的，然后才是类似于物理量的关系。所以，我们可以类比长度、重量来理解价值量，但是，这里被类比理解的是“量”，而不是交换关系，撇开价值本身所包含的人与人之间的关系，直接将价值与物理量进行类比，是非常错误的。

人类对使用价值的需要是永恒的。马克思说：“非对象性的存在物是非存在物［Unwesen］。”[③]从人与环境的物质能量交换来说，人必须摄入食物，消化吸收，转化为自己身体的组成部分，为生命运动提供物质能量；从人与环境的精神能量交换来说，有了精神能量，人类才能够生存繁衍下去。但是，庸俗经济学仅仅抓住了作为物的交换、作为效用的交换，而没有看到交换背后实质上是人与人的关系。这个人与人的关系首先是“现实的个人”及其实践的关系，是现实的交往与现实的劳动的关系，劳动和交往关系中的交换，是特定的生产方式中的交换。正如马克思所说，分配首先是生产资料的分配、工具的分配，而不是在任何生产方式、任何社会历史背景下都存在的物与物的关系。

人类对使用价值的需要也是非历史性的、没有阶级性的。这一点，就比如动物也有肉体生命的存在，只要肉体与环境的物质能量交换的需要能够满足就可以了。简言之，人与物的关系，比如，人与食物的关系，无论这个食物是原始共同体生产出来的，还是奴隶生产的，或者是农奴、或者

① 郑克中.客观效用价值论——重构政治经济学的微观基础[M].济南:山东人民出版社,2003:16.

② 斯法拉.李嘉图著作和通信集(第4卷)[M].蔡受百,译.北京:商务印书馆,1980:342.

③ 马克思恩格斯文集(第1卷)[M].北京:人民出版社,2009:210.

是雇佣工人生产的，或者是自由民自己生产的，都是满足人类肉体生命生存、繁衍的需要，都是人与自然的关系。人与自然的关系，是社会生活的客观事实，并不因为历史背景的不同而有所改变。而庸俗经济学恰恰把这种非历史性的使用性作为效用，完全撇开了商品交换本质上表征的是人与人之间的社会关系。

2.一个比值：效用的价值

考察一个特定效用的价值，需要有另外一个特定效用，通过两个效用的市场交换，就可以明晰一件特定效用和另一件特定效用在一定程度上相比较的价值，这个相比较的价值就是被考察效用的价值。比如，欲了解一幢房屋的价值，可以把一幢房屋和小麦进行市场交换，确定一幢房屋能够交换到多少小麦，交换到的小麦的数量就是一幢房屋的价值。如果一幢房屋能够交换到一千公石小麦，那么，一幢房屋值一千公石小麦。以此类推，一把斧子值一件上衣，一头绵羊值两把斧子，一张桌子值四把椅子，等等。所以，“价值是一个相对的概念。一种物品的价值指的是它能够交换到的其他物品或者一般物品的数量。”①

庸俗经济学认为，估定一件物品特定效用的价值，可以用任何其他效用作比较物。一幢房屋的价值，可以用大米、蔬菜等食品，也可以用桌子、床等家具，也可以用劳动或者服务等的价值来比较。就每一个估价行为来说，已知数是需要被估价的效用，这个效用是特定的，特定是指这个效用是具体时间、具体地点，具有具体材质、体积和大小等的效用。而用以和这个特定效用进行比较的效用是不特定的，可以是任何其他效用。这里，需要我们注意的是，效用的价值必然是一个比值，是效用甲比较于效用乙的值，效用甲特定，效用乙不特定。

所以，讨论效用的价值时，必须要说明特定效用对何种效用何种情况下的比值，否则就不明确了。因为，特定效用对不同其他效用的比值是不同的，像一套衣服可以值很多量的面包，却值很少量的钻石；今年值很多量的面包，但是去年却可能值很少量的面包。同时，没有比较的情况下，

① 约翰·斯图亚特·穆勒.政治经济学原理(上)[M].金镝,金熠,译.北京:华夏出版社,2017:439.

也不能说一种物品的价值是上升了还是下降了。按照庸俗经济学的思想，价值的正确表述是：一把斧子今年较去年比大米的价值上升了或者下降了；一把斧子就大米而言，价值上升了，就小麦而言，价值下降了。

另外，庸俗经济学在讨论效用的价值时，为了考察和解决问题的方便，会假定其他一些原因和影响因素不变，只专注于讨论目标对象本身的若干原因。约·穆勒说："为了使我们的注意力更为集中，有必要假定除了所考察的商品之外的所有其他商品的相对价值不变。当我们考察引起玉米价值上升或者下降的原因时，我们假定当羊毛、丝绸、餐具、蔗糖、木材等等商品购买玉米的能力发生变化时，它们之间相互交换的比例保持不变。基于这种假设，它们之间的任何一种商品都可以作为其他所有商品的代表。因为玉米相对于任何一种商品的价值无论以什么方式变动，玉米相对于其他每种商品的价值都将以相同的方式和程度发生变动，所以，需要考虑的只是如何对玉米相对于某一种物品的价值上升或者下降的波动进行估计的问题。"①

尽管针对不同其他效用，特定效用的价值不同，但是，任何特定效用还是有一个相对确定的价值，即永久价值，或者自然价值。特定效用无论在市场上有多少个市场价值，所有的市场价值最后都会趋向于这个自然价值。按照庸俗经济学的思想，这个自然价值是由特定效用的生产要素成本价值决定的。而生产要素成本价值是由市场交换确定的。所以，庸俗经济学的效用价值理论不过是一个循环论证。

关于价值的具体确定，庸俗经济学认为，和供求有较大的关系。当具体交换发生的时候，一件物品特定效用的价值，总体上，取决于有用性和购买力，表现为对购买者欲望满足的程度，由此也就会出现同一件商品，在不同的场合具有许多不同价值比值的情况出现。约·穆勒给出了一个案例：一位消费者正搭乘轮船去远离文明的蛮荒地区，他被一个音乐鼻烟壶所吸引，他非常想得到这个鼻烟壶，而且他很清楚在未来十年的光景里，他都没有机会购买到这样的鼻烟壶，所以，尽管在伦敦或巴黎，可以用6基

① 约翰·斯图亚特·穆勒.政治经济学原理(上)[M].金镝,金熠,译.北京:华夏出版社,2017:400.

尼买到一大堆这样的鼻烟壶，这位乘客还是愿意用60基尼买到这个鼻烟壶。[①]简言之，供给大于需求，特定商品的价值会下降，反之，特定商品的价值会上升。而且，庸俗经济学认为，这种类似状况在零售业务中是常态，在批发业务中，任何特定商品的价值一般还是比较固定的。

(二)货币价值与价格

庸俗经济学的效用价值，首先是设定一个不变的量，然后用其他的量与这个量进行比较，这个比值就是该效用的价值。在特定效用的无数个价值中，有一个价值相对比较方便，会被经常采用，这个价值就是特定效用比较于贵金属的价值，用数量表现出来，就是价格。

价格是用价值度量效用的货币表现，或者说，价格是商品内在效用的数量表现。其结果的货币数量，表示的是两种商品之间的数量关系。一种商品的价值就是它可以交换到的货币数量——价格，价格成为商品价值的标准形式。所以，对于庸俗经济学来说，价格和价值可以画等号，结果就是以生产中物与物的关系遮蔽人与人的关系。

詹·穆勒指出："谈到任何国家贵金属的价值，我一概是指它们与该国的商品比较的价值。当我说贵金属在一切国家价值相等时，我是指，以商品来表示的贵金属的价值相等，而且作为比较物的商品从一地运往他地的费用也考虑在内。因此，譬如每个人都会说贵金属的价值在整个大不列颠是一致的，可是在大不列颠的某些地方，一个家庭的生活费用可以仅及其他地方的一半，差别完全是由构成开支中主要项目的商品的运费造成的。所谓贵金属的价格，我是指任何一国通货的数量，那种通货含有一定重量的贵金属。"[②]这段话等于是说，商品价值是贵金属价值的尺度，商品价值包括运费价值总和是贵金属的价值。这种贵金属价值总和的论证方法，等于是一个循环论证，什么也没有说明。而价格的总和是用通货主要是贵金属的总和来表示的。这里，很明显，特定时空条件下，价格总和与价值总

① 约翰·斯图亚特·穆勒.政治经济学原理(上)[M].金镝，金熠，译.北京：华夏出版社，2017：405.

② 斯法拉.李嘉图著作和通信集(第6卷)[M].胡世凯，译.北京：商务印书馆，1980：89.

和是一个等值，贵金属的价值总和是用其价格总和来表示的。把价值观点和价格观点综合起来考察，詹·穆勒不过是表达了这样一个思想：商品价值总和与其价格总和是一个等值，这个等值用贵金属表示出来。但是，庸俗经济学家包括古典政治经济学家，始终没有说明白的是价值和价格究竟是什么。

二、用价格机制偷换价值规律

庸俗经济学否定劳动价值论、否定价值规律，认为实现资源最佳配置和最大化的效用生产，主要的手段就是竞争。正如马克思、恩格斯所说："贪欲以及贪欲者之间的战争即竞争，是国民经济学家所推动的仅有的车轮。"[①]竞争的方法是价格机制。

（一）竞争成为配置资源生产财富的唯一手段

庸俗经济学认为，市场主体是彼此独立的、自主的，每一个市场主体都以完美经济人的角色出现在市场上，并不存在内在联系。如果说有联系，只有一个联系，那就是通过欲望满足建立起来的竞争联系。

首先，资本会用货币购买劳动力、劳动对象和劳动工具，组织生产，得到新的商品，把新的商品卖出去，就又换回自己的货币，并换回更多的货币。资本要顺利地实现增值，就必须能够把新的商品卖出去。正如马克思所说："商品价值从商品体跳到金体上……是商品的惊险的跳跃。这个跳跃如果不成功，摔坏的不是商品，但一定是商品占有者。"[②]而彼此孤立的生产者并不能够估测到市场的总需求和总供给。对于一个特定商品，随时都会有新的生产者加入或者退出，也会有新的更新换代的产品出现，排挤原来的产品。社会对任何商品的需要，都是有限度的，一旦这种需要被满足，其他的产品就因为无用而多余、过剩，所以，每位市场主体为了实现

① 马克思恩格斯文集(第1卷)[M].北京:人民出版社,2009:155-156.

② 马克思恩格斯文集(第5卷)[M].北京:人民出版社,2009:127.

“商品的惊险的跳跃”，都自然地处于竞争状态中。

其次，即使资本的商品能够满足市场的需要，那么，究竟能够吸引到多少货币价值呢？对于孤立的生产者来说，他是不知道的。任意生产者需要生产多少产品，这个也完全是市场竞争实现的。这个市场竞争过程会逐渐统一一件特定商品的货币价格。比如，一双同样的鞋子，市场竞争过程中，并不考虑该鞋子生产过程中，具体特定的某位生产者购置原材料时是否付了较多的价格，也不会考虑资本在购买劳动力时，究竟付了多少价格，市场只是按照这双鞋子能够满足需要的程度，按照大众的口味，竞争出一个一般性的比例价值。这样，市场生产者自然地按照这个竞争要求，优胜劣汰。所以，“商品爱货币，但是‘真爱情的道路决不是平坦的’”①。生产者虽然是精明的经济人，但是整个社会大众的需求对于他来说，却是偶然的，只有通过竞争，他才能了解、认识这个偶然，服从这个偶然，使他自己的独立的行为适合这个偶然的需要。所以，马克思说：“人与人的互相独立为物与物的全面依赖的体系所补充。”②

按照马克思的思想，竞争只是资源配置的外在手段之一，资本主义社会决定资源配置的内在因素是剩余价值的生产和再生产，是剩余价值的资本化，外在表现为一定量的货币资本换回来更大数量的货币资本。又因为剩余价值的生产和再生产，必须依赖于商品使用价值的实现，而劳动者的购买力又必然小于资本的生产力，所以，资本主义社会，商品过剩是必然的，这样，竞争是资本主义的必然表现，即使在垄断的情况下，也必然有竞争，垄断不过是竞争的特殊表现形式而已。所以，资本主义的资源配置，内在本质是剩余价值生产，外在表现是激烈、甚至残酷的竞争。庸俗经济学不懂得资源配置的内在本质，即使懂得也尽力回避内在本质，把竞争作为资源配置的唯一手段。

资本主义剩余价值生产的本质，使竞争带来商业欺诈等不良现象。乔治·里德的《面包业的历史》就描述了多种多样的商业欺诈行为。在17世

① 马克思恩格斯文集(第5卷)[M].北京：人民出版社，2009：129.

② 马克思恩格斯文集(第5卷)[M].北京：人民出版社，2009：129.

纪末18世纪初，打入各种行业的代理商被官方认为是“社会之害”。例如在萨默塞特郡，在治安法官季度法庭开庭期间，大陪审团曾向下院递交一份“呈文”，其中说：“布莱克韦尔商馆中的这些代理商是社会之害，他们危害织布业，必须予以铲除。”[①]恩格斯指出，资本主义“使各个人之间的敌视、可耻的竞争战争达到登峰造极的地步！”[②]马克思说：“私有制不懂得要把粗陋的需要变为人的需要。它的理想主义不过是幻想、任意的奇想、突发的怪想……这种异化也部分地表现在：一方面出现的需要的精致化和满足需要的资料的精致化，却在另一方面造成需要的牲畜般的野蛮化和彻底的、粗陋的、抽象的简单化，或者毋宁说这种精致化只是再生出相反意义上的自身。”[③]在资本主义生产方式下，社会有机体的正常运转只能以这种无政府的、无计划的方式进行。所以，恩格斯尖锐地指出：“在私有制统治下，竞争关系是唯一能比较客观地、似乎能大体确定物品效用大小的办法，然而恰恰是竞争关系被撇在一边。但是，只要容许有竞争关系，生产费用也就随之产生，因为没有人会卖得低于他自己在生产上投入的费用。”[④]

（二）价格机制取代价值规律

按照马克思的思想，商品价值的实现，遵循价值规律，表现为价格围绕价值上下波动。而庸俗经济学家和马克思相同的一面是，他们确实也看到了价格波动，但是，和马克思不同的是，他们不懂得价值规律，他们唯一能够抓住的是中介竞争的价格，商品在市场上唯一的表现形式就是价格，这个价格就是价值，价格本身就是本质，是理解资本主义生产的源泉。

关于价格的现象事实是明确的。价格与需求明确相关，它会因为需求兴奋而兴奋，从而诱发供给兴奋；也会因为需求萎缩而下跌，从而导致供给松弛。新产品的出现，推动的是旧产品价格降低，从而导致生活必需品

---

① 马克思恩格斯文集（第5卷）[M].北京：人民出版社，2009：291.

② 马克思恩格斯文集（第1卷）[M].北京：人民出版社，2009：62.

③ 马克思恩格斯文集（第1卷）[M].北京：人民出版社，2009：224-225.

④ 马克思恩格斯文集（第1卷）[M].北京：人民出版社，2009：65.

降价，结果是工资普遍降低；并且价格降低会引起相关产品和服务降低价格，“由于价格低廉，就争得了一个与价格低廉相称的更广阔的市场”①。同一种商品，尤其是零售商品，常常会有不同的价格，价格的高低升降直接决定着商品生产者的生产行为。

资本主义生产条件下，体现为价格竞争的商品竞争，会趋向于一个大致确定的价格，这个价格是竞争关系均衡、供求一致时的价格。这个价格对商品生产者起着实际的制约作用，商品生产者会按照这个大致的价格调整自己的生产行为。尽管整个的竞争行为和价格机制实际上受制于剩余价值的生产和再生产，但是庸俗经济学家看不到这么深刻的层面，他们反倒认为价格起着重要的作用。恩格斯说：“这样一来，经济学中的一切就被本末倒置了：价值本来是原初的东西，是价格的源泉，倒要取决于价格，即它自己的产物。”②

总之，庸俗经济学认为，商品的价值是通过竞争实现的，竞争的手段就是价格机制。按照庸俗经济学的思想，商品的总价格与货币的总价格一致，每位商品生产者实际上都尽力将自己的商品变现为货币，所以，对商品交换起作用的是价格机制。

三、标榜资本主义是天然正义的制度

资本主义制度服务于资产阶级利润最大化的生产目的，让资产阶级的钱生出更多的钱，资产阶级竭力维护资本主义制度，体现在经济学上，我们可以看到，庸俗经济学用效用遮蔽抽象劳动，用非历史性遮蔽历史性，竭力标榜资本主义是天然正义的制度。

（一）效用遮蔽抽象劳动

庸俗经济学的财富理论完全抛弃了古典政治经济学的科学成分，只发

① 马克思恩格斯文集(第1卷)[M].北京：人民出版社，2009：102.

② 马克思恩格斯文集(第1卷)[M].北京：人民出版社，2009：66.

展了它的庸俗成分。马克思指出，萨伊的庸俗经济学不是在个别观点上将古典政治经济学庸俗化了，而是在整体上把古典政治经济学庸俗化了。我们就以萨伊为例。

萨伊以斯密理论的解释者自居，并尽力将斯密理论通俗和系统化。但是，他抛弃并批判了劳动是工资、地租、利润的源泉这一思想，只认同工资、地租、利润是收入的源泉，并对其进行了发展，提出了效用价值论。依据效用价值论，工人生产工资，土地生产地租，资本生产利润，完全遮蔽了资本主义生产方式的本质。

萨伊提出了政治经济学的“三分法”，最先把政治经济学的研究内容分为生产、分配、消费三部分，并把三者说成是超历史、超阶级、彼此孤立的部分。这种“三分法”被后来的资产阶级经济学长期沿用。萨伊把生产归结为使用价值的生产，根据常识就可以知道，使用价值不仅仅来源于劳动，还来源于劳动资料和劳动材料，这正是萨伊效用价值论的目的所在，劳动得到工资，让土地得到地租，让资本得到利息，萨伊用利息代替了利润，更能够表明利息是资本应得的福利，是资本参与生产的要求。萨伊引入了生产费用的概念，完全用人们的常识代替了科学研究，也完全庸俗化了斯密的劳动价值论。

生产创造的“效用”如何实现呢？萨伊关于价格的想法很奇特。萨伊的生产理论认为效用决定价值，价值决定于劳动、资本和土地等生产费用，即决定于工资、利息和地租。那么工资、利息和地租又是由什么决定的呢？萨伊再一次借用常识告诉我们，一种效用，比如萨伊的装饰品的效用，在被实现之前，有一个价格。萨伊认为，这个价格与价值关联，进而与工资、利息、地租就可以有联系了。受供求关系的影响，装饰品价格波动过程中，价格会与工资、利息、地租表征的生产费用一致。这样萨伊可以根据供求关系推出价格，根据价格再推出生产费用的理论。他说：“价格是测量物品的价值的尺度，而物品的价值又是测量物品的效用的尺度。”[①]萨伊的销售

① 萨伊.政治经济学概论：财富的生产、分配和消费[M].陈福生，陈振骅，译.北京：商务印书馆，1982：60.

理论更奇特。萨伊的销售理论直接把资产阶级经济条件下的商品交换推回到了原始的物物交换。萨伊所说的效用靠什么来销售呢？常识总是能够在萨伊那里发挥巨大的作用，而且还能够被萨伊弄得很深刻。萨伊的生产理论就从常识出发，借用了“没用的东西，谁也不肯给与价值”这个常识，得出生产效用的理论。那么，同样道理，人们购买产品的目的也是为了效用，货币只是中介，古典政治经济学家有关于货币仅仅是流通工具的观点，所以，交易实际上是以物易物。萨伊说：“在以产品换钱、钱换产品的两道交换过程中，货币只一瞬间起作用。当交易最后结束时，我们将发觉交易总是以一种货物交换另一种货物。”①

庸俗经济学关于财富的研究，脱离财富的社会历史形态，脱离特定的资本主义生产方式，脱离资本主义生产关系和交换关系，着重于人与物的关系，研究纯粹的财富，永恒的、自然的财富，不涉及具体的社会历史形态，在任何形态的社会中都作为财富的财富。尽管萨伊也明确指出，政治经济学“并不是研究天然财富或大自然无代价地和无限制地供给我们的财富，而是专门研究社会财富。社会财富的基础是交换与财产权受到承认，而这二者产生自社会制度”②。而古典政治经济学关于财富的研究，是立足于资产阶级的财富的研究，研究的是如何发财致富，以及发财致富造成的社会矛盾和对立。

（二）非历史性遮蔽历史性

庸俗经济学超阶级的财富研究，所要达到的目的，是让每个人都了解政治经济学。正如萨伊自己所说，政治经济学是非常重要的一门科学，是值得所有人包括“王公大臣”以及每一个普通人都去了解和熟悉的一门科学。因为当所有人“对他们的各自利益知道得比从前更清楚时，他们就会

---

① 萨伊．政治经济学概论：财富的生产、分配和消费［M］．陈福生，陈振骅，译．北京：商务印书馆，1982：144.

② 萨伊．政治经济学概论：财富的生产、分配和消费［M］．陈福生，陈振骅，译．北京：商务印书馆，1982：15-16.

发现这些利益并没有矛盾”[①]。

效用作为财富，资本作为财富的源泉，消解、遮蔽了资本主义生产方式的对抗本质，抹煞了资本主义矛盾，消解了无产阶级革命，资本主义成为可以无限繁荣发展的天然的资本主义。

马克思指出，尽管庸俗经济学家面对的资本主义经济关系的具体情况不完全相同，但是在证明资本主义生产关系本身的永恒性和正当性，并把“不和谐”“不正常”归因于外在联系这一点上，他们具有完全相同的意向。

比如，巴师夏和凯里对资产阶级社会生产关系具有“自然的必然性和永恒的合理性”的论证，是以美国为模板的。而美国能够孕育生成出“理想的合乎标准”的社会关系，是因为其政府与市场的关系不同于一切以往的国家。在那里，国家从一开始就是从属于资产阶级追逐剩余价值的市场需要而诞生的，即它从属于资产阶级社会，并且从来未能用某种方法掩饰起它的目的；在那里，资产阶级以空前的规模和空前自由，把旧大陆的生产关系扩展到新大陆巨大的自然疆域，在生产力的发展方面远远超过了以往的一切成就；在那里，国家的权力从属于资本并和资本的集中一起增长。以剩余价值为目的，以资产阶级社会从国家那里取得美国式的解放为出发点，巴师夏和凯里在政府与市场的关系上却得出了完全相反的结论，巴师夏是自由贸易论者，而凯里却是保护关税派。

巴师夏认为，法国的资产阶级市场被束缚在政府给它设置的桎梏中，也就是说法国形式的资产阶级市场发育不全，是不天然的。法国社会主义者之所以是错误的，是因为他们不了解天然的资产阶级的国家形式，只是在资产阶级社会的法国形式中来认识资产阶级社会的规律，并且把这些规律的不过是法国的、民族的歪曲表现，看作是纯粹的内在形式。所以，巴师夏认为，法国资产阶级关系要“和谐”化。而巴师夏能够看到的“和谐”，当然不可能在当时的法国，而只能在市场的相互竞争摆脱了国家监督的地方，在法国国界终止的地方。在他那里唯一现实的事情就是要求法国

① 萨伊.政治经济学概论:财富的生产、分配和消费[M].陈福生,陈振骅,译.北京:商务印书馆,1982:50.

放弃它的经济上的疆界，并借助自由贸易的立法来实现。所以，他是一个自由贸易论者。凯里认为，英国资产阶级社会的存在不具有自然形式，是自然形式的偶然颠倒。他抨击英国经济学家把歪曲的、非真实的偶然颠倒和资产阶级社会的内在性质混为一谈。这个偶然颠倒最终归结为政府的侵犯和干涉、政府对资产阶级市场的影响。他认为，如果没有政府的影响，资产阶级经济学的和谐规律总是会得到实际证实的。凯里不是一个自由贸易论者，却是一个保护关税派。因为凯里惊讶地发现，当时统治世界市场的英国，支撑着自己的市场在国外暴力殖民和掠夺，搞乱了世界各国的经济关系，致使和谐的经济规律在整个世界市场上表现为不和谐。凯里不得不承认，能够抵制英国大工业的破坏力量的，只能是国家的强力，只有诉诸保护关税。于是，剩余价值的无偿占有成为界定国家与市场关系的标准，剩余价值最大化规律就是国家与市场关系的规律，因此，国家要么是“经济和谐”的最后避难所，要么是这些和谐的唯一的破坏者。

前文已经阐明，巴师夏和凯里认为，有一个永恒的合乎自然规律和理性规律的资本主义生产关系，所以，他们坚持资本主义的生产关系是“和谐的”。马克思认为，不存在纯粹的、自然的资本主义“和谐”关系本身，无论资本主义经济关系是表现出“和谐”还是表现出“不和谐”，对于资本主义国家来说，其都是从属于资产阶级牟取剩余价值的，政府干预市场或者放任市场，都仅仅是手段而已。巴师夏和凯里看不到资本主义国家和市场关系的本质，当资产阶级用手工业生产取代家长制的生产时，他们认为封建制的瓦解过程是“和谐”的，并从中抽象出资本主义和谐关系本身。而在世界市场视域内，无论政府是干预市场还是放任市场，使资产阶级经济范畴摧毁家长制的生产，使之让位于工业生产，庸俗经济学家对这一发展的瓦解过程只是从它的“不和谐”方面去理解。实际上，庸俗经济学家不懂得，资本主义经济关系的不和谐已经有本土的、区域的历史性表现，尽管只是在最小的规模上的某种局部的存在。世界市场的最终的不和谐只是局部不和谐的时间和空间的扩张。缘于资本牟求获取越来越多剩余价值的本质，必然是资本扩张本质，这样，创造越来越多的剩余价值的趋势，衍生出创造越来越多的剩余劳动的趋势、越来越多的交换地点的趋势，即世界市场的趋势。创造世界市场的趋势已经直接包含在资本的概念本身中。所以，“资本主义生产的唯一祸害就是资本本身”①，无论是国家，还是市场，都是资本主义生产自身发展的结果。“已经发育的身体比身体的细胞容易研究些”②，世界市场体系下资本主义经济规律本身的矛盾更明显，也更容易研究。我们看到，在《资本论》及其手稿中，围绕剩余价值的生产和扩张再生产，展现出一个庞大的时间和空间的世界市场体系。马克思把市场看作是流通领域本身的总表现，货币资本、产业资本和商品资本不断地循环运动。当今资本的世界市场体系，呈现出金融链、产业链和贸易链的交错运动。资本的世界市场之所以能够建立，无疑是国家和政府的力量。所以，不难理解，伴随世界市场向深度和广度发展，国家之间的交往越来越频繁，利益关系越来越复杂。经济危机的波及面也越来越大。

① 马克思恩格斯文集(第5卷)[M].北京:人民出版社,2009:649.

② 马克思恩格斯文集(第5卷)[M].北京:人民出版社,2009:8.

第五章 庸俗经济学的研究对象

关于发财致富，古典政治经济学把研究的重点从流通领域转移到生产领域，并且兼顾到对生产、分配、交换、消费进行整体性研究。而庸俗经济学只是从浅表的层次，对孤立的生产、分配、消费进行研究，不仅割裂了生产的整体性，甚至抛弃了对经济现象进行理论分析，而专注于对非经济现象的研究，比如对人类动机的研究、对本能与制度关系的研究。按照这样的分析，正如马克思批判性指出的，剩余价值就失去了它的独特性质，只是表现为包括劳动在内的成本中某一项支付上的节约，“好像来源于与生产过程无关而由流通本身产生的运动，也就是属于资本而又与资本对劳动的关系无关的运动”①。这样，“由于资本的一切部分都同样表现为超额价值（利润）的源泉，资本关系也就神秘化了”②。

第一节 整体还是局部

从马尔萨斯和萨伊开始，庸俗经济学就偏离了对经济现象进行整体性研究。萨伊提出财富与政治组织无关之后，把财富的生产、分配、消费孤立开来，主张像研究自然科学一样研究财富，对此后的庸俗经济学具有极大影响。随着资本主义的新变化，庸俗经济学更加偏离了生产方式，偏离

① 马克思恩格斯文集(第7卷)[M].北京:人民出版社,2009:53.

② 马克思恩格斯文集(第7卷)[M].北京:人民出版社,2009:53.

了对整体性的生产关系和交换关系进行研究，仅仅从非整体性的角度对资本主义的财富进行研究。按照马克思的分析，这实际上是把资本主义生产当事人之间的关系，抽象为商品流通的关系，再把商品流通的关系抽象为直接的产品交换之间的关系，从而否认资本主义生产过程的矛盾。因为极不相同的生产方式都具有商品生产和商品流通现象，共有的、抽象的范畴分析，根本不能了解这些生产方式的本质区别，也不能对这些生产方式作出判断。所以，马克思尖锐地批判："任何一门科学都不像政治经济学那样，流行着拿浅显的普通道理来大肆吹嘘的风气。"①

一、生产三过程论：整体性的生产过程被割裂

庸俗经济学反对劳动价值论和剩余价值理论，抽离出资本主义生产的雇佣劳动基础，脱离劳动价值论和剩余价值论进行财富研究，只见物不见人，也背叛了古典政治经济学的科学研究路向。萨伊作为古典政治经济学转向庸俗经济学的一位重要经济学家，对这一转向的发生起着至关重要的作用。

萨伊表面上和斯密相同，也是研究发财致富，但是萨伊抽象地谈论财富的生产、分配和消费，以此取代斯密对资本主义生产关系的具体分析，这一研究路向直接影响了此后的庸俗经济学研究路向，此后的庸俗经济学研究，直接撇开生产方式进行所谓的经济学研究，直接忽略了财富的资本主义特征。这也正是萨伊的目标和宗旨。

1815年8月2日，萨伊致信李嘉图，告诉李嘉图，《政治经济学问答》主要是关于财富以什么方式在社会中进行生产、分配和消费的通俗说明，这是一部以事实为根据的著作，运用于各阶级的人们，这部著作告诉每个人，他们都可以以他们的地位和才能取得利益。而且萨伊强调，连茅屋里的人都终将明白这些道理。②连茅屋里的人都能够明白，实际上就是说这些

① 马克思恩格斯文集(第5卷)[M].北京：人民出版社，2009：136.

② 斯法拉.李嘉图著作和通信集(第6卷)[M].胡世凯，译.北京：商务印书馆，1980：245-246.

道理建立在效用的基础上，效用就是“能够服务的性能”，“因为一件没有任何用处的物品，终究是毫无需要的，人们决不会给它以价格，它也就决不会有价值。”[①]当然，萨伊以价格衡量价值，尽管颠倒了事实，他也还是认同效用价格必须足以支付它的生产费用，不能跌到生产费用价格以下。显而易见，萨伊不仅用效用价值论完全否定了劳动价值论，否定了雇佣劳动作为资本主义的经济基础，改变了政治经济学关于生产方式的无意识研究对象，还“构建”了财富的载体——价格，一件商品的价格就是该商品的价值，商品所有者的财富总额就是他的所有商品的价格总和。所以，李嘉图尖锐地指出，萨伊的研究不是政治经济学的研究，不是政治经济学的方式。

1815年8月18日，李嘉图的回信让我们更容易理解，为什么说萨伊的生产、分配、消费的研究脱离了雇佣劳动这一特定的资本主义生产方式及其经济基础。

第一，李嘉图指出，萨伊认为价值取决于效用，这一点既不同于古典政治经济学，也没有解释清楚，不能够让人信服。李嘉图表明，价值的基础肯定是效用（即使用价值），但是“效用的大小绝不能作为估计价值的尺度。一件难生产的商品总比一件容易生产的商品更有价值，虽然所有的人都同意后者比前者更为有用。一件商品必须是有用的才有价值，但它生产上的困难才是衡量它价值的真正尺度。因此，铁虽然更为有用，它的价值却低于黄金”[②]。李嘉图的意思是，一件商品的价值取决于其生产的难易，即耗费的劳动量，而不是效用。所以，让人感觉很有用的商品可能价值低于感觉不太有用的商品，比如铁的价值低于黄金。

第二，李嘉图指出用价格取代价值、表征财富是不正确的。萨伊的《政治经济学问答》认为，一个制造业业主要确定自己的财富是否增加了，就必须用现行的价格对自己的每一件商品进行估价和盘点。李嘉图说，这只能说明该制造业业主资本的货币价值是否增加了，这不是一个政治经济

① 斯法拉.李嘉图著作和通信集(第6卷)[M].胡世凯,译.北京:商务印书馆,1980:267.

② 斯法拉.李嘉图著作和通信集(第6卷)[M].胡世凯,译.北京:商务印书馆,1980:248.

学家判断资本增加价值的方式。李嘉图进一步指出，价格会经常波动，一件商品不可能六个月内保持价格不变，价格不是价值，价格的总量并不能说明资本的价值状况。“资本的增加只有从它雇佣更多人的劳动和增加一个国家的土地和劳动的产品这种能力来确定。”①

萨伊在1815年9月10日的复信中坚持，一个人的欲望满足程度表示了他的富裕程度，“人们希望有的东西越是便宜，财富就越多”，“无论他拥有的价值（用劳动价值论衡量的价值——引者注）是多么的少”②。根据这封复信，我们知道萨伊认为效用就是价值——商品的使用价值——有用性，有用性的数量形式就是价格，一个人所拥有的使用价值的价格的总和，就是这个人当时的财富总量。所以，值得我们注意的是，庸俗经济学也用“价值”这个词，但是，庸俗经济学的“价值”完全不同于古典政治经济学和马克思主义政治经济学的价值概念，庸俗经济学的“价值”是效用，是使用价值，并且直接用价格来表征和衡量财富，认为“一切价值都是相对的（因为欲望的满足是主观的、相对的——引者注），而财富就是价值，所以也是相对的”③。同时，萨伊的这种衡量方法，不仅仅适用于资本主义社会，封建社会、奴隶社会都适用。也正因此，萨伊说他的功绩是巨大的，是值得为人们所记忆的。当然，在1815年12月2日，在致李嘉图的信中，萨伊也表达了他的困惑和苦闷，他说：“我的主张连才智最为平常的人也能明白，而最为杰出的人却不能完全理解我，这使我有点迷惑不解。”④

萨伊的效用价值论和生产三要素理论，割裂了劳动作为工资、利润、地租的源泉，变成了劳动得到工资、资本得到利润、土地得到地租，生产创造自己的消费。萨伊认为，事实上根本就不存在劳动、资本、利润三者的利益对立，不存在什么社会历史性，这三者只是一般形态，经济学只需要确立决定价格的“微观”规律，包括决定各种生产要素的价格的规律，

---

① 斯法拉.李嘉图著作和通信集(第6卷)[M].胡世凯,译.北京:商务印书馆,1980:248.

② 斯法拉.李嘉图著作和通信集(第6卷)[M].胡世凯,译.北京:商务印书馆,1980:267.

③ 斯法拉.李嘉图著作和通信集(第6卷)[M].胡世凯,译.北京:商务印书馆,1980:267.

④ 斯法拉.李嘉图著作和通信集(第6卷)[M].胡世凯,译.北京:商务印书馆,1980:269.

他无法理解宏观收入分配规律。萨伊也无法理解生产、分配、消费作为一个时间、空间上循环和周转的过程的存在，所以，他把交换并入生产，只看见价格围绕效用和要素的运动，还把这三者完全并列，他观察到的只有企业家的才干，他在致李嘉图的信中说："老实对您说，我对得自资本或土地的利润的看法，使我感到把这个问题说清楚的任务非常困难。我在估计这些利润时，会情不自禁地很重视那些善于利用一块土地或一笔资本的人的才干和技能。"[①]由此，萨伊抹煞了生产的决定作用，消解了生产、分配、消费的内在的对立统一，也就消解了斯密要求建立一种公平合理的分配机制的必要性。此后，庸俗经济学的研究也就从古典政治经济学对劳动的关注转移到对资本的关注，更多地研究资本积累对经济增长的意义，这样也就有了西尼尔的"节欲论"、巴师夏的"服务价值论"等。

二、生产、分配、交换：片面的生产各过程

庸俗经济学认为，生产、分配、交换、消费各自是独立发挥作用的，因此，庸俗经济学视野中的各生产环节是片面的生产。

（一）片面的生产

笔者从两个方面阐释庸俗经济学的片面生产思想：一是庸俗经济学关于生产和生产要素的思想；一是庸俗经济学关于如何提升生产力的思想。

1.关于生产和生产要素

庸俗经济学认为，生产是个体承受精神上和身体上的烦恼，比如不愉悦感、不舒适感，消耗脑力和体力，将不可以直接用来满足人类需要的物品加工成人类需要的物品的过程。就生产的成果来说，生产多种多样，可以是把树上的果子采摘下来、把远处的柴草运回来这种简单的形式；可以是狩猎野生动物，宰杀、切块、烹饪这种稍微复杂的形式；当然也可以是把麦粒加工为面粉，面粉再做成面包这种看不见原材料的形式；或者可以

① 斯法拉.李嘉图著作和通信集(第6卷)[M].胡世凯，译.北京：商务印书馆，1980:270.

是用草料饲养羊，将羊毛织成绒衫，自然界所提供的物品与最终的产品截然不同的消费性生产。生产还可以是生产性生产，比如将自然界的物品改造成为人类服务的形式，比如人们将两个石块放在一起，通过一个转动手柄使一个石块能够在另一个石块上运转，这样就可以使磨面更省力省时。

生产是人的自然力和自然界的自然力二者的合力。“人类的技能与独创性主要体现在发现运动，运用他们的力量予以运作，并且产生他们所希望获得的结果。”①例如，亚麻能够制作成麻袋布和亚麻布，因为亚麻纤维具有黏性，几股纤维捻在一起，借助于一种纺锤形的工具，就可以制成麻线，再借助于一种叫作梭子的工具，麻线就可以制作成布匹。再考察其他各种生产情况，人类需要研究并实践怎样利用物自身的属性，把物放置在合适的位置，施加合适的力量，得到合适的精度，等待合适的时间，生产出满足需要的效用。人类需要用自身的自然力，尽可能多地发现、发明和利用自然界的自然力。自然界的自然力是无穷大的，人类将锅炉里的水烧开，用蒸汽的力量就可以推动机器工作。所以，庸俗经济学认为，人类可以利用水力、风力、电力、化学力进行生产，生产的基本且首要的定律就是怎样提升人类对于自然界的支配力量。

庸俗经济学认为，除了人类的劳动和自然界的自然力外，还有一类更为重要的生产要素，即资本。首先，任何人类自然力和自然界自然力的结合都受制于资本，资本决定了产业发展的规模、速度和水平。依照惯例，扶持产业中任一具体行业的行为都被说成是向该行业投放资本。增加制造业的劳动力是对制造业投资，向耕地施肥是向农业投资，增加教育经费是向教育投资。所以，没有资本的投入不能够有任何产业的提升和扩大生产，没有原始资本的投入，就难以有人力和自然力的结合，就难以有生产。所以，那种认为没有资本，依靠政府和法律也能够进行生产的观点是非常错误的。

其次，关于资本的来源，庸俗经济学认为，资本来自储蓄，或者说节省。按照庸俗经济学的思想，没有节省的资本，人类的生存是无法想象的，

① 约翰·斯图亚特·穆勒．政治经济学原理（上）[M]．金镝，金熠，译．北京：华夏出版社，2017：6.

就算是最粗陋的生活也需要有节省的资本。设想一个这样的社会，每个人或者每个家庭都依靠自己耕种的小块土地，自己生产自己消费，完全自食其力靠自己的劳动产品生活，并且消费掉自己生产的全部产品，即便在这种情况下，这些个人或者家庭，也还是至少要节省出种子。所以，人类的生存依赖于最初必然有人生产出产品，并有节省，节省的积累就是资本的积累。“因此，我们可以相当肯定地讲，所有的资本，特别是所有增加的资本，均是节省的结果。”[①]不过，庸俗经济学认为，节省并不意味着必然要厉行节约、加强自我克制，可以用很多其他有效方法实现节省，比如可以提高劳动生产率。

再次，人们一般会认为节省是不消费，是储蓄，庸俗经济学认为，这是非常错误的。节省恰恰是要消费。节省出的资本必须被消费掉，无论是生产性消费还是生活性消费，只有通过消费，才能够实现节省。不过不是节省者自己消费，而是其他人消费，使节省者节省出的物品成为可以进行任何投资的资本。

最后，庸俗经济学认为，为市场和社会提供供给的是资本，而不是劳动，更不是市场对劳动的需求。比如，市场有对天鹅绒的强烈需求，但是以前没有任何生产天鹅绒的工厂。现在，如果资本不投资建厂，购买原材料，生产天鹅绒，就不可能有生产天鹅绒的劳动，也就不可能有天鹅绒或者是市场需求的满足。所以，用来维护并且雇佣生产性劳动的是使劳动得以进行的资本，而不是购买者对于劳动所完成的产品的需求。对于商品的需求并不是对于劳动的需求，对于商品的需求决定了劳动和资本应该投放到哪一个特定的生产部门。“人们对于商品的需求只能决定劳动的流向，以及所生产的财富的种类，而不能决定劳动的数量和效率，或者所生产的财富的总量。”[②]

2.关于如何提升生产力

前文已经阐释了提升生产力需要提升自然力、劳动力的效率，也要提

① 约翰·斯图亚特·穆勒.政治经济学原理(上)[M].金镝，金熠，译.北京：华夏出版社，2017：45.

② 约翰·斯图亚特·穆勒.政治经济学原理(上)[M].金镝，金熠，译.北京：华夏出版社，2017：63.

升社会现有的技能和知识水平，无论是劳动者本人的技能和知识，还是那些指导他们劳动的人所掌握的技能和知识。而且，对于劳工劳动的效率与价值来说，劳工的道德修养与劳工的聪明才智所具有的重要性是完全相同的。这里，我们着重阐释劳动的合作。

关于劳动的合作或者劳动的联合。合作即劳动成员行为的相互联合，有两种类型：一是相同行业中的若干人彼此提供帮助的行为；二是不同行业中的若干人彼此提供帮助的行为。约·穆勒将前者称为简单合作，后者称为复杂合作。①

从两只猎犬共同追猎野兔优于四只猎犬分别追猎野兔的例子，就可以看出简单合作的优势。很多劳动都会有简单合作的利益，像伐木、提举重物、赶在好天气抢收农作物、拉纤、划大船、排水、开矿，等等，有些时候，特定的生产还必须通过合作才能够完成。

复杂合作不同于简单合作的地方在于，简单合作的劳动者是自觉地合作，明确地意识到自己的行为是和其他人的行为一起发生作用的，合作者共同做一件事情。而复杂合作不是每一位合作者都有明确的意识，明确自己的劳动与其他人的劳动是一起的、合作的。这是因为简单合作发生在同一个时间、同一个地点，而复杂合作往往发生在不同时间或者不同地点，不容易被发觉或者意识到。比如，制作羊毛上衣，养羊的人、梳理羊毛的纺织工、纺织羊毛的人、将毛绒织成宽幅布的人、印染布匹的人、制作上衣的人、搬运工、批发商、经销商、零售商，等等，这些劳动者都参与到羊毛上衣的制作过程中，这些人是实际的合作者，但是他们并不是都能够清楚地意识到这一点。

实际上，部门、行业、产业的划分，不仅仅是提升了合作的效率，对于有些行业来说，不进行进一步的专门化分工，生产将会不可能。只有当不同物品的生产成为不同的人的专门的工作或者主要的工作的时候，才能够生产出计划中的物品，像矿山的开采、铁路的铺设就是这样。庸俗经济学甚至认为，“没有劳动联合的某种形式和行业划分，就不会出现产业文明

① 约翰·斯图亚特·穆勒.政治经济学原理(上)[M].金镝,金熠,译.北京:华夏出版社,2017:90.

的萌芽”①。庸俗经济学充分肯定了斯密关于职业划分的三大优势：每位工人的技能熟练程度得以提升；工种转换过程中的时间可以减少；大量的方便并节省了劳动的机器得以发明，使一个人可以完成许多人的工种。庸俗经济学强调斯密没有提及的、劳动的精细分工所带来的最大利益：依据工人的能力将其加以分类，从而使劳动的分配方式变得更为经济。②

很明显，从庸俗经济学关于生产的分析，根本看不出这种生产所内含的生产关系。比如将棉花转化为纱锭的劳动，在庸俗经济学所说的生产过程中，看不出是奴隶在生产纱锭，还是农奴在生产纱锭，或者是工人在生产纱锭。马克思认为，生产过程包括两个方面：其一，劳动过程的要素具有一定历史发展阶段上的特殊性，比如奴隶、农奴、工人；其二，劳动过程中的要素作为人与自然之间的永恒的劳动过程，同所有的一定社会形式无关。而“劳动过程的最本质的因素就是工人本身，而在古典古代的劳动过程中这种劳动者是奴隶”③。劳动者并非天生就是奴隶、农奴或者工人，所以，关于生产的描述，最重要的当然也就是对“最本质的因素”的阐释，是关于劳动者如何作为奴隶、农奴或者工人的阐释，而庸俗经济学恰恰抽去了对与生产方式密切相关的这些生产关系的阐释。马克思批判地说：“把表现在物中的一定的社会生产关系当作这些物本身的物质自然属性，这是我们在打开随便一本优秀的经济学指南时一眼就可以看到的一种颠倒，我们在第一页上就可以读到这样的话：生产过程的要素，归结到它的最一般的形式，就是土地、资本和劳动。”④

（二）片面的分配

庸俗经济学认为分配是与人类制度有关的问题，是制度架构的权力意愿问题，而制度是公众选择合意的结果，这些和生产无关，也和消费无关。

---

① 约翰·斯图亚特·穆勒.政治经济学原理（上）[M].金镝，金熠，译.北京：华夏出版社，2017：94.

② 约翰·斯图亚特·穆勒.政治经济学原理（上）[M].金镝，金熠，译.北京：华夏出版社，2017：101.

③ 马克思恩格斯文集（第8卷）[M].北京：人民出版社，2009：476.

④ 马克思恩格斯全集（第49卷）[M].北京：人民出版社，1982：56.

总体上，虽然资本主义制度有不公平的一面，但是作为契约的结果，仍然是最好的，而且即便存在不公平之处，也是因为没有完全实现契约正义所造成的，他们幻想，契约正义最终是必然要实现的。

1.所谓的公平

按照庸俗经济学的思想，劳资协议是劳动和资本之间签订的契约。劳动者提供劳动，资本垫付劳动者一笔提供生活必需品的资金，资本提供厂房、原材料和机器设备等，劳动产品全部归资本所有。庸俗经济学认为，劳资协议中，劳动者处理自己的劳动，资本所有者处理自己的资本，二者平等协商，达成合意，显然是公平的。

但是，劳资协议是公平的吗？庸俗经济学存在以下观点。

第一，关于资本所有者不劳而获是否公平。尽管工人用自己的劳动和技能创造了全部产品，法律给予他们的只是规定的工钱，却将全部产品给予了资本家，而资本家并没有参加劳动，甚至连监工的工作都没有做。庸俗经济学认为，劳动仅仅是商品生产必须具备的条件之一，工人并不是无偿劳动，工人是在先行拿到支付的情况下才参加劳动，没有资本就没有劳动，劳动是在资本的组织下进行的，资本是资本家节省下的积累的劳动，应该得到抵偿和补偿，得到利润是得其所得，这也是法律规定的。而且，工人之所以能够得到垫付，就是以他们创造了劳动产品为权利依据的，所以工人已经得到了他应得的。

第二，关于当前的资本所有者拥有资本的权利是否公平。尽管大多数情况下，资本不是当前的所有者通过劳动和节省所创造的，但是当前的所有者拥有资本的权利，要么是通过馈赠，要么是通过契约，无论当前的所有者以何种方式获得资本所有权，都是当前的资本的权利人，必然拥有对资本的权利。同时，当前的所有者要把资本维持下去，从他拥有资本那一刻起，他就必须节省，只有持续不断地节省，才能把资本维持下去。

第三，关于低工资是否公平。庸俗经济学认为，过去的劳动成果、节省的成果、现在的劳动成果都不可能单独存在，合作是必然的选择，各自的“成果”是他们合作的条件，经由劳资双方协商后予以确定。如果说工人为获得工作而相互竞争，由此可能会导致比较低的工资，那么另一方面，资本所有者之间也同样存在竞争，资本家在一国全部相关的范围内进行竞争。劳工竞争的结果也不仅仅是低工资，高工资也同样是竞争的结果。庸俗经济学认为，无论劳动的报酬，还是资本所得，都需要遵从竞争规律，都是竞争的规律所形成的结果。

总之，按照庸俗经济学的思想，财产所有权包括通过契约获得财产的自由，也包括通过契约让渡财产的自由。每个人对自己生产的产品拥有所有权，也有权利通过契约获得他人生产的产品。这既是等价交换、权利平等的体现，也是竞争的结果，否则，就是对劳工权利的侵犯，侵犯了他们对自己生产的产品所拥有的财产所有权。

实际上，“劳动在国民经济学中仅仅以谋生活动的形式出现”①，所谓的契约公平至多不过是形式上的公平、抽象的公平。关于“工资”“资本的利润”“地租”，马克思在《1844年经济学哲学手稿》、恩格斯在《国民经济学批判大纲》中都有专门研究，他们都是从国民经济学的自相矛盾入手进行批判的。在“工资”部分，马克思首先从竞争的角度研究了工资的确定过程；其次，他认为工资额就是工人在劳动期间的生活费用；再次，马克思研究了劳动力的供给与需求关系的变动给劳动者带来的损害（马克思列举了社会可能处于的三种主要状态，并且考察工人在其中的地位）；最后，以此为基础，马克思揭露了国民经济学的自相矛盾，并说明了资本的实质。②

无论在资本主义生产方式中，还是在国民经济学的理论中，工人都被作为“无产者”——没有生产条件的人，即“既无资本又无地租”，他们只能全靠片面的、抽象的劳动为生，即“作为工人”去生活。马克思尖锐地批判，“它可以提出这样一个论点：工人完全像每一匹马一样，只应得到维持劳动所必需的东西”③，对于国民经济学来说，它研究的范围只限于工人

① 马克思恩格斯文集（第1卷）[M].北京：人民出版社，2009：124.

② 马克思恩格斯文集（第1卷）[M].北京：人民出版社，2009：119.

③ 马克思恩格斯文集（第1卷）[M].北京：人民出版社，2009：124

如何生产、如何劳动，不劳动的工人，作为人的工人，不是国民经济学的研究对象。所以，工人勤奋劳动的产物，与工人自身的进步程度处于矛盾状态，工人的毁灭以及贫困化是他的劳动的产物和他生产的财富的产物，工人劳动既没有让工人的物质财富有所增长，也没有让工人的精神财富得到增长，却使“贫困从现代劳动本身的本质中产生出来”①。

2.劳资的收入分配

庸俗经济学认为，私有制条件下，劳资分配的主要决定因素是竞争和习俗，前者主要发生在近代以来，后者主要发生在远古时期。关于竞争，前文已有述及，此处不再赘述。

关于劳资分配的来源。庸俗经济学认为，整个社会生产的总产品，通过市场交换的方式实现一个总价格，这个总价格就是社会总收入，是社会各阶级收入分配的来源。反之，也是正确的，即个人收入的总和构成社会总收入，等于社会的土地、资本和劳动的总产品。比如呢绒总产品实现的总价格，是拥有羊毛的农民（耕种者、牧羊人）、工厂里工人（雇工）、出售呢绒的工人（雇工）、土地所有者（地主）等所有参与到呢绒全部生产流程的人的收入的来源，反之，这些人的收入的总和就是呢绒总产品实现的总价格。

庸俗经济学认为，社会总收入的分配方式主要表现在以下几个方面。

第一，土地的利润归地主所有，如果由农民给付定额地租，则土地的利润就转归农民所有。

第二，垫付款的利润归资本家所有，如果垫付款是以借贷方式借出，则垫付款获得利息，不得利润。在实际的社会生产中，资本总是被需求，这就使得资本所有者对提供的服务要求相应的报酬。而且资本有一个特殊功能，即除了能给自己带来收入外，还能够给劳动和土地带来利润。

第三，劳动的利润归技工或劳工所有，如果技工或劳工得到固定的薪水，则不得利润。当然，庸俗经济学认为，科学家的利润，老板、经理或产业冒险者的利润，也是劳动的收入。并且在充足的资本引起大量的劳动

① 马克思恩格斯文集(第1卷)[M].北京:人民出版社,2009:124.

力需求的地方，劳动利润的比率较高。劳动利润的比率还与以下几个因素高度相关：职业的规律性或不规律性，劳动引发的危险、困难、疲劳、沮丧或愉快程度；劳动所需技巧与才能的程度。至于任何身体健康的人都能胜任的简单、粗笨劳动，其收入是能够维持这些劳工的生存即可。因为困难不在于生存，而在于维持生存，所以在大多数国家里，这种劳动的供给常常超过对它的需求，而劳动的工资很少高于绝对必需的生活费。

第四，对于一个特定个体来说，他的收入可能有多个来源，既有土地利润，也有劳动利润，或者垫付款利润、借出款利息，这样，他的年收入就是他得到的所有利润、利息的总和。而所有这些个人的收入总和构成了一个国家的收入。

第五，需要注意的是，庸俗经济学探究的收入分配，是实际的产品或价值组成，尽管以货币或价格的形式表现出来，但是这些货币或价格是与金属货币的购买力直接相当的。简言之，庸俗经济学所说的货币或价格是以贵金属的中介有用性和购买力为基础的。

从庸俗经济学关于分配的论述，可以发现，庸俗经济学虽然认为生产是人与自然的关系，不受制度因素影响，却认为分配是人为的，这显然是错误的。马克思分析说，对于工人来说，工资表现为分配关系，但是对于资本来说，却是单纯的生产关系；利润表面上和工资一样，是分配形式，但是，资本只有通过利润才能转化为资本和追加资本，才能变成生钱的钱，让自己增长，所以，利润也是资本的生产形式。也就是说，“分配关系本身是由生产关系产生的，并且是从另一个角度表现的生产关系本身。……生产同消费的关系是由生产本身造成的。”[①]因此，马克思批判地说：“所有的资产阶级经济学家都有一种荒谬的观点，例如约·斯·穆勒也是这样，他认为资产阶级的生产关系是永恒的，而这种生产关系的分配形式则是历史的，这种荒谬观点表明，穆勒既不懂前者，也不懂后者。”[②]

① 马克思恩格斯全集(第31卷)[M].北京:人民出版社,1998:160.

② 马克思恩格斯全集(第31卷)[M].北京:人民出版社,1998:160.

(三)片面的交换

庸俗经济学的片面交换理论，总体上可以用萨伊的“生产为产品创造需求”来概括。

1.交换作为中介：生产过程中资本作为物及其形态变化

庸俗经济学认为，劳动、资本、土地都仅仅作为物、作为生产要素参与到生产中，交换实质上是生产过程中资本形态的变化，资本从最初投资到生产中的厂房或者设备，或者其他形式，经过价值转移，再经过价值交换，最后会回到初始的形态。与生产过程结合在一起，资本在这整个过程中的变化，是通过交换来实现的。换言之，交换不过是资本形态变化得以实际完成的手段和中介，价值仍然是原来的价值，资本仍然是原来的资本，交换并不对生产过程或者资本有实质上的改变。

无论是农业生产，还是制造业和商业，投入到生产中的要素总体上是劳动、资本和土地。这些投资可以分为两类：一类是像粮食、牲畜饲料、种子、肥料、牛油、钾碱、工人工资等一次性消耗掉的资本；另一类是像土地、建筑物、固定设备、机器、犁、锄、耙等非一次性消耗掉的资本。我们也可以把前者称为流动资本，后者称为固定资本。

流动资本完全消耗，固定资本部分消耗，但是对于资本来说，消耗并不是消失，资本可保持，因为资本不存在于货物或物质之中，而是存在于价值之中。也就是说，消耗的资本的价值并没有消失，而是以新的不同的形式存在于新创造的劳动产品中。假设生产是简单再生产，没有剩余产生，只是维持原来的规模，那么，劳动产品一部分用以供给劳动者需要，补偿流动资本；一部分通过市场交换，换回货币，再交换到维护、保养固定资本的必需品，或者储存起来，作为固定资本的消费基金。所以，资本的价值虽然被消费，但却没有被毁灭，资本是消费在它自己的再生产上，资本可永远继续存在下去，每年生产新的产品，尽管这资本处在一个永远不断消费的过程中。

在这个“永远不断消费的过程中”，无论资本周转的频率有多快，资本的总价值有多大，资本形态变化后，作为新的劳动产品进入市场，在充分竞争的状态下，资本的价值都可以通过市场交换回收回来。因为社会生产本身是连续不断地进行的，每一个具体的生产都是整个生产的一个环节，这些环节自然地联系起来，有生产就有消费，或者说有供给就有需求。因为铁匠需要铁矿，矿工才从地下开采铁矿，而且矿工的报酬来源于铁匠的资本垫付款，矿工的劳动止于铁匠。因为刀匠需要钢，铁匠才购买铁矿，炼铁、提存，再制成钢。铁匠的报酬由刀匠的资本垫付款支付，并且铁匠从刀匠那里得到他垫付给矿工的报酬，铁匠的劳动止于刀匠。庸俗经济学认为，社会生产就是这样在“供给—需求”中循环和流动，周而复始。对于简单再生产来说，资本在这整个过程中，保持“能量守恒”。

2.货币中介交换：资本的节省和积累

按照庸俗经济学的思想，实际的社会生产，一方面，不是在原有基础上的简单再生产，而是规模扩大的再生产；另一方面，会有一个相对稳定的物品中介交换，这个中介交换的效用就是货币。所以，庸俗经济学认为，财富既然是由物体或物质的价值构成而不是由物体或物质本身构成，那么，我们使用的资本，虽然经常改变形态，但始终都是同一资本。这同一资本在生产过程中，在货币的中介下，不但变换为各种不同的形态，比如上文中提到的铁矿、钢、刀等，还会在货币的中介下，将利润节省下来，转化为积累的资本。

在买—卖之间，货币充当的只是交换的手段，并不影响供给商品的价值，也不影响需求持有的支付手段的价值。先考察供给，供给是用劳动、资本和土地等生产要素创造某种效用，将价值固化到该种效用中，等待需要该种效用并有购买力的人来购买。再考察需求，表面上看，一般情况下，需求方都是用货币来交换该种效用。庸俗经济学认为，货币仅仅是具有同等购买力的贵金属媒介，货币不会改变供给方提供的效用的价值。换句话说，这个中介的货币，对于需求方来说，是用等值的劳动、资本、土地各生产要素交换来的。所以，货币作为中介的交换，实质上是等值的劳动、资本、土地等生产要素之间的交换。

就如同马车是接送客人和运载货物的工具，马车仅仅是工具，其本身不可能有增加客人或者货物数量的功能，马车的多少也取决于需要接送的客人或者需要运载的货物，马车再多也不会增加客人和货物的数量，只不过是浪费而已。买—卖发生的时候，一方买进另一方卖出，买进的一方是因为先前有可以出售的效用，并因出售效用而获得等值的货币。当买进者用交换到的货币购进新的效用时，是获得与货币等值的新效用，这个新效用和先前的效用是等值的。买—卖过程，是等值的效用相互交换的过程，货币只是如同马车一样的交换媒介而已，使交换变得更加方便和容易。

关于资本的节省和积累。庸俗经济学认为，劳动、资本、土地创造的新效用，其价值会超过投入。因为资本必得有一个利润额，或者说，劳动实际上创造出更多的效用价值。这个新创造的效用价值随着买—卖发生，会转化为货币的形式。资本所有者如果不是把这个货币用来消费和享受，而是把它再转化为用以生产的新效用，就是节省，实现了资本的积累。

马克思称萨伊的“生产为产品创造需求”为“最愚蠢不过的教条”[①]。按照马克思的分析，商品流通中的每一个买—卖行为中，商品占有者和货币占有者两级对立，一旦二者的交换行为完成，就是一个独立的过程的完成，买者有商品，卖者有货币，二者谁也不必要立即再去卖或者买，所以，就会形成商品的一个休止点，商品或者货币都可以不再投入流通中，也就形成商品生命中的一个可长可短的时期。显然，实际情况正如马克思的分析，并不是任何商品买过之后就必须卖，卖过之后就必须买。商品流通恰恰是打破了产品交换的时间、空间和个人的限制，把原本直接物物交换中的同一即换出自己的劳动产品和换进别人的劳动产品这二者之间的直接同一性给割裂了，变成了不同一。在原来的物物交换中，人们换出自己的劳动产品的同时，换进的不是货币，换进的只能是别人的劳动产品，也就是用自己的劳动产品换进别人的劳动产品，这样，人们卖出自己的劳动产品的时候，必然同时买进别人的劳动产品。而有了货币中介后，人们在换出自己的劳动产品时，换进了货币，显然不需要立即把货币换出去，换进别

① 马克思恩格斯文集(第5卷)[M].北京：人民出版社，2009：135.

人的劳动产品，也就变物物交换中的同一个人的买—卖同一为买—卖分离，使原本同一的一个行为变为两个互相对立的独立过程。所以，马克思指出："商品内在的使用价值和价值的对立，私人劳动同时必须表现为直接社会劳动的对立，特殊的具体的劳动同时只是当作抽象的一般的劳动的对立，物的人格化和人格的物化的对立，——这种内在的矛盾在商品形态变化的对立中取得发展了的运动形式。因此，这些形式包含着危机的可能性。"①

所以，以萨伊为代表的庸俗经济学家的下列观点也是错误的。第一，交换的发生，主要取决于是否有充足的进行交换的效用，而不是货币，有了足够多的效用，自然就会有货币流量涌入。这一点即便是在当时某一个时间段是符合实际情况的，但是并不能作为普遍的一般性的适用规则，因为货币也有货币的发行规则。第二，庸俗经济学认为，货币只是作为交换的媒介，并不影响效用相互交换的等值性。庸俗经济学已经很明确，效用的交换是通过竞争和价格机制实现的，这其中必然会出现交换的许许多多的实际情况，不等值交换可能是常态，等值交换可能仅仅是非常态而已，价值规律恰恰是通过不等值交换来实现的，通过价格围绕价值的上下波动来实现。所以，完全假定货币媒介是纯粹的手段，完全假定效用之间都是等值交换，显然是错误的。

第二节　本质还是现象

庸俗经济学不理解剩余价值，也就不可能研究剩余价值，他们只是观察到剩余价值生产过程中表现出来的供求等各种经济现象，对供求关系进行研究，内在地贯穿着"效用—欲望"这一主线。马克思主义政治经济学研究剩余价值，是把剩余价值及其现象作为异化的现象来研究，通过研究资本主义生产的总过程，研究资本主义生产方式以及与之相适应的生产关系和交换关系，内在地贯穿着"生产—需要"这一主线。所以，马克思批

① 马克思恩格斯文集(第5卷)[M].北京:人民出版社,2009:135.

判地说："有教养的资产者及其代言人非常愚蠢，竟用对钱袋的影响来衡量每一种活动的意义。另一方面，他们又很有教养，连那些同财富的生产毫不相干的职能和活动，也加以承认，而且他们之所以加以承认，是因为这些活动会'间接地'使他们的财富增加等等，总之会执行一种对财富'有用的'职能。"①

一、欲望：所谓的本质

庸俗经济学和马克思主义政治经济学都力求抓住经济现象的本质，马克思主义政治经济学认为："人的本质不是单个人所固有的抽象物，在其现实性上，它是一切社会关系的总和。"②由此，马克思主义政治经济学把政治经济学的研究对象确定为生产方式以及与其相适应的生产关系和交换关系。而庸俗经济学把人的本质理解为单个人所固有的抽象物，把欲望作为人的本质，把效用作为生产、分配、交换、消费的内在联系。

（一）欲望的历史考察

欲望在两希文明中并不是个陌生的词汇，圣经中就有亚当和夏娃偷吃智慧果的故事。希腊化时期的伊壁鸠鲁则把快乐作为"幸福生活的开始和目的"③，而现代性就是由欲望驱动的历史。列奥·施特劳斯指出，现代性是对理想和应当的不满，是要凭借人类的手段在尘世建立世俗的天堂。马基雅维利和霍布斯，现代性第一次浪潮的代表人物，把人们对"应当"的关注转换为"人们事实上是如何生活的"，"德性"的天堂便转换为"欲求"的尘世。

马基雅维利的《君主论》把"性恶论"作为人之为人的逻辑起点。他

① 马克思恩格斯全集（第26卷Ⅰ）[M].北京：人民出版社，1972：300.

② 马克思恩格斯文集（第1卷）[M].北京：人民出版社，2009：505.

③ 周辅成.西方伦理学名著选辑（上卷）[M].北京：商务印书馆，1964：103.

指出："人都是忘恩负义的、易变的、奸诈懦弱的、趋吉避凶的、贪得无厌的。"[①]人之所以有这些特性，则是因为人是有欲望的。亚里士多德认为，人天然不能自足、天生是社会的动物，人不能完全依赖自身的力量满足自己的需要。马基雅维利也是"效果论决定者"，即判断一个行为是善还是恶，轻动机重效果，仅凭效果决定，为达目的可以不择手段。他说："一个聪明的君主要想维持他的代表全体人民利益的政府，他的行为就有必要与真理相反，与博爱相反，与人道相反，与宗教相反。"[②]所以，马基雅维利的政治哲学完全背离了古希腊的"德性"基础，美德不再是政治要寻找和追求的目标，政治和道德分离了。无论是政治实体还是公民个人，存在的首要目标都从追求道德善转到以获取物质利益为中心，包括各个方面的实在利益，比如名誉、地位、财富等。正如马克思指出的，从近代马基雅维利等思想家起，"政治的理论观念摆脱了道德，所剩下的是独立地研究政治的主张，其余没有别的了"[③]。

休谟把欲望和财富联结到一起。首先，休谟为欲望正名，使其具有正当性。在知性维度上，休谟消解了上帝、实体、逻各斯，代之以人的反复的感觉体验，经常重复的印象会形成习惯性信念和稳定的观念，在生命力和意志力的作用下，成为习惯式的欲望。在情感维度上，休谟帮助情感挣脱了理性的桎梏，让印象和观念相互作用，消解了理性和情感的边界，把情感系统和认知系统糅合在一起，形成情感和认知融为一体的心理世界，用情感主义代替理性主义，解除了人性欲望的束缚，欲望体验到痛苦和快乐的情感。较低层次的欲望与一些直接情感相联系，比如食欲、舒适、安逸等；较高层次的欲望与一些间接情感相联系，比如爱恨、骄傲、谦卑等，这样的欲望会使人产生占有欲、征服欲、拜金欲等。在道德维度上，休谟认为理性作为逻辑推理能力，和道德无涉，由此趋乐避苦的自私欲望也就有了膨胀的可能。其次，通过情感，休谟把欲望和财富联结起来。在情感

① 马基雅维利.君主论[M].李洁，译.长沙：湖南人民出版社，2011：71.

② 彭顺生.马基雅维利功利主义思想初探[J].广州师院学报(社会科学版)，1994(1)：25.

③ 马克思恩格斯全集(第3卷)[M].北京：人民出版社，1960：368.

的作用下，欲望有多种层次，也就出现对财富的不同追求，从日常生活的物品的需要，到对资本的不满足。休谟所说的欲望具有不知满足的无限伸展性。①

(二)欲望的经济学考察

庸俗经济学认为，政治经济学的主题是人，只考察人的一个方面，是“以财富为对象的人与人之间的各种交易。……参与交易的人除了公正之外，彼此什么也不欠，他们只是在捍卫自己的利益并努力使之有所扩大。还谈人们相互制约的欲望。在这里绝无舍己为人、无私忘我可言。”②简言之，政治经济学是关于个人利益的科学。“个人利益是人类的巨大动力，对此我们不应怀疑。我们还应达成共识：个人利益这个词是用来表示一个普遍存在的、无可争辩的事实的，它源自人的性质，它不像自私一词那样含有贬义。”③

而要考察个人利益，必须从人的感受性及其引起的活动开始，从人的趋乐避苦的欲望开始，从人的欲望满足开始。因为按照庸俗经济学的思想，感觉必然与满足共同存在，或者是感觉的满足，或者是感觉的不满足，二者必居其一，不可能有第三种状态。苦的感受有：需要、痛苦、兴趣、愿望、食欲等；乐的感受有：消费、享受、欢乐、福利等。对此，杰里米·边沁已经进行了系统的梳理。

边沁将人类所有的欲望和价值观从定性简化为定量，所有的目标都被简化成数量，而且所有表面看似不同的价值都被简化成仅仅是数量和程度的不同。边沁将“趋利避害”看作人性的公理，所有的人类活动从根本上看都是由快乐最大化和痛苦最小化的努力所推动的。这意味着它既可以被看成一个关于人类心理学的经验性假说，也可以被当作一个关于目的性行

① 沈广明.从欲望的不知餍足到财富增殖的无止境——休谟经济哲学思想探析[J].武汉理工大学学报(社会科学版),2012(4):580-581.

② 费雷德里克·巴斯夏.和谐经济论[M].王家宝,等,译.北京:中国社会科学出版社,2013:72-73.

③ 费雷德里克·巴斯夏.和谐经济论[M].王家宝,等,译.北京:中国社会科学出版社,2013:74.

为的逻辑假设。由于人总是在追求享乐、逃避痛苦，他的目标是衡量快乐与痛苦并且要使快乐达到最大限度，也就是“快乐的微积分”。他列出了一份人性可感觉到的若干简单快乐的清单，归结了14条快乐和12条痛苦：人性可感觉到的简单快乐有感官之乐、财富之乐、技能之乐、和睦之乐、名誉之乐、权势之乐、虔诚之乐、仁慈之乐、作恶之乐、回忆之乐、想象之乐、期望之乐、基于联系之乐、解脱之乐；若干简单的痛苦有匮乏之苦、感官之苦、棘手之苦、敌意之苦、恶名之苦、虔诚之苦、仁慈之苦、作恶之苦、回忆之苦、想象之苦、期望之苦、基于联系之苦。①

边沁对每一个引起快乐或痛苦的行动都规定了一条标准。每一行动的数学价值取决于客观因素，即持续的时间、强度、纯度（与其他快乐或痛苦无关），以及准确性和多样性（产生其他快乐或痛苦的倾向）。每一因素对衡量由这一行动所产生的快乐或幸福都有影响。一个行为的价值可以按如下方式计算：这个行为涉及的人的敏感程度之和，乘以这一行为所带来的快乐的客观衡量标准，得到的结果取正值。这一行为引起的痛苦也是以类似的方法计算，得到的结果取负值。这一行为的价值就是两者之差。通过这一“计算”，不仅获得了一个行为的价值大小，还能对这一行为的两个过程进行比较。

需求是痛苦，满足是快乐，人们努力满足需求，摆脱痛苦，得到快乐，但是，努力也是一种痛苦。总之，人们致力于不断提高满足与努力的比例，以尽可能小的努力获得尽可能大的满足。按照庸俗经济学的观点，人是欲望的集合体，有欲望必须有满足欲望的对象。比如一个人感到口渴，说明他的身体里缺少水分，他就有种不满足感，产生了得到水的欲望，当他果真得到水并补充到身体里的时候，就有满足感，就不再有对水的欲望了。口渴的人得到水，可能是无偿的，也可能是有偿的。如果是有偿的，就是一种经济现象。庸俗经济学把能够满足欲望、并且通过有偿方式获得的物叫作效用。没有欲望和欲望的满足就没有效用，没有物的稀缺和欲望满足的可交换性，也不会有效用。所以，按照庸俗经济学的观点，效用不是物

① 任瑞敏.经济学数学化的演进与批判[M].上海：上海人民出版社，2016：31.

品所具有的天然属性，其必然是一种与人的欲望满足联系在一起的，并因为其具有稀缺性、可交换性，而需要以有偿的方式获得。总之，效用是具有稀缺性、能够满足欲望的物品。庸俗经济学就是以欲望满足为基础，研究效用的生产、分配、交换和消费的科学。用经济学惯用的术语财富来考察庸俗经济学的研究对象，效用就是财富，财富就是效用。正因为如此，庸俗经济学独独钟情于财富的研究。①

理解了欲望在庸俗经济学中的地位，我们可以更深刻地理解庸俗经济学者为什么会有那么多奇怪的所谓价值理论，甚至还会有"节欲论"。马克思指出："对安逸的否定，作为单纯的否定，作为禁欲主义的牺牲，不创造任何东西。一个人可以像僧侣之类那样整天灭绝情欲，自己折磨自己等等，但是他所作出的这些牺牲不会提供任何东西。"②

二、效用：所谓的内在联系

围绕效用，庸俗经济学研究财富的生产、分配、交换和消费，即研究效用的生产、效用的分配、效用的交换和效用的消费，构建起关于效用财富的理论体系。这一点和古典政治经济学完全不同，古典政治经济学注重效用，但是本质上更关注以劳动价值论为主轴，正如马克思所说，凡是涉及价值的地方，斯密都会本能地坚持用劳动价值论正确地进行分析。所以萨伊认为，斯密的《国富论》"不是政治经济学或统计学的完整论著，而是一大堆不齐整的奇妙的创造性理论和已知与已被证明的真理"③，"许多地方都欠明晰，全部著作几乎都缺乏条理"④。笔者在将庸俗经济学与马克思《资本论》的比较中说明效用串联的所谓内在联系，实质上是外在联系。

① 弗雷德里克·巴斯夏.和谐经济论[M].王家宝，等，译.北京：中国社会科学出版社，2013：76.

② 马克思恩格斯全集(第30卷)[M].北京：人民出版社，1995：618.

③ 萨伊.政治经济学概论：财富的生产、分配和消费[M].陈福生，陈振骅，译.北京：商务印书馆，1982：19.

④ 萨伊.政治经济学概论：财富的生产、分配和消费[M].陈福生，陈振骅，译.北京：商务印书馆，1982：41.

考察庸俗经济学著作，效用是贯穿庸俗经济学理论体系的一根主线，但是，这根主线只能是外部联系的主线，并没有涉及经济现象最本质的内在联系层面。我们综合萨伊的《政治经济学概论》、詹·穆勒的《政治经济学要义》、麦克库洛赫的《政治经济学原理》、西尼尔的《政治经济学大纲》、巴师夏的《和谐经济论》、约·穆勒的《政治经济学原理》，分析效用联系。

(一)“内在”的文本考察

庸俗经济学指出，他们的研究要在任何时候都能追溯到事物的本质，在任何时候都能自由探寻社会上实际存在的事物的本质和发展过程。这个本质是要说明两个事物之间为因和果的关系，一个事物是另一个事物必然的结果，以及在多大程度上会有这样确定的事实发生。庸俗经济学必须去发现把事实联系在一起的链条，并根据观察，始终在两个环节的联系处确定这两个环节的存在。但是，庸俗经济学却没有深入到经济现象的真正内部去探究经济规律，从初始环节开始，就具有了庸俗性。

这种庸俗性，主要表现在庸俗经济学对消费的强调，并把消费与效用的生产联系在一起。从西斯蒙第的时代开始，古典政治经济学的研究对象就颇受责备。比如，西斯蒙第认为，“那些最有名的经济学家太不注意消费和销售”，“陷入了抽象”，“走入了歧途”①，所以，政治经济学必须研究消费，确定人口、消费、收入、生产相互之间的比例，其中，生产由消费来决定，消费由人口来决定，总之，生产服务于消费，应当由消费来决定。西斯蒙第时代的经济学家基本上持有相同的观点，即认为消费更直接地与人的需求联系在一起，更直接地联系着个体的利益，更值得研究，只是在具体理由上不尽相同。

综合起来，其他经济学者认为“消费”决定于人们的意志，而“生产”决定于自然规律，以自然规律为转移，所以，政治经济学应该把“消费”同“生产”分开，作为一个特殊的科学部门。换句话说，政治经济学应该

① 列宁全集(第2卷)[M].北京:人民出版社,2013:170.

更注重对消费的研究，而不是着重于对生产的研究。在他们看来，消费更加直接关系到每一个个体，更能够表征每一个个体的内在利益和要求，表达个体欲望的满足，更紧密联系着个体的生命和福利。

既然个体的生命和福利是从消费开始的，那么经济学就应该从如何满足人们的消费需要开始，也就必须从物质需要开始，从效用开始。效用支配着财富，财富支配着劳动。人们通过效用来保持健康，维持生活，效用就是每个人的衣、食、住。人们的一切物质需要都要依靠人们通过效用得到满足。①所以，庸俗经济学总是只能够观察到表象，或者说只能看到物与物之间的关系，只能看到物对人的关系，却看不见人与人的关系，看不见剩余价值生产的内在联系着的本质，他们总是误把对表象的研究当作对本质的研究。不过，西斯蒙第不同于庸俗经济学家，庸俗经济学是从辩护和调和的角度歪曲古典政治经济学，反对马克思主义政治经济学，而西斯蒙第却是看到了资本主义的固有矛盾，他认为，这样矛盾着的资本主义生产必然会爆发经济危机。所以，马克思说："西斯蒙第由于觉察到了这种矛盾而在政治经济学上开辟了一个时代。"②

西斯蒙第最初进行经济学研究和著述时，其基本观点和斯密一致，其最初的观点集中体现于西斯蒙第的《论商业财富》，这本书于1803年出版。关于财富的增加，《论商业财富》汲取斯密的观点，认为政府应该对经济生活听任其自然。1819年，西斯蒙第的《政治经济学新原理》，对斯密的学说作了"必要和正确的修正"。他说，在这15年里，他很少阅读政治经济学著作，但是他始终在坚持观察事实，事实与他原来的原理大相径庭。而当他对斯密的学说进行"修正"后，他感觉这一切就迎刃而解了。西斯蒙第认为，政治经济学真正需要考察的其实不是财富，或者说不应该只考察财富。因为财富并不是自为的，财富是为他的，是为了满足人的欲望而存在的，财富因为具有有用性，具有效用，才成为财富，所以，政治经济学更应该考察财富和人的关系，特别是人及其需要，通过对效用的考察来研究财富

① 西斯蒙第.政治经济学新原理或论财富同人口的关系[M].何钦，译.北京：商务印书馆，1983：22.

② 马克思恩格斯全集(第26卷III)[M].北京：人民出版社，1974：285.

的生产。不过，西斯蒙第的观点截然不同于庸俗经济学家，西斯蒙第强调效用的重要性，强调财富的重要性，其目的不是为了服务于资本家发财致富，而是为了阐释政府干预、保障百姓利益的重要性。西斯蒙第注意到，富人总是能够获得更多的财富，甚至掠夺穷人的财富，无偿剥夺和占有穷人的财富，所以，穷人要能够过上幸福的生活，就必须借助政府的力量，以对抗富人。也正因此，西斯蒙第最初赞成斯密自由放任的经济主张，后来转而反对经济的自由放任，强调政府干预的重要性。他指出："我们几乎始终呼吁亚当·斯密所摈弃的政府干预。"[①]

但是，西斯蒙第的错误在于，他不去研究资本主义生产规律，却将人类的欲望满足诉诸伦理道德。在他看来，政治经济学只有注意到人们的情感、需要和欲望时，它才能达到目的。所以，尽管西斯蒙第确实意识到了并正确指出了矛盾，却采取了错误的态度和方法。李嘉图和他是同时代的，也和他一样进行了观察，而李嘉图却坚持了劳动价值论。

总之，庸俗经济学看见了消费的重要性，却错误地展开了他们的研究路向。庸俗经济学认为，与消费联系在一起的是供给，也就是效用的生产。因为消费的对象有无限多，只有需要用劳动生产的、有偿获得的消费对象才是政治经济学的研究对象。所以，庸俗经济学把消费视为第一个要研究的对象，而效用的生产是第二个必须要研究的对象。

詹·穆勒指出："家庭经济学有两个重大目的，即家庭的消费和供给。消费的数量总是无限的，因为人享受的欲望没有尽头；主要关心的是增加供给。"[②]政治经济学有同样的两个目的，"即社会的消费和满足消费的供给"[③]。所以，政治经济学就是满足消费，而全面研究生产增多的手段和制定最有利于达到目的的使用这些手段的规律体系的重要学科。[④]或者说，政治经济学是"探明必须用人力才能获得的那些商品的生产与消费的种种规

① 西斯蒙第.政治经济学新原理或论财富同人口的关系[M].何钦，译.北京：商务印书馆，1983：46.
② 詹姆斯·穆勒.政治经济学要义[M].吴良健，译.北京：商务印书馆，1993：3.
③ 詹姆斯·穆勒.政治经济学要义[M].吴良健，译.北京：商务印书馆，1993：3.
④ 詹姆斯·穆勒.政治经济学要义[M].吴良健，译.北京：商务印书馆，1993：3-4.

律。……主要从两方面进行探究，即有关生产的探究和有关消费的探究”[①]。这样，庸俗经济学就按照日常生活的意识，按照资产阶级生产当事人的观念，把资本主义经济现象抽象为供给—需求两个方面。所以，马克思批判庸俗经济学抓住的是最肤浅的东西。

(二)“内在”还是“外在”

上文已经阐明，庸俗经济学已经意识到消费的重要性，但是，他们却把消费与效用的生产联系起来，经过萨伊等以后的庸俗经济学家的调和，消费、生产就有了扩展。萨伊提出生产、分配、消费的三分法，把交换并入到生产内。詹·穆勒模仿萨伊的模式，不过，他采用生产、分配、交换、消费的四分法。他认为，政治经济学是研究生产和消费的科学。但是，物品被消费之前必须进行分配，所以，分配作为生产和消费的中间环节，是必须要研究的。而商品被生产和分配后，为了再生产和方便消费，会发生商品交换，所以，交换规律也是必须要研究 。概括地说，詹·穆勒认为，政治经济学的重大研究目的是消费和生产，但是消费和生产的中间环节，分配和交换也是必须要研究的。

萨伊把政治经济学的研究对象界定为“阐明财富确是怎样生产、分配和消费”[②]的，即效用是怎样生产、分配和消费的。也就是说，当效用取代价值，成为政治经济学生产、分配和消费研究的对象的时候，政治经济学实质上已经不再是政治经济学了。

各种庸俗的分配理论根据劳动价值论，即只有劳动才创造价值，工资是劳动力价值的价格，利润和地租均是剩余价值的价格表现。但是，庸俗经济学否认劳动价值论，他们认为工人的劳动全部是必要劳动，不存在剩余劳动，劳动的价值全部以工资的形式分配给工人了，利润和地租显然就不是工人劳动价值的扣除。那么，工资、利润和地租究竟是如何分配的呢？

---

① 詹姆斯·穆勒．政治经济学要义[M]．吴良健，译．北京：商务印书馆，1993：4.

② 萨伊．政治经济学概论：财富的生产、分配和消费[M]．陈福生，陈振骅，译．北京：商务印书馆，1982：42-43.

不同的劳动价值论就会有不同的分配论，古典派提出劳动价值论和相应的分配论的初衷，是反对束缚新兴资本主义成长的封建势力，但他们没有料到，这些原理不久就被空想社会主义者、资产阶级社会主义者以及后来的无产阶级社会主义者分别接过去，并加以不同程度的改造，反过来成了批判资本主义的理论武器。后古典的经济学家们看到了这种趋势的危险和威胁，于是反其道而行之，在重新改造价值论的同时，也就为改造分配论作出了种种的努力，提出各种为资本主义分配关系进行辩解的理论。

虽然萨伊的“三位一体分配公式”、西尼尔的“节欲论”、巴师夏的“服务价值论”等理论发生过很大的影响，甚至至今仍然是西方经济学的组成部分，但是这些理论能够有影响恰恰是因为它们的庸俗性，它们用效用把生产、分配、交换联系起来，“仅仅描述了表层的财富现象与利益现象，没有揭示其深刻的社会关系根源”①。马克思主义政治经济学则揭示了商品交换的本质，列宁表述为：“凡是资产阶级经济学家看到物与物之间的关系（商品交换商品）的地方，马克思都揭示了人与人之间的关系。”②

第三节　研究对象的庸俗性

庸俗经济学从物的效用和人的欲望满足出发，对资本主义经济现象作了一些局部和现象层面的分析，在一定范围内确实是很有意义的，但是庸俗经济学脱离社会性质的研究，用现象遮蔽了本质，用局部遮蔽了整体，不可能从根本上认识资本主义的经济现象，更不可能彻底解决现实问题，庸俗经济学研究对象的庸俗性主要表现在以下几个方面。

---

① 鲁品越.在全面深化改革实践中开拓马克思主义政治经济学新境界[J].红旗文稿，2016(12)：19.

② 列宁选集(第2卷)[M].北京：人民出版社，2012：312.

一、生产方式本质庸俗化为欲望本质

正如马克思尖锐指出的："贪欲以及贪欲者之间的战争即竞争，是国民经济学家所推动的仅有的车轮。"[①]庸俗经济学所持有的欲望本质和效用联系，将资本主义生产方式下异化的供给—需求关系作为科学，维护"工人降低为商品，而且降低为最贱的商品"[②]这个现状。

（一）劳动成为"最贱的商品"

"财产私有制度，当只考虑它的基本要素时，对于每个人来说，是对他或她对于通过他们自己的劳动所生产的产品，或者通过接受馈赠，或者通过公平协议，在未实施暴力和欺诈的情况下，从生产者那里获得的产品并对其享有单独处置权利的确认。整体上，它是以生产者对于由他们自行生产的产品所拥有的权利为依据的。"[③]

庸俗经济学认为，工人的劳动就是商品（区别于马克思的异化状况下的劳动力商品），劳动商品的价值就是其价格。边际革命之前，庸俗经济学认为这个价格表现在工人维持自己和家属生存的生活资料的价格之和上；边际革命之后，庸俗经济学认为，劳动的价格就是其边际价格，劳动力不被雇佣时资本方损失的价格。

庸俗经济学认为，劳动价格的变化遵循负效用规律，劳动是让人痛苦、不开心、不愉快的事情，按照"趋乐避苦"的理论，劳动是人们竭力避免的事情，所以是负效用，痛苦越大，价格越高。

显然，庸俗经济学和马克思关于劳动的理论是不同的。首先，马克思主义坚持群众史观，坚持正是劳动创造了人本身，坚持历史是由人民群众的劳动实践创造的。人民群众创造历史的实践由劳动实践和交往实践两大

---

① 马克思恩格斯文集(第1卷)[M].北京：人民出版社，2009：155-156.

② 马克思恩格斯文集(第1卷)[M].北京：人民出版社，2009：155.

③ 约翰·斯图亚特·穆勒.政治经济学原理(上)[M].金镝，金熠，译.北京：华夏出版社，2017：184.

要素构成。人们创造历史，要先进行交往实践，相互结合为“社会化的人类”，以这个“社会化的人类”作为整体，进行改变自然的劳动实践；同时劳动实践在进行的过程中，又改变着人与人之间的交往结构和模式，重组和建构新的交往实践。《德意志意识形态》称之为“生产本身又是以个人彼此之间的交往［Verkehr］为前提的。这种交往的形式又是由生产决定的”[①]。这样，人民群众的劳动实践和交往实践相互改变、相互交织，作为一个不可分割的一元整体共同创造着人类历史。但是，马克思、恩格斯研究发现，资本主义惧怕承认这一历史唯物主义基本原理，他们把抽象的理性、纯粹的自由意志等归结为某种“最高存在物”，用以掩盖植根于社会实践中的阶级关系，遮蔽人民群众劳动实践的巨大历史意义。

其次，马克思、恩格斯反复强调，不是劳动作为商品，而是“劳动力成为商品”。“劳动力成为商品”，是劳动者作为“工人”在资本主义生产关系中的人格化。“劳动力成为商品”，在资本主义生产关系中有了一个价值，也就是通常指称的满足工人及其家属生存的生活资料的价值。这里务必注意，“劳动力成为商品”完全不同于“劳动作为商品”，前者在马克思的语境中，这个“劳动力商品”表达的是资本主义生产关系，工人是劳动者在这个生产关系中的人格化，“价值”是关系，是人与人之间的关系；而后者在西方经济学的语境中，就是物与物之间的交换关系，是一个物值多少价格，不涉及人与人之间的关系。西方经济学总是脱离具体的生产方式、生产关系去谈论劳动，去研究价值，所以，他们只能认识到劳动能够创造效用，而且这个效用还遵循边际规律。

庸俗经济学把劳动作为商品，这种表象上的劳动也就和人类的一般性劳动混淆了。所以，当我们阅读庸俗经济学著作的时候会发现，这些著作频繁地以最初人类的生存作为例子，比如门格尔会以原始人类、原始森林作为例子。而马克思、恩格斯既把劳动作为一般的人类劳动，从物质形态上去研究劳动，研究在劳动中，人类如何进行使用价值的生产，更把劳动作为特殊的各个历史时期的劳动去研究，把劳动放进生产关系中去研究，

① 马克思恩格斯文集(第1卷)［M］.北京：人民出版社，2009：520.

比如把雇佣劳动作为资本主义经济基础去研究，才能够真正科学地阐明什么是劳动、什么是资本主义社会的劳动，也才能明确为什么劳动是人类社会的推动力量和进步力量。

最后，一旦劳动成为商品，在庸俗经济学看来，价值也就变成了价格。而马克思、恩格斯认为，劳动不可能是商品，“劳动力成为商品”，表征在资本主义生产方式下，“劳动力”的价值及其价格表现。价格是价值的货币表现，但是，价格完全不是价值，价格和价值是完全不同的两个对象。

(二)社会关系的现实本质庸俗化为抽象本质

庸俗经济学将人的本质抽象为一种天然的“人性”，比如对所谓的公平、正义的追求，比如所谓的理性。马克思认为，人的本质在于人与人之间的社会关系，人的本质是现实的，即在劳动实践中通过人与人之间的关系中介的。不同经济社会形态、不同时代和历史时期，由于生产方式不同，人与人之间的关系不同，人的本质也就不同，不存在所谓天然的、亘古不变的人性。

比如，古代中国家国天下，每个人都从属于一个整体，不独立。修身齐家治国平天下，其中，修身就是做与自己身份地位相称的事情，而不是修独立性，像自由、平等、博爱等。资本主义提倡自由、平等、博爱等，近代以来人不必依赖家庭了，依赖货币就可以了，在这种货币化生活世界中，在资本主义生产方式下，出现了所谓的人性。社会主义核心价值观所述及的自由等，是在社会主义市场经济背景下、人与人之间的关系中介的，不同于西方所谓的自由等。古代中国，是人对人依赖的社会，实际上是依赖一个群体。物的依赖性，特指货币和资本，并不是随便依赖某种物，比如各种各样的财产。对货币和资本的依赖，是对社会权力的依赖。所以，马克思说最初是对氏族公社的依赖，只有到18世纪在市民社会中，社会联系的各种形式才出现，人与人之间的关系才表现为似乎可以摆脱的外部联系。这时候，所谓孤立个人之间的社会关系是一般的金钱关系。人与人之间的结合也变成金钱的结合，温情脉脉的家庭关系的面纱也被撕下来，变成金钱关系，这时候社会关系就表现为一般关系了，一切都能够用钱买到了。

具体地说，马克思和恩格斯认为，一切人类生存的第一个前提、一切历史的第一个前提，包括四个方面或四个环节，其中第一个环节就是生产物质生活本身。通过生产活动，生成了现实的自然界和现实的人。现实的自然界是现实的人的狭义上的生活资料和广义上的劳动的生活资料，“没有劳动加工的对象，劳动就不能存在”[①]。人只有把自己对象化为劳动产品，或者双重生活资料，人才存在，没有对象，人就不存在。没有人的主体性活动，对象也就不存在，人与对象互为对象性存在。马克思始终只讨论处于对象性关系中的人与对象的关系，就是现实的个人的活动，就是对象性的本质力量的主体性的存在，也是人建立各种关系的主体性活动，而现实的对象性活动中各种关系中介的就是人的本质。

按照马克思、恩格斯的思想，现实性人的本质的生成是一个历史过程。对象性活动是人民群众在劳动实践和交往实践辩证统一中创造历史的活动，而实践本身是具有推动原则和创新原则的否定力量，在环境的改变和人的活动或自我改变的一致的革命实践中，使作为现实性一切社会关系的总和的人的本质不断发生对象性生成和改变，由不自由经过渐进自由的历史进程，最终达致全面自由。在《政治经济学批判（1857—1858年手稿）》中，马克思将这一“现实的运动”概括为三大历史阶段：人的依赖性阶段、物的依赖性阶段和自由个性阶段。最初一旦物质生活资料开始由人自己生产的时候，人便开始发展超越动物式自由的人的自由，这时人与共同体结合在一起，人的存在是共同体中介的存在，人的自由是共同体中介的自由。人不满足于这种依赖于共同体的自由，最终在实践中获得了对共同体的解放，超越了共同体中介的自由，实现了政治自由，现代性开始发育生成，

① 原文是“没有自然界，没有感性的外部世界，工人什么也不能创造。自然界是工人的劳动得以实现、工人的劳动在其中活动、工人的劳动从中生产出和借以生产出自己的产品的材料。但是，自然界一方面在这样的意义上给劳动提供生活资料，即没有劳动加工的对象，劳动就不能存在，另一方面，也在更狭隘的意义上提供生活资料，即维持工人本身的肉体生存的手段。”马克思恩格斯文集（第1卷）[M].北京：人民出版社，2009：158.

人类历史进入了现代化时期，但是自由仍然是依赖于物的自由。科学社会主义在对资本主义进行批判的基础上，阐明了只有通过无产阶级革命，建立无产阶级政权，经过一个过渡时期，使现实的运动成为为大多数人谋利益的运动，依赖于物的自由才能超越自身，使自由再一次发生历史性飞跃，实现全面自由。

二、政治经济学庸俗化为经济学

关于政治经济学究竟应该以什么作为研究目的和研究对象，从马尔萨斯和萨伊开始，就有反对和歪曲古典政治经济学的观点；到约·穆勒时代，我们看到，古典政治经济学的研究对象完全被庸俗化，换言之，庸俗经济学完全摈弃了古典政治经济学科学性的一面，继承和扩大了其庸俗性的一面；到阿尔弗雷德·马歇尔的时候，政治经济学著作的名称也由“政治经济学”变成“经济学”了。此后，西方经济学完全撇开马克思主义劳动价值论，进行所谓的“纯粹的”经济学研究。

(一)政治经济学庸俗化为关于“三位一体”的现象科学

政治经济学庸俗化为关于“三位一体”的现象科学，指政治经济学把劳动、土地、资本作为纯粹的物的因素进行研究，美其名曰生产要素，把这些生产要素的彼此孤立作为正义的、不可改变的前提。与这个前提相应，劳动得到工资，土地得到地租，资本得到利润，这是天经地义的，政治经济学接受这个前提就可以了。以这个前提为基础，政治经济学的目的是研究这三个要素中，资本要素如何能够得到最多的利润。从马尔萨斯和萨伊开始，古典政治经济学逐渐被庸俗化，到19世纪六七十年代，古典政治经济学基本上被完全庸俗化，沦为“三位一体”的现象科学。

政治经济学的庸俗化程度，以路约·布伦坦诺的《古典国民经济学》讲义（1888年莱比锡版）的内容为例。路约·布伦坦诺宣称：“一般经济学或理论经济学是毫无价值的，专门经济学或实践经济学是最有力量的。如同在自然科学中那样（!），我们应当只限于描述事实；这种描述要比一切先验的结论无比崇高和宝贵。‘如同在自然科学中那样!’”[①]用约·穆勒的话说，庸俗经济学研究的生产“带有自然科学的真理所具备的性质。在这些规律和条件中，并不存在选择的或者人为的因素。无论人类生产什么，都必须以一定的方式并且在一定的条件下进行生产，而这种方式和条件，则是由外在的事物的构成以及人类自身的肉体与精神的结构所具有的内在的性质所决定的。”[②]第一，人类能够生产多少产品，依赖前期积累。前期积累对生产的限制，不以人类的主观意愿而改变，人类总是在一定水平的前期积累下进行生产。第二，人类能够生产多少产品，与他们的力量、技能、机器设备的完善程度有关，而这些也是客观现实，是人类在生产的时候改变不了的，是作为自然规律发挥作用的。第三，人类能够生产多少产品，和他们利用联合劳动的优势的精细程度成比例。即人类的主观愿望不能增加土地的产出，除非改进耕种技术。第四，无论人类怎样改进生产技术，扩大生产空间，提升产品增量，人类能够生产出的产品都是有限的。因为，“我们无法改变物质或者精神固有的性质，我们只能在一定的程度上成功地利用这些性质，使之产生令我们满意的结果。”[③]

1888年10月15日，在《致尼·弗·丹尼尔逊》的信里，针对政治经济学在英国处于的“可怜的状况”，恩格斯写道：“其实，情况到处都一样。连古典政治经济学，甚至自由贸易的最庸俗的传播者，也受到目前占据大学政治经济学讲台的更庸俗的‘上等’人物的鄙视。”[④]恩格斯进一步指出，尤其是与马克思的劳动价值论相对立，杰文斯等人提出“边际效用论”后，价值的基础不是社会必要劳动，而是所谓商品的效用的主观评价，庸俗经济学完全蒙蔽了普通的“庸人”。

① 马克思恩格斯全集(第37卷)[M].北京:人民出版社,1971:106.

② 约翰·斯图亚特·穆勒.政治经济学原理(上)[M].金镝,金熠,译.北京:华夏出版社,2017:169.

③ 约翰·斯图亚特·穆勒.政治经济学原理(上)[M].金镝,金熠,译.北京:华夏出版社,2017:169.

④ 马克思恩格斯全集(第37卷)[M].北京:人民出版社,1971:104.

(二)经济学理论体系的雏形

斯密把自己的经济学著作命名为《国富论》，萨伊把自己的经济学著作命名为《政治经济学概论》，麦克库洛赫、西尼尔、约·穆勒都把自己的经济学著作命名为《政治经济学原理》，而马歇尔把自己的经济学著作命名为《经济学原理》，这不是偶然的，从政治经济学到经济学，说明古典政治经济学完全庸俗化为经济学，这里笔者简要说明下庸俗经济学理论体系的雏形。

首先，关于这种科学应该命名为何种科学。不同于其他几位著者，马歇尔称之为“经济学”。“经济学”这个标题是和关于现象的研究内容相符的一个标题，这显然不是马歇尔偶然为之，而是整个庸俗经济学长期“努力”的结果。庸俗经济学始终努力排斥关于价值的研究，排斥对生产中人与人之间的关系进行研究，排斥关于生产方式的研究，致力于把研究对象局限在可描述的现象的范围，局限于物与物的关系之中。以西尼尔为例，在《政治经济学原理》中，他批判了利维尔的著作《政治团体的自然基本秩序》，批判了詹姆斯·斯图亚特的著作《政治经济学原理之研究》，批判了斯托赫的著作《政治经济学教程》，批判了西斯蒙第的著作《政治经济学新原理》，当然也批判了斯密和李嘉图的著作。[①]所以，从“政治经济学”到“经济学”名称的变化，是庸俗经济学去除“政治”、自觉“努力”的结果。

其次，这种科学的理论体系是围绕供给—需求、成本—收益进行研究的各种理论、观点和流派的综合。从贸易作为财富的源泉，成本—收益就具有了雏形。贸易作为财富的源泉是指财富产生于交换过程的“让渡利润”。让渡利润是詹姆斯·斯图亚特的一个用语，马克思将之概括为“资本家的利润来自商品高于其价值的出售”[②]。詹姆斯·斯图亚特认为，商品的价格包括商品的实际价值和让渡利润两个部分。商品的“‘实际价值’决

① 西尼尔.政治经济学大纲[M].蔡受百，译.北京：商务印书馆，1977：9-10.

② 马克思恩格斯全集(第33卷)[M].北京：人民出版社，2004：432.

定于‘该国一个劳动者平常……在一天、一周、一月……平均能够完成的’劳动‘量’。第二，决定于‘劳动者用以满足他个人的需要和……购置适合于他的职业的工具的生存资料和必要费用的价值；这些同样也必须平均计算……第三，决定于‘材料的价值’。”“如果这三项是已知的，产品的价格就确定了。它不能低于这三项的总和，即不能低于实际价值”①。也就是说，上述的第二、三项是资本家投入到生产中去的，在与劳动者的平均劳动量平衡后，得到的商品的实际价值，决定了商品的最低价格。当商品以这个最低价格进行交换时，就不产生利润。而利润能够实际发生，是由于商品的价格高于商品的实际价值而产生的让渡利润——即让出或卖出商品时实现的利润。

正如恩格斯在批判杜林把自然意义上的资本理解为生产的工具，把经济的进步归结于知识和一般的技术操作方法的时候尖锐地指出的，杜林把经济规律变成了最肤浅的平庸之见，把经济规律歪曲得面目全非了，庸俗经济学肤浅的观点把古典政治经济学歪曲得面目全非了。②庸俗经济学的种种生产要素理论、分配理论都可以视为詹姆斯·斯图亚特“让渡利润”理论的变种。直到19世纪70年代边际效用学派兴起，到马歇尔的时候，经过马歇尔的综合，形成了稳定的“供给—需求”框架下，关于“成本—收益”的各种研究，其内在所谓的本质和联系就是笔者上文阐释的欲望和效用。

很明显，西方经济学所谓的“供给—需求”和“成本—收益”，并不是真正的去除“政治”、去除“意识形态”的研究，他们的研究本质上内含着“三位一体”这个资产阶级发财致富的出发点，这个出发点源于资本原始积累，是在资本原始积累的胎胞中生成的，内含着资本主义生产方式，内含着资本作为社会权力对劳动的强制性，当然也负载着对资本自身的强制性。正如马克思所指出的，无论工人还是资本家，都不过是经济关系的人格化。

---

① 马克思恩格斯全集(第33卷)[M].北京:人民出版社,2004:13.

② 马克思恩格斯文集(第9卷)[M].北京:人民出版社,2009:373.

第六章　庸俗经济学的研究方法

“工欲善其事，必先利其器”，任何研究都必须有与其相适应的方法，方法的基本含义是办法、技术、手段。如何运用方法，怎样运用方法，关于方法的反思和讨论，就是方法论。研究目的决定研究对象，研究对象决定研究方法。庸俗经济学的研究目的和研究对象决定了它的研究方法，不是从“现实的个人”及其劳动实践出发，而是被抽象所统治，从“三位一体”出发，从原子式的个人及其经验出发。所以，恩格斯在给马克思的一封信中批判了费尔巴哈的“人”、施蒂纳的“人”、赫斯的“人”的理论的同时，明确指出，我们必须“去研究真实的、活生生的事物，研究历史的发展和结局”，“我们必须从我，从经验的、有血有肉的个人出发”，“必须从经验主义和唯物主义出发”[①]，使我们的“人”成为某种真实的东西，真正的出发点，使尚未现实化的人现实化。根据马克思、恩格斯的分析，笔者将庸俗经济学的研究方法大致概括为个人主义和狭隘的经验主义。

第一节　个人主义

马克思指出，每个原理都有其出现的世纪，“个人主义原理出现在18世纪”[②]。马克思还认为，个人主义不过是被用来宣扬庸俗的资产阶级的生意

① 马克思恩格斯文集(第10卷)[M].北京:人民出版社,2009:25-26.

② 马克思恩格斯文集(第1卷)[M].北京:人民出版社,2009:607.

经的幌子。[①]那么，为什么个人主义原理出现于18世纪？个人主义方法为什么是庸俗的呢？根据马克思、恩格斯的分析，方法论意义上的个人主义，主要是与集体主义、整体主义相比较而言的，至于政治经济学的个人主义方法论主要指用个人主义的方法进行经济现象的分析和研究。

一、内涵

庸俗经济学考察和研究经济现象的时候，不是基于“现实的个人”，而是基于“偶然的个人”；不是基于“现实性上的社会关系的总和”，而是基于“单个人所固有的抽象物”。所以，马克思说：“只是让这些议论作为稀罕的奇物漂浮在它的内容贫乏的稀粥里。因为这类著作只有在政治经济学作为科学已走完了它的道路的时候才会出现，所以它们同时也就是这门科学的坟墓。”[②]

（一）个人主义

“个人主义”一词是历史地出现的，正如托克维尔所说：“并没有‘个人主义’一词，它是我们为了自己使用而铸造出来的。”[③]卢克斯认为，尽管“‘个人主义’一词的用法历来就非常缺乏精确性”[④]，从罗马法到基督教伦理，从卢梭到康德再到边沁，都可以用个人主义把它们链接在一起，但是，像“社会主义”和“共产主义”一样，个人主义是一个历史术语，最早的形式是法国的“individualisme”，由德·梅斯特最早使用，而最先系统地使用“个人主义”一词的当属19世纪20年代中期圣西门的追随者，之后，这个术语在19世纪得到了非常广泛的应用。在法国，“个人主义”是一种危险的思想，是一种社会或经济的无政府状态，带着令人不快的贬义，

① 马克思恩格斯文集（第10卷）[M].北京：人民出版社，2009：243.

② 马克思恩格斯全集（第26卷III）[M].北京：人民出版社，1974：558.

③ 卢克斯.个人主义[M].阎克文，译.南京：江苏人民出版社，2001：9.

④ 卢克斯.个人主义[M].阎克文，译.南京：江苏人民出版社，2001：11.

意味着普遍利益对个人利益的服从，社会统一体的分解，因为自我主义日益明显地占据着优势。在经济领域里，个人主义指自由放任的经济信条，指工业资本主义所产生的无政府状态、社会原子化和剥削，是人人都只为了自我，人人追逐财富，穷人则一无所有。

（二）方法论和经济学方法论

方法论，通常情况下是指人们认识世界和改造世界的具体性根本方法，致力于研究人们采用何种方式去认识世界，采用何种方式去改造世界。实际上，方法论是一种比较全面的体系或是系统，其在发展中是能够以解决问题为核心和重点的系统，对问题发展阶段、任务提出阶段以及方法分析阶段的论述，在发展中具有一定的基础性原则。①

所以，经济学方法论是在经济科学发展的过程中逐渐形成的，以解决经济科学中的问题为中心，凝练、固化出的一整套手段和方法。这套手段和方法可以从不同的视角进行区分。如果从是否反映经济现象本质的、内在的规律为标准，可以大致将其界分为马克思主义政治经济学的方法论和西方经济学的方法论。

马克思主义政治经济学的方法论，主要以整体性的经济活动和经济现象为研究对象，探究经济活动内在的、本质的规律，应用唯物辩证法，从否定性的视角看经济活动，具有鲜明的科学性和革命性，比如“全面小康”是对“总体小康”的辩证否定。列宁曾指出，在探索的认识中，方法就是工具，是主观方面的某种手段，主观方面通过这个手段和客体发生关系 。在认识和改造世界的实践活动中，人们正是通过方法这个工具与客观对象发生关系。所以，马克思主义政治经济学的方法论把经济活动作为交织在一起的“总联系”，既考察“总联系”这个整体，又考察这个整体中的各个细节，把各个细节和“总联系”作为一个系统结构，它们相互联系、相互影响、相互制约。这样，就可以通过联系、影响和制约，总结经济活动的内在规律和原理。

① 贾广鹏. 论政治经济学方法论与数学的关系[J]. 经营管理者，2014(4)：3.

而西方经济学的方法论，主要是对具体的某一方面或者领域的研究，用到模型等数学方法。当然，西方经济学也有总体的研究，比如凯恩斯的宏观经济学，但是其本质上仍然以对物与物的关系为研究对象，不具有马克思主义政治经济学的科学性和革命性。同时，西方经济学不同的流派又有不同的方法体系，比如我们熟悉的历史方法、计量方法、数理方法，等等。研究目的决定了研究对象，研究对象决定了研究方法，所以，总体上，具体用什么方法展开研究，需要根据研究对象和目的，经济学的方法论是一定经济学理论指导下的方法论，不是自足的，就像放大镜有放大镜的功能，显微镜有显微镜的功能。另外，考察经济现象，解决具体经济问题的时候，往往需要同时应用多种方法，是一个方法的集合，最好能够将复杂的经济问题简单化。[①]

总之，政治经济学方法论是以政治经学的发展为基础，对政治经济学相关发展内容进行分析、总结，得出政治经济学相关规律和原理的方法体系。从某种角度而言，政治经济学方法论在发展中，通过对具体学科内容的工作性质和内涵加以规定、分析，通过对相关内容特征的了解，使人们能够在不同的历史环境和需求下，得到具有专门逻辑科学的引导，从而提升其对相关知识的真伪辨别能力。政治经济学方法论是统一历史科学与行动科学的重要基础和前提。

(三)经济学个人主义方法论

个人主义方法论把对社会现象的解释溯源到个人，认为只有以个人为核心、能够终极到个人的解释才是有效的。

有学者认为，经济学个人主义方法论，即“经济现象的解释皆需回归到个人行为上”[②]，也就是说，经济学在分析经济现象、研究经济规律的时候，把社会看作个人经济行为的加总，一切经济现象和规律都是个体经济

① 李唯.经济学方法论运用的思考及启示——以相关经济学文献为例[J].现代经济信息，2017(7):398.

② 胡建绩，赵渤.西方经济学说思想图鉴[M].上海:百家出版社，2006:270.

人经济活动量的积累。比如说，市场是什么呢？个体经济人于一定的时间在一定的空间进行商品交换，伴随经济人数量的增多，交易活动也就多起来，也就有了一个固定的空间，经济人可以在一定的时间内在这里进行商品交易。这里，这些个体经济人是“收缩成一种坚硬的终极内核，它为一切事物提供存在基础，至少提供试金石”①，这种“坚硬的终极内核”可以用庸俗经济学喜好的鲁宾逊的故事来理解。在庸俗经济学看来，鲁宾逊似的市场在任何时间和空间都可以形成，没有经济社会形态的必要要件。

庸俗经济学个人主义方法论并不是和资本主义同时产生的。最早的重商主义时期，也就是财富的主要来源依靠国际贸易的时候，政治经济学主要研究国家财富的增长，与之相对应，政治经济学主要从集体的角度来分析经济现象。只有当财富的主要来源从流通领域转移到生产领域，政治经济学的研究对象也从流通领域转移到生产领域的时候，个人主义方法论才逐渐形成。

最初为政治经济学个人主义方法论奠定基础的是斯密及其《国富论》，斯密围绕个人对自身利益的追求分析经济现象。但是，斯密还著有《道德情操论》，分析了个体利益与整体利益的关系，认为社会作为一个整体的价值实现建立在个体价值实现基础之上。所以，古典政治经济学的个人主义中仍然有较大成分的整体主义思想，也可以说，古典政治经济学表现出个人主义和整体主义两种相互矛盾着的思想和方法。

我们知道，马克思将人类社会界分为“人的依赖性”社会、“物的依赖性”社会和自由个性社会。从资本的原始积累到资本积累，“人的依赖性”社会逐渐被“物的依赖性”社会取代，表面上，人们对物的依赖越来越强，可以摆脱人与人之间的彼此依赖了。当然，对物的依赖，不是随便依赖某种物，比如房子或者某种生活资料，而是特指人们对货币和资本的依赖。人们对货币和资本的依赖，即人们对社会权力的依赖。马克思说，人们最初是对氏族公社的依赖，只有到18世纪，在市民社会中，社会联系的各种形式越来越丰富，人与人之间的关系才表现为似乎可以摆脱彼此依赖而独

① 艾伦·麦克法兰.英国个人主义的起源[M].管可秾，译.北京：商务印书馆，2008：3.

立。所以，实际上，所谓孤立个人，是具有发达的社会关系的个人，只不过这种发达的社会关系表现为依靠货币和资本的外部联系。对于西方经济学来说，在研究经济活动，解释经济现象的时候，直接把这种表面化的所谓孤立个人作为原子式的个人进行研究，形成经济学个人主义方法论。

二、主要表现

笔者将庸俗经济学个人主义方法论的主要表现概括为两点：欲望作为起点、经济人预设。前者把经济活动中的人视为欲望的总体，后者是经济活动中的人怎样实现自己的欲望。庸俗经济学通过这两个假设，在供给—需求框架内建构经济学体系。

（一）欲望作为起点

庸俗经济学把欲望作为研究经济现象、探究经济规律的起点。比如，约·穆勒认为政治经济学的目的是财富，研究的对象是“直接或间接地研究使人类或人类社会顺利地或不顺利地追求人类欲望的这一普遍对象的一切因素所起的作用”①，简言之，政治经济学要围绕使经济人欲望满足或不满足的因素进行财富研究。实际上，庸俗经济学不仅把欲望作为起点，而且也把欲望作为终点。

庸俗经济学把欲望作为起点，大致可以从以下几个方面来理解。第一，无论是生产、分配、交换三过程论，还是生产、分配、交换、消费四过程论，前文已经阐释，庸俗经济学都是把消费作为经济活动的起点，要求重视消费的重要性，不过，在庸俗经济学看来，研究消费只能从研究生产开始，消费的重要性体现于生产的重要性。毕竟，在庸俗经济学的历史里，短缺是经济的总特征，短缺经济时代，消费的重要性必须通过生产的重要性来作为中介。这一点，和过剩经济时代不太一样，比如，目前西方主要发达资本主义国家进入消费社会，还有学者提出“低欲望社会”，所以这个

① 沈开艳，等.政治经济学国际理论前沿[M].上海：上海社会科学院出版社，2017：5.

时代的经济学研究关注生产的同时，也要充分关注到消费本身，对消费本身进行研究。

不过，庸俗经济学是把生产作为供给来研究。在庸俗经济学看来，生产供给效用，效用通过市场作为中介来满足欲望，也就是满足需求。供给意味着效用的供给，而不意味着物质的供给，所以消费意味着效用的消灭，而不意味着物质或物品的消灭。一个东西的效用一旦被消灭，它的价值的来源或基础便被消灭，即使它成为欲望的对象的条件便消灭了。从那以后，它不再具有价值，不再是财富的一个项目。所以，消灭任何东西的效用，消灭任何东西的价值，严格地说二者是同义语；授与效用，创造价值，也是同义语。这样，消费或消灭价值是和所消费的产品的价值相称，而不是和所消费的产品的体质、重量或数目相称。大的消费就是大的价值的消灭，无论那价值当时具有什么形式。[①]

第二，庸俗经济学围绕欲望满足研究供给，而欲望满足是效用对人们欲望的满足。比如，萨伊围绕生产品对人们的效用进行研究，也就是围绕效用价值论进行政治经济学研究。萨伊认为，任何劳动产品之所以有“市价”，即一物品能够“很容易换取的其他一般物品的数量”[②]，首要原因是人们根据自己的体质和品性，比如人们所隶属的社会的法律、习惯和生活方式，他所居住地方的气候和环境等，来确定自己的欲望。人们的欲望又可以分为物质性的和精神性的、他自己的和他家庭的、个人性的和社会性的。由此，从效用价值论出发进行演绎，萨伊对工资、利润、地租提出了自己的看法。他认为，在生产中，创造效用，其要素是劳动、资本和地租；在分配中，不同效用归不同的人所有，即分为工资、利润和地租。而这三种收入作为结果，其原因就在于生产中的三种要素。萨伊甚至很少采用工资这个概念，这是因为他认为劳动和资本、土地一样，是生产力的要素；

① 萨伊．政治经济学概论：财富的生产、分配和消费[M]．陈福生，陈振骅，译．北京：商务印书馆，1982：436．

② 萨伊．政治经济学概论：财富的生产、分配和消费[M]．陈福生，陈振骅，译．北京：商务印书馆，1982：319．

出卖劳动的不仅有工人，还有科学家、老板、经理、冒险家，他们和资本家、地主一样，都是生产力的“出卖者”，理应得到利润。这就是通常被人们称为以效用价值论为基础的“三位一体”公式。

再比如，约·穆勒基于个体欲望的满足或不满足构建了他的政治经济学体系。什么是效用？约·穆勒对效用的定义不限于货币，而是扩展到所有可以满足欲望且可以交换的物品。并且他指出，衡量一个人因拥有财富而得到的好处，不是看他实际享有多少有用、合意的物品，而是看他对一般有用、合意的物品拥有多大支配权，即看他在应付紧急需要或满足欲望方面有多大的能力。

第三，庸俗经济学认为，欲望满足的手段和中介是货币。欲望如何得到满足呢？萨伊指出，人们的欲望能够通过支付“一般物品”得到“某一特殊物品”，得到满足。那么，这个“一般物品”是什么呢？萨伊指出“生产行为本身，就含有相互交换的意义，生产者以自己的力换取通过劳动获得的产品”①，然后再用劳动获得的产品交换到满足自己需求的产品，其中，货币仅仅是人们满足需求的手段和中介，具有满足需求的能力的只能是效用，萨伊明确地把具有这种能力的效用称为社会财富。他指出，交换行为就是社会行为，所以，能够用来交换的物品都是社会财富，也只有社会财富才能成为科学研究的对象。“一则，唯有这部分财富，才是人们估价的对象，或至少是不纯凭主观或心里估价的对象；二则，唯有有这部分财富，才按人类科学所制定的规律创造、分配和消费。”②

约·穆勒强调，政治经济学研究必须探究事物的本质。他批判了“自亚当·斯密时代起被人们冠以重商主义体系名头的一整套学说”③。他认为，“在这种思想体系盛行期间，国家的所有政策都或者公开或者潜在地认定财富仅仅是由货币或者尚未铸成货币但是能够直接转化为货币的贵金属

① 萨伊.政治经济学概论：财富的生产、分配和消费[M].陈福生，陈振骅，译.北京：商务印书馆，1982：320.

② 萨伊.政治经济学概论：财富的生产、分配和消费[M].陈福生，陈振骅，译.北京：商务印书馆，1982：320.

③ 约翰·斯图亚特·穆勒.政治经济学原理(上)[M].金镝，金熠，译.北京：华夏出版社，2017：4.

所构成的”[①]。约·穆勒还指出，从本质上看货币，“货币与其他物品一样，只是基于它的有用性才成为人们想要占有的对象；同时，货币的用途也并不具有它的表象所展示出来的那种无限性，而是受到了严格的限制，即货币是用来遵照分享者的意愿，为产业的产品在他们中间进行分配提供便利的。”[②]所以，货币之所以有价值，按照约·穆勒的思想，本质上是因为货币是经济人满足欲望的手段和中介。

（二）经济人预设

根据欲望的满足或者不满足，庸俗经济学演绎出“经济人”范畴。经济人是指人们在进行经济行为时，是一个能够正确判断利益得失的理性人，能够在理性指导下选择合适的经济行为，获得最大化权益。

一般认为，最初为资产阶级“经济人”思想奠定基础的是斯密的《国富论》。他的《国富论》认为，人们彼此之间之所以能够进行交换，不是因为彼此为对方着想，而是各自为自己着想，在利己心的驱使下，进行经济行为。如果考虑到，当时还是工场手工业时期，我们可以从以下几个方面来理解斯密的“经济人”提出的背景：第一，封建社会，总体上的短缺经济局限了农奴的发展，也制约了农奴和贵族的整体发展水平；第二，封建社会末期，出现了新的生产力，萌芽中的资本主义生产关系，将变农奴劳动为主要经济基础的封建社会为雇佣劳动为主要经济基础的资本主义社会；第三，在资本原始积累过程中，改造封建宗法关系，驱动农奴摆脱对土地（即贵族）的依赖，需要强大的理论力量和物质力量。可见，斯密的“经济人”思想服务于新兴的资产阶级，对抗封建制度，把“人”从土地的束缚中解放出来，具有历史进步意义。所以，斯密所说的“经济人”是封建社会向资本主义过渡过程中的“人”，还不是资本主义生产方式中的“人”。

后来，随着工场手工业被机器大工业取代，劳动者最终被迫与劳动条件分离，成为有人身自由的雇佣工人，资本主义取得了对封建社会的决定

① 约翰·斯图亚特·穆勒．政治经济学原理（上）［M］．金镝，金熠，译．北京：华夏出版社，2017：4.

② 约翰·斯图亚特·穆勒．政治经济学原理（上）［M］．金镝，金熠，译．北京：华夏出版社，2017：7.

性胜利，资产阶级的经济科学成为关于个人利益的科学，经济价值优先具体表现为以资本为中心，以剩余价值生产为目的。西尼尔进一步将斯密的经济人思想进行定量研究；约·穆勒在他们的基础上，把庸俗经济学研究中的人称为“经济人”；马克·布劳格认为詹·穆勒第一次明确地提出了“经济人”概念。[①]庸俗经济学认为“经济人”是“理性人”，也是“实利人”。更确切地说，经济人之所以是“理性人”，乃是因为他是“实利人”，因为他能够以完全追求物质利益为目的，以最少的支出，最大限度地满足自己的需求，并为此可以不择手段。在庸俗经济学看来，经济人的这种“实利人”属性是人之为人、生来具有的属性，无论什么时候的人，只要他是人，他就是以追求自己欲望满足为目的的人，这个原理是永恒正确的。

同时，“经济人”预设的最终形成，和经济思想上资本价值观的形成有直接的关系。封建时代人们关注的不是现实利益的争夺，而是追求一种有德性的生活。这就是所谓的“道德人”。道德人关注的是“应当”如何，而不是“事实”如何。马基雅维利和霍布斯把人们对“应当”的关注转换为“人们事实上是如何生活的”，由此“德性”的天堂便转换为“欲求”的尘世。休谟把欲望和财富联结到一起，用情感主义代替理性主义，解除了德性对欲望的束缚。所以，后人所谓的“理性经济人”，实际上是理性算计意义上的“经济人”即资本价值观支配下的“经济人”，而不是不要欲望和情感、只追求理性的经济人。资本价值观相信资源有限，欲望无穷，认为人之为人就是“趋利避害”，谋求欲望满足的最大化。边沁将“趋利避害”看作人性的公理，所有的人类活动从根本上看都是由快乐最大化和痛苦最小化的努力所推动的。他将人类所有的欲望和价值观从定性简化为定量，将所有的目标都简化成数量，而且将所有表面看似不同的价值都简化成仅仅是数量和程度的不同。这样，西方经济学的“经济人”最终形成了。当然，我们知道，当代西方经济学也已经修补了经济人理论。1978年诺贝尔经济学奖得主赫伯特·西蒙认为，人并非完全理性，而是介于完全理性和非理性之间——“有限理性”。

① 朱成全.经济学方法论[M].大连：东北财经大学出版社，2003：221.

三、主要特征

总体上看，庸俗经济学的研究方法具有自己的特征：一是以个体性替代社会性，一是以外部性替代内部性。

（一）个体性替代社会性

个体主义方法论的一个显著特征就是由个体到整体。按照卡尔·波普尔的思想，从个体出发是经济个人主义的一个基本出发点，无论是考察集体的经济现象，还是考察国家或者共同体的经济现象，都是把这个整体还原为个体，考察个体的经济行为，用个体的行为和意志来解释社会、国家和集体。[①]邵菊欣认为，无论是一个民族还是一个国家，或者一个家庭、一个公司、一个军队或其他类似的集团，整体本身不能思想、感受和理解，只有集团里的个人才能感受、理解和思想，整体的形成只能是单个个人的现实的或可能的社会行动的某种发展结果，所以，关于整体的理论只能是每个个体特定行为的结果和组织模式。[②]用哈耶克的话说，就是“我们惟有通过理解那些指向其他人并受其预期行为所指导的个人行动，方能达致对社会现象的理解”[③]。

庸俗经济学从个人的衣食住行需要和精神需要开始进行分析。比如关于消费，庸俗经济学研究个人的品性、感情对消费品选择的影响，研究影响消费的最高尚癖性和最卑鄙癖性，研究肉欲的刺激，研究虚荣、豪爽、报复、贪婪等影响消费的刺激因素。具体的消费者，如何用财富来满足自己各种不同的欲望，只有该消费者自己才是利益衡量的最恰当的人选，消费者自己才最清楚自己的利益在哪里。普适的“是非”标准是没有的，正

① 卡尔·波普尔.开放社会及其敌人[M].郑一明，李惠斌，陆俊，等，译.北京：中国社会科学出版社，1999：156.

② 邵菊欣.经济个人主义方法论考量[J].广东工业大学学报(社会科学版)，2008(2)：46.

③ 梁峰.知识与自由：哈耶克政治哲学研究[M].北京：知识产权出版社，2007：252.

如约·穆勒指出的："在'是非'之争上，人们对于那些至关重要问题的探求一直处于踌躇徘徊之中，而且这种现象再明显不过。"①

庸俗经济学的这种研究路径只能适用于特定的经济现象。比如，一个高校的学生食堂，为了让自己提供的食品被更多的学生接受，可以以高校的学生群体为对象进行一次问卷调查，通过问卷调查获得学生在菜肴选择上的偏好，对这些偏好进行筛选、汇总，可以发现学生更喜欢哪种口味的菜肴，有了这样的调查结果，食堂就可以依此调整自己的食品供应。这就是一个从个体到整体的案例。食堂的目标是增加自己的供应总量，这个总量的测算方法又是通过个量获得的，所以，就得研究特定的个量，个量的加总体现了总量。在庸俗经济学看来，这种个体性同时就是总体性，也体现了社会性。但是，在马克思看来，这完全不是总体性，不是社会性。

马克思主义政治经济学认为，庸俗经济学的这种研究尽管对发财致富有用，也能够依此进行所谓资源的优化配置，但是，远无法达到对资产阶级社会经济运动规律的科学理解。马克思主义政治经济学强调研究对象的社会性。比如，马克思关于劳动价值论的研究指出，劳动价值论实际上是抽象劳动价值论，要理解抽象劳动价值论，就必须理解抽象劳动，要理解抽象劳动，就必须明晰马克思意义上的社会性。马克思意义上的社会性，是人们在彼此之间的社会行为中形成的、可感觉又超感觉的对象性存在。就以抽象劳动为例，抽象劳动是人们为了谋生的需要，不得不用自己的劳动所得，目前，主要是以工资的形式挣到的货币，去交换自己需要的商品，满足自己的需求。随着交换成为满足需求的一般手段，人们在彼此交换的过程中也就形成了以劳动的质和量为中介、衡量商品价值的方法，这里的劳动就是抽象劳动，就是价值实体。价值实体就具有社会性，如果要弄明白马克思价值实体或抽象劳动的概念，只能通过马克思意义上的社会性途径，任何个体的直接加总，都不可能理解这个概念。

① 约翰·斯图亚特·穆勒．功利主义[M]．叶建新，译．北京：九州出版社，2007：3．

（二）外部性替代内部性

用个人主义方法研究经济现象，显然是把内部联系的整体混淆为外部联系的整体。为了明晰这个特征，笔者仍然用上文提到的案例来说明。

上文在阐释“个体性替代社会性”时，笔者给出“一个高校的学生食堂进行问卷调查”的案例。现在笔者继续分析这个案例。案例中，食堂是向学生供应食品，那么，食堂卖出去的食品的总量是总体，每位学生买到的食品是个体，总体来自个体，是个体的加总。食堂通过对个体食品偏好的加总，发现最受学生欢迎的偏好，这个偏好将成为食堂供给的食品偏好。这种常见且实用的研究方法，按照马克思的思想，为什么会成为外部性替代内部性被批判呢？因为食堂通过个体偏好的加总决定自己的食品偏好，这里，每位学生买到的食品、食堂卖出的食品，都是既成的可以感觉到的存在物，它们之间都可以作为独立的存在物而存在。更重要的原因则是，无论什么类型的偏好，都是人与物之间的关系，着眼于考察物的特性，物能够满足人的欲望的特性，转换到西方经济学，就是效用。用马克思主义政治经济学术语来表达，这仅仅在考察如何生产使用价值，这种由个体到总体、由总体到个体的关系只能是外部性。马克思在考察资本主义生产过程的时候，从使用价值的生产开始，继而深入到价值形成过程，再深入到剩余价值生产过程，对后者的考察才是内部性的考察。而直到目前为止，西方经济学都没有深入到后两个层次，只是在研究外部性的使用价值，即所谓的效用。

笔者再接着考察上文提到的抽象劳动概念。根据笔者对马克思抽象劳动概念的理解，抽象劳动是在商品交换过程中形成的，它不是商品，也不是交换行为，更不是商品交换涉及的任何人，而是在人与人之间进行商品交换的时候，以劳动为基础对商品所内含的价值的衡量。在人们社会性的交换行为中，抽象劳动是在商品中凝结、固化形成的，并且是历史性地形成的。这个历史性地形成的过程是比使用价值的研究更深入的一个层次。在高校的学生食堂问卷调查案例中，食堂在研究学生口味偏好的时候，上文已经述及，按照马克思主义政治经济学术语，是关于使用价值的研究，食堂的研究到此为止，它不必要研究它卖出的食品价格的本质究竟是什么，是怎样形成的，因为它的目的是赚到更多的钱，只要知道自己该生产什么样的使用价值，能够赚到更多的钱就可以了。但是这是对经济生活的研究，不是对经济规律的研究，对经济规律的研究，必须要找到经济生活背后的规律。庸俗经济学把经济生活进行感性抽象，把资本利润最大化的方法作为规律，马克思认为，这是错误的，这只是外部的。内部的研究必须深入到价格的本质，也就是深入到抽象劳动，深入到价值实体。深入到价值实体之后，马克思认为，还得继续深入，对于资本主义市场经济来说，还得深入到利润的本质——剩余价值。对于社会主义市场经济来说，还得深入到利润获得的最终目的——不是剩余价值，而是促进人的发展。如何促进人的发展才是我们的目的，经济的增长必须有利于人的发展。只有这样，才是在内部联系的整体中研究经济规律。

庸俗经济学没有能力深入到经济现象的内部进行本质性研究，却专注于外部的和谐，强调只要个体能够按照自己的自由意志去选择和行为，个体与整体之间就是自然和谐的。曼德维尔的《蜜蜂的寓言：私人的恶德，公众的利益》指出，私人的恶德，即私人追求自己享乐的利己行为，会自然而然地促进社会全体的繁荣。这里，公共利益指的是社会经济的发达，社会财富的增加。[①]这就是庸俗经济学论证的最典型范本。

庸俗经济学家否定劳动价值论，实际上就是否定内部联系的整体。他们不懂得，劳动产品分配之前，是劳动工具的分配、劳动对象的分配，所以，真正理解分配，只能从劳动工具的分配、劳动对象的分配开始，也就是只能从生产方式开始。而任何生产方式都是有前史的，所以，生产、分配、交换、消费必须从唯物史观的高度进行理解，只有从唯物史观的高度进行解剖，才能够理解经济现象的整体性，才能够发现经济规律，才是真正社会性、内部性的研究方法。

① 伯纳德·曼德维尔.蜜蜂的寓言:私人的恶德,公众的利益[M].肖聿,译.北京:中国社会科学出版社,2002:256-270.

第二节 狭隘经验主义

经济学方法论发展的另一个脉络就是抽象法和经验法之争，也称为外部的方法和内部的方法之争，古典政治经济学兼用抽象法和经验法，而庸俗经济学渐渐以经验法为主，过分强调了经验法的重要性，形成了实际上的狭隘经验主义。值得注意的是，马克思主义也强调经验，从马克思、恩格斯的文本中，很容易找到关于经验重要性、实际重要性的论述，不过，马克思、恩格斯强调的经验完全不同于庸俗经济学的经验。马克思、恩格斯指出，庸俗经济学的经验是以唯心主义为基础的经验主义，而马克思主义的经验是历史唯物主义的。也就是说，马克思主义的经验，“以处在现实的、可以通过经验观察到的、在一定条件下进行的发展过程中的人”①为前提，即“从现实的前提出发，它一刻也不离开这种前提”②，是一种符合现实生活的考察方法。

一、内涵

古典政治经济学的成功极大程度上在于其开始懂得针对经济现象，需要努力建立一门科学，用科学的方法去研究，摆脱经院哲学的方法，摆脱神学的教条方法，像培根所说的，不仅从智能的本质出发，而且也从物的本质出发。马克思、恩格斯将这种方法的要点概括为“归纳、分析、比较、观察和实验”③。最初，古典政治经济学应用这种方法的时候，并不排斥抽象法，而庸俗经济学却排斥内在联系的抽象法，崇尚对现存事实的归纳和演绎，这里的演绎是实证主义基础的演绎，是形式逻辑的演绎，不是抽象

① 马克思恩格斯文集(第1卷)[M].北京:人民出版社,2009:525.

② 马克思恩格斯文集(第1卷)[M].北京:人民出版社,2009:525.

③ 马克思恩格斯文集(第1卷)[M].北京:人民出版社,2009:331.

法的演绎。科学的经验方法也就走向了它的反面。

(一)经验主义方法

经验主义方法以形式逻辑为指导，重视感性经济材料的收集，从感性材料中发现一般性规律，找出在性质上有可见的根据的原因，然后再回到感性材料，用感官经验来论证一般性规律。这是一个从感性材料到一般性规律、再到感性材料的过程。在《〈政治经济学批判〉导言》中，马克思将这种方法概括为“从表象中的具体达到越来越稀薄的抽象”，并指出经济学方法“第一条道路是经济学在它产生时期在历史上走过的道路”[①]。马克思所说的第一条道路开始于关于整体的一个混沌的表象，经过一些更贴近的规定，达到越来越简单的概念，实质上就是从表象具体到抽象规定，再到一些最简单的规定，直到“完整的表象蒸发为抽象的规定”。

经济学方法“第一条道路”从具体出发，到达的抽象只能是经济现象的表层联系，丧失了深层联系。比如配第的价值和价格理论。他认为，应该先从各种劳动中找出一种最能“诉诸人们感官”的具体劳动，然后把它与直接表现为货币的劳动相比较，找出其中所包含的共同属性。比如，将农业劳动与运输白银的劳动作比较，用运输白银的数量来说明同量劳动创造的谷物的价值。这就是说，白银是货币，通过劳动，把这两种劳动产品进行对比，很明显地使人看到了谷物价值为多少。这种方法是与人们的经验直接联系的，因而人们容易理解。[②]在地价规定上，配第也采用了同样的方法。他先用归纳法规定了地租概念，在比较了耕种者在生产过程中的投入和产出之后，他认为地租是从总产品价值中扣去工资和种子后的余额。这种地租既可以表现为谷物，也可以表现为货币，即价值。然后，在地租的基础上他引申出了地价。他认为，买卖土地就是买卖土地的收益，即地租，所以，地价等于一定年数的地租。如何确定这个年数呢？配第认为，一个人有兴趣购买地租的年数只是这个人要为自己及其儿子、孙子能够同

① 马克思恩格斯文集(第8卷)[M].北京：人民出版社，2009：24.

② 陈宪.经济学方法通览[M].北京：中国经济出版社，1995:707.

时都享受到地租的年限。根据当时英国人口出生和死亡的统计，祖、父、孙三代能够同时生活在一起的年数是21年。因此，他把一块土地的地价看成是这块土地21年的地租总和。①

经验主义方法通常也被称为现象描述法，是纯粹描述经济现象之间的表面联系，而不作深入本质的分析，把现象间的表面联系看成是最终的结论。虽然描述法也使用概念，但是概念在描述法中只处于次要的地位，概念也只是通过归纳等初级思维形式而得到的现象联系。

(二)经验主义方法的发展历程

经验主义方法的产生源于人们对探究经济现象的规律的努力，人们相信政治经济学和其他科学一样，必然是有规律可循的，那么，如何获得这些规律？如何运用这些规律来指导人们发财致富？政治经济学在它产生之初便发动了对经院哲学方法的革命。

英国古典政治经济学的创始人配第是第一个努力尝试建立经济科学的人，他为这门科学奠定了基础，他的研究方法大大超过了以往研究方法。配第认为，科学的任务就是弄清楚现象和本质，他批判重商主义研究货币的方法，指出完全了解货币的本质是一种科学。他给自己的任务是要“说明”一系列现象——如赋税和关税、利息和地租、商品交换和地价等的“隐秘的本质”。所以，配第的那些表面上很散乱的理论原理在实际上具有一个内在的基础——劳动价值理论。配第企图从劳动价值理论的立场来解释一系列的经济现象——商品的市场价格、工资、地租、地价等，尝试提出政治经济学方面的科学方法的各种基本原理，建立比较统一的经济观点体系。

古典政治经济学方法对经院哲学方法的批判性变革有两个要点：第一是承认社会事物同于自然事物，是有其客观规律的，也就是说，社会规律同于自然法则；第二是探究这种社会规律需要科学的方法，简言之，科学规律需要科学方法。所以，古典政治经济学就是要建立用来探究经济规律

① 董瑞华，傅尔基.经济学说方法论[M].北京：中国经济出版社，2001:13.

的方法，从现象中寻找本质。对此，配第有着自己的见解。

关于“自然法则”的思想。配第说道：“为了使每个人各得其所，最好让事物 vadere sicut vult（自行其是）；我十分了解 res nolunt male administari（事物是不愿意让人弄坏的）。我也十分了解（假设我想做某些事情或者能够做某些事情），事物有其本身的道理，自然是不能欺骗的。”①

关于方法的见解。配第把他的方法称为“政治算术”或“政治解剖学”，他在1646年积极参与建立伦敦哲学协会，该协会联合当时进步的哲学家和自然科学家，同中世纪的经院哲学进行斗争，使配第的科学方法有了较大进步。他受到当时的资产阶级唯物主义哲学家弗兰西斯·培根和托马斯·霍布斯的影响，称赞培根的《论科学的繁荣》在许多方面都非常正确地在自然机体和政治机体之间，在人为地维持这两种机体的健康之间，作了对比。他开始用这种科学的方法对“政治机体”进行“解剖”分析，对经济现象的外表和实质加以区分。配第的重大成功之一就是，抛弃了重商主义的出发点，奠定了从研究流通到研究生产的基础。由此，马克思在分析政治经济学史的时候，得出结论配第是作为独立科学的资产阶级政治经济学之父。在谈到配第的包括《政治算术》在内的著作时，马克思指出：配第把劳动当作是“社会物质财富的源泉的看法，……把他引导到政治算术——政治经济学作为一门独立科学分离出来的最初形式”②。

配第虽然力求对经济现象和经济过程作出尽可能精确的量的阐述，但是并不以此为限。统计方法对配第来说并不是目的本身，而只是认识经济规律性的手段。况且，配第也并不把这种方法当成唯一的、万能的认识方法。他强调数学对经济研究的意义，把统计方法同抽象方法结合起来使用。他写道：“我却采用了这样的方法，（作为我很久以来就想建立的政治算术的一个范例），即用数字、重量和尺度的词汇来表达我自己想说的问题。”③在配第的著作中可以看到，他对说明各种经济和政治过程特点的大量资料

① 威廉·配第.赋税论 献给英明人士 货币略论[M].陈冬野，等，译.北京：商务印书馆，1978：15.

② 马克思恩格斯全集(第13卷)[M].北京：人民出版社，1962：42-43.

③ 威廉·配第.政治算术[M].陈冬野，译.北京：商务印书馆，1978：8.

作了极富特色的分析。他以每所房屋拥有的火炉烟囱数为指标，出色地说明了17世纪爱尔兰财产上的不平等。这极清楚地描绘出了劳动居民的贫困和上层统治者的奢侈："在爱尔兰20万住户中，有16万户根本没有固定的火炉，24,000户只有一个烟囱，16,000户有一个烟囱以上；都柏林堡有125个烟囱。……配第指出，贫民几乎不包括在商品关系的系统中，这一点很重要，'在爱尔兰进行的全部商业，只应该到16,000……座有一个烟囱以上的房屋中去寻找……'"[①]正因此，马克思不仅把他称为"政治经济学之父"，还称他为"统计学的创始人"[②]。把社会经济现象当作"政治机体"的生命活动的表现的这种看法使配第得出结论：存在着社会现象所遵循的一定的因果关系，即规律性。在《爱尔兰的政治解剖》一书中，配第在考察社会现象时说，他很想仔细研究"自然的法和道路"。马克思指出，配第把"自然法"理解为"由资产阶级生产本性产生的法律"[③]。

配第实现了经济研究方法的变革，但是他的方法仍然存在描述性和归纳性的叙述胜过分析性和演绎性的阐述。从配第到李嘉图，古典政治经济学的研究方法逐渐摆脱描述性、归纳性叙述，理性的成分越来越多。古典政治经济学家，比如李嘉图，成功地使用了抽象演绎法（下文简称抽象法），以区别于归纳演绎法。

李嘉图认为，政治经济学研究，探求经济现象中隐藏的本质，必须对复杂的现象进行抽象，通过内在观察使其简单化。李嘉图"内在观察"资本主义经济的"生理过程"，抽象出劳动创造价值，并以此为基础分析工资、利润、地租等范畴，将资本主义的剩余价值（利润、地租）生产内在地联系起来。

古典政治经济学的抽象法很难被庸俗经济学理解，同时，庸俗经济学也没有兴趣去研究李嘉图如何"内在观察"并抽象演绎出了劳动价值论，

---

① 弗·谢·阿法纳西耶夫.资产阶级古典政治经济学的产生(威廉·配第)[M].张奇方,黄连璧,译.北京:商务印书馆,1984:18.

② 马克思恩格斯文集(第5卷)[M].北京:人民出版社,2009:314.

③ 马克思恩格斯全集(第26卷I)[M].北京:人民出版社,1972:386.

否定劳动价值论是他们的目的，当然，他们也就排斥李嘉图的抽象法，李嘉图总是成为被攻击的对象，被认为是把这门科学引导到毫无结果的抽象道路上的第一人。关于经济学适合抽象法还是经验法，经济学内部有长期争论，可以说始于19世纪初的德国旧历史学派和新古典主义的论争，经过19世纪80年代德国新历史学派和边际学派的论争、20世纪20到30年代的“方法论革命”，到20世纪50年代，经验主义实际上成为庸俗经济学的主导方法。

二、主要表现

笔者从经验作为起点和现象的系统化两个方面理解狭隘经验主义。

(一)经验作为起点

前文已经论述，庸俗经济学的哲学基础是旧唯物主义。

约·穆勒是早期的实证主义哲学家，在两个方面深受实证主义的影响：一是否定经济现象背后存在客观经济规律，在实证主义者的理解中不存在绝对的规律；二是把经济学研究的对象限制在经济现象的经验范围内，把经济现象看作经济学研究的出发点和最终的结论性东西。由于对经济学研究范围的限定，庸俗经济学家把古典政治经济学家关于资本主义经济内在联系的分析，看作是和现象不相吻合的抽象空谈，认为这是没有意义的。经济学应以观察到的经济现象为基础，系统化为普通的道理，摆脱掉抽象的空谈，形成与现象相吻合的经济科学。①所以，约·穆勒主张经济学是对实际应用进行论述的著作。就方法论而言，他强调经济学对于其他的社会科学或道德科学应具有更大的独立性，经济学应注重分析性和科学性。经济学与自然科学有很大的相似性，他宣称自然科学是经济理论的“正当典范”，他把萨伊关于经济学是观察的科学，是实验的科学的观点，很容易地

① 韩永进.西方经济学方法论:科学哲学方法论与经济学方法论变革研究[M].北京:中国经济出版社,2000:148.

改为了经验的科学。他把科学作为经济理论的正当典范，使科学哲学的许多思想渗透到了经济学研究中，于是，经济学也像科学一样，采用隔离与分离的原则被开辟为纯粹经济研究领域。同时，他使经济现象或动机与非经济现象或动机完全分离，并对这种分离做法作了理论解释，把政治经济学的方法论作为经济理论来理解。总体上看，约·穆勒在他的时代受实证主义哲学影响，企图通过实证性原则将经济学分离出来，并将其作为一门独立的学科来研究。

在经济学方法论上，萨伊选择了现象描述法，抛弃了抽象法，主张从观察到的事实认识事物的本质（或支配这些事实的一般规律）的方法，把现象描述法发展到了一个新的阶段。

（二）现象的系统化

经验主义的方法实际上只是研究经济现象的表层方法，确实能够像资产阶级经济学家所认为的那样，能够达到对发财致富规律的认识，但是并不能够真实地达到对经济现象深层本质的认识。

比如关于劳动力的货币表现，即劳动力的价格。首先，通过经验的观察和验证，人们在日常生活中使用的是“劳动的价格”这个范畴，这是个可以通过每天的事实证明了的正确的范畴，也就是说，古典政治经济学实质上从来就没有有意识地把劳动力的价格和“劳动的价格”区分开，而是直接接受了这个日常生活中的概念，毫无批判地把它引入到经济科学中。那么，接下来如何确定“劳动的价格”呢？对于古典政治经济学来说，这也是一个可以从无数的、具体的、感性经验中发现“内在联系”的范畴。比如这个“内在联系”可以是“劳动的价格”与供求关系的变化有关。

经验主义的方法确实建立在可观察、可统计、可实验的基础之上，但最终却不仅使自己陷入了无法解决的混乱和矛盾中，还为庸俗经济学在原则上只忠于假象的浅薄理论提供了牢固的活动基础。[1]所以，马克思说，这条道路得到的只是稀薄的抽象，还得从这里回去。

① 马克思恩格斯文集(第5卷)[M].北京:人民出版社,2009:616-617.

由于在具体的研究方法上，经验主义方法用表层方法代替深层方法，深层方法混淆于表层方法之中，所以配第的经验和观察、计算和归纳，确实比单纯思维的论证方法务实、先进、切合实际，但是这样得出的一般性结论，在许多情况下，限于对经济现象的表面描述，达不到实质分析。例如，他把工资看成是“劳动价格”，把商品的价值同交换价值即价格混为一谈，有时还同工资混为一谈等。他没有区分生产力和生产关系，没有揭示出政治经济学这门科学的真正对象——人们之间的经济关系、生产关系，没有归纳出调节这些关系的客观经济规律。即便斯密在事实上已经前进了一大步，已经摆脱了劳动的具体形式，从各种不同的劳动中提取了一般劳动，他认为“有了创造财富的活动的抽象一般性，也就有了被规定为财富的对象的一般性，这就是产品一般，或者说又是劳动一般，然而是作为过去的、对象化的劳动”①，但是斯密最后还是回到了出发点。李嘉图在这个问题上尽管彻底地坚持了劳动价值论，但是他在深层问题的认识上却较斯密有了倒退。而约·穆勒认为，规律指现象的规律，是指人们在观察、确定现象间的顺序、并存和相似等关系时获得的概括，即任何思想必须局限于感觉、经验范围之内，否则就是无意义的，应该被排斥掉。这就是他的“实证主义原则”。

马克思说，研究经济现象必须要走“第二条道路”，即从抽象到具体的道路，该条道路的一个显著特征是思维要有巨大的历史感，遵循逻辑与历史一致的原则，思维和世界历史的发展相平行。马克思这种对社会存在的巨大的历史感源于黑格尔。早在博士论文中，马克思就阐明，一般说来哲学史只能从黑格尔的哲学史开始，只有黑格尔的哲学史才具有巨大的历史感。恩格斯在应马克思的请求对马克思的《政治经济学批判》第一分册进行解说时，明确指出了黑格尔的思维方式不同于所有其他哲学家的地方，即“他是第一个想证明历史中有一种发展、有一种内在联系的人”②，正是以历史性为基础，在历史性的联系中处理材料，虽然是抽象地歪曲了的，

① 马克思恩格斯文集(第8卷)[M].北京:人民出版社,2009:28.

② 马克思恩格斯文集(第2卷)[M].北京:人民出版社,2009:602.

黑格尔“思想发展却总是与世界历史的发展平行着”[①]。马克思在《资本论》第二版“跋”中，公开承认自己是这位大思想家的学生，尽管当时德国知识界把黑格尔当“死狗”。所以，恩格斯强调，能够把黑格尔的历史感从他的唯心主义思想中剥离出来的，“马克思过去和现在都是唯一能够担当起这样一件工作的人”[②]。

伊·伊·考夫曼指出，马克思研究的科学价值主要是阐明了支配一定社会有机体的产生、生存、发展和死亡及为另一更高的有机体代替的特殊规律。简言之，深层方法重在研究对象的纵向联系，历史脉络上的联系，最根本的特征是历史进步性，与唯物辩证法相适应，运用辩证逻辑；表层方法重在研究对象非历史性的联系和变化，需要归纳和演绎，运用形式逻辑。马克思的政治经济学批判地研究资本主义经济运行规律，资产阶级政治经济学也宣称研究资本主义经济运行规律，区别在于马克思的方法具有巨大的历史感，而资产阶级的表层方法把摆在面前的现存的东西直接当作前提，用形式逻辑去寻找发财致富的规律。当然，深层方法在一定范围内必须利用表层方法，在实际的研究工作中，二者往往是同时起作用的。

三、主要特征

庸俗经济学立足欲望本质，围绕效用，认为看见的推动历史的车轮只能是贪欲和竞争，由此，庸俗经济学理论体系的核心是“供给—需求”，以供给替代生产，以需求替代需要，完全不同于马克思主义政治经济学“生产—需要”的理论体系。

（一）需求替代需要

自然经济是与低下的生产力水平相适应的。自然经济条件下人们的生产直接为满足需要服务。这是一个“人对人的依赖性”阶段。随着生产力

① 马克思恩格斯文集(第2卷)[M].北京:人民出版社,2009:602.

② 马克思恩格斯文集(第2卷)[M].北京:人民出版社,2009:602.

的发展，逐渐有了剩余产品，使制度化的交换成为可能，从而为商品经济打下基础。在商品经济条件下，人们开始为满足别人的需要生产。但在商品经济已经产生并有所发展而自然经济仍占统治地位的历史阶段，自给自足的局面仍没有发生根本改变。只有当生产力发展到商业能够从社会生产中独立出来，普遍交换已经成为可能，从而使得分工协作的市场机制成为进一步发展生产力的手段的时候，商品经济才能从从属地位上升到统治地位，从而蜕变为市场经济，使人类社会进入“以物的依赖性为基础的人的独立性”社会。在“以物的依赖性为基础的人的独立性”的社会发展阶段，商品经济发展到比较发达的阶段，不仅劳动产品用于交换成为商品，因而在使用价值之外获得了市场价值，而且非劳动产品也被当作商品看待，用货币衡量，从而获得了市场价格。在发达的商品经济条件下，人们生产的目的不再是直接满足自己的需要，而主要是满足市场的需求。人们依靠市场通过满足需求的方式实现自己需要的满足。只有当劳动力也成为商品，即不仅有产品市场和商品化市场，而且有劳动力市场，市场经济才发展到资本主义市场经济，因为从此以后，社会生产不仅是生产市场价值，而且是生产用于下一轮资本积累的剩余价值。

生产资料私有制是商品经济产生的前提条件之一。自原始社会解体，经奴隶社会到封建社会，都是以生产资料私有制为基础，但这些私有制形式都不是私有制的最高形态，只有到了资本主义阶段，资本主义私有制产生以后，私有制才发展到它的最高形式。伴随资本主义私有制而来的资本主义商品经济，是商品经济发展的最高阶段，在这一阶段，商品交换关系取代自然经济阶段的自给自足而成为占主导地位的经济形式。人们的需要只有转化为有支付能力的需求才能得到满足。

发达商品生产的目的是为了满足别人的需求，即便商品生产者本人的需要也要通过货币购买别人的产品来满足。市场只为有支付能力的人生产。有货币才有需求，没有货币的需要只能是无效需求。因此，在商品经济条件下，交换、货币、市场和市场竞争的存在是关键，它们是商品经济存在和发展的必备条件。

以需求为桥梁达到需要的满足，必然会有货币、资本、市场和市场竞争等因素的参与。由于私有制是造成人的自私本性的根源，那么私有制条件下就难免会出现需要的异化，由于人的需要就是人的本性，需要的异化将导致人的本质的异化。在社会主义市场经济还不能完全消灭资本，还需要利用资本发展社会主义生产力的情况下，节制资本、驾驭资本、导控资本，使资本为促进生产和满足需要服务就成为社会主义市场经济的题中应有之义。由于"自我异化的扬弃同自我异化走的是同一条道路"[①]，所以，扬弃异化，实现人化，追求人对自己本质的真正占有，促进人的本质的复归，就成为社会主义市场经济的根本价值目标。

(二)供给替代生产

马克思和恩格斯认为，一切人类生存的第一个前提、一切历史的第一个前提，包括四个方面或四个环节，其中第一个环节就是"生产物质生活本身"。通过生产活动生成了现实的自然界和现实的人。现实的自然界是现实的人的狭义上的生活资料和广义上的劳动的生活资料，"没有劳动加工的对象，劳动就不能存在"[②]。人只有把自己对象化为劳动产品，或者双重生活资料，人才存在，没有对象，人就不存在。没有人的主体性活动，对象也就不存在，人与对象互为对象性存在。

而在18世纪末期、19世纪初期及其之后，资本主义制度确立，以雇佣劳动为基础的生产方式使劳动产品变为商品，劳动力异化为商品，生产异化为供给。资产阶级政治经济学的立足点是市民社会，它是基于旧唯物主义对市民社会的维护，其根本目的是维护价值或利润、剩余价值的生产，这与立足于人类社会立场上的新唯物主义强调对市民社会的改造进而满足

① 马克思恩格斯文集(第1卷)[M].北京：人民出版社，2009：182.

② 马克思认为，"没有自然界，没有感性的外部世界，工人什么也不能创造。自然界是工人的劳动得以实现、工人的劳动在其中活动、工人的劳动从中生产出和借以生产出自己的产品的材料。但是，自然界一方面在这样的意义上给劳动提供生活资料，即没有劳动加工的对象，劳动就不能存在，另一方面，也在更狭隘的意义上提供生活资料，即维持工人本身的肉体生存的手段。"马克思恩格斯文集(第1卷)[M].北京：人民出版社，2009：158.

人的各方面需要截然不同。

阿格妮丝·赫勒作为东欧著名的马克思主义理论家，就资产阶级政治经济学“供给和需求”的解释范式如何维护市民社会作了详细阐述，这些阐述主要体现在她的《马克思的需要理论》一书中。在这部著作中，赫勒指出了“需要”概念在马克思理论发现中的奠基意义。赫勒认为，按照凯恩斯的观点，一直到J.A.霍布森，消费不足的理论都处于潜伏状态，是一种影响甚微的理论。而J.A.霍布森将主要精力倾注于对传统理论的批判上，传统理论主要就是指资产阶级政治经济学以供给和需求为解释范式的理论。与此同时，马克思政治经济学以生产和需要为解释范式的理论不仅被霍布森及其之前的所有经济学家所忽略，而且也被霍布森之后的经济学家（如凯恩斯）所忽略，也就是说，包括凯恩斯的理论在内的所有传统理论都忽略了“需要”的概念。

资产阶级经济理论完全忽略“需要”概念，这是一件非常令人惊讶的事情。一般而言，生产和分配作为主要经济行为，其主要目的是满足人类的需要，经济学家就是专门处理这样的事情的。按照这样的理解，“需要”作为经济学的核心概念，被经济学和经济学家所忽略是非常不应该的。但实际上，一直到凯恩斯，所有资产阶级经济学家都忽略了这一概念，这正是令人吃惊的原因所在。资产阶级经济学家不谈论“需要”，除了个别经济学教授在19世纪和20世纪写的一些小册子中谈到了“需要”的概念以外，其他几乎没有人涉及“需要”概念。学院经济学的主流中也根本就不谈“需要”，原因是他们将自己的理论建立在“市场能自动反映人类的需要”的假设之上。但在资产阶级政治经济学家的著作或经济思想史中，有关需求和供给、货币、市场和市场竞争等方面的内容却多有涉及，而且这些内容篇幅巨大，阐述详细而复杂。

“供给—需求”解释范式突出表现在庸俗经济学理论中。庸俗经济学是马克思用来界定李嘉图之后经济学特征的特定表达方式。在马克思看来，李嘉图古典政治经济学和新古典政治经济学都属于庸俗经济学。在《资本论》第一卷第二版“跋”中，马克思在分析德国经济学不发展时期的特征时，把英国政治经济学的发展分为科学阶段和庸俗阶段，这一划分是和阶级斗争的发展紧密相连的。在政治经济学的科学发展阶段，“大工业本身刚刚脱离幼年时期”，“资本和劳动之间的阶级斗争”[①]还从属于资产阶级反对封建主义的斗争，此时，政治经济学追求科学的可能性还是存在的；但在其庸俗发展阶段，资产阶级已经不再需要把政治经济学作为同旧封建主义作斗争的武器。马克思指出：“现在的问题不再是这个或那个原理是否正确，而是它对资本有利还是有害，方便还是不方便，违背警章还是不违背警章。”[②]可见，庸俗阶段的政治经济学表现出其鲜明的旧唯物主义基础之上的市民社会立场，表现出对市民社会的维护和对剩余价值和利润的追求。

随着资本主义生产向高级阶段的发展，无产阶级和资产阶级之间的矛盾不断激化，经济危机的周期性爆发使资本主义的基本矛盾日益暴露出来。面对此种形势，资产阶级急需对资本主义制度的科学分析，为了适应这一形势，庸俗经济学应运而生。以法国巴师夏和美国凯里为代表的庸俗经济学家强调社会阶级利益的一致性，以英国约·穆勒为代表的庸俗经济学家强调折衷主义经济理论，此外还有德国的历史学派，他们都为资本主义的存在辩护，用现象掩盖本质，丑化工人阶级，美化资本主义剥削，把资本主义看作符合人的本性和自然规律的永恒真理。

这说明，在本来应该谈论“需要”的地方，资产阶级政治经济学家们却谈论了需求和供给、货币、市场和市场竞争等纯粹经济学的内容，这就使需要异化为需求，使人原本可以直接得到满足的需要，却必须要经过需求的满足这一中介来达到。需要通过市场来满足，消费就必须通过交换这一环节来实现，而货币作为交换的媒介，是一种支配力量，是社会权力的象征，市场正是对这种社会权力的分配，这种分配是对货币的分配，通过分配货币来实现生活资料的分配，从而实现人们“需要”的满足。所以，以“供给—需求”为解释框架的资产阶级政治经济学撇开了作为基础的需要部分，只保留了浮在需要之上的部分。

① 马克思恩格斯文集(第5卷)[M].北京：人民出版社，2009：16-17.

② 马克思恩格斯文集(第5卷)[M].北京：人民出版社，2009：17.

在当代，理论经济学中的微观经济学和宏观经济学构成当代资产阶级政治经济学的基本形态。前者是研究个别经济单位的决策行为及市场体系如何对稀缺资源进行配置的科学；而后者则集中研究经济繁荣与衰退、通货膨胀与失业、长期的经济增长与短期的经济波动、国际收支和汇率变动等问题，并建立理论模型，用于经济预测和决策。“供给—需求”范式是二者研究经济问题的主要解释范式。19世纪英国著名历史学家和散文作家托马斯·卡莱尔指出：“培养一个经济学家是容易的，只要像教一只鹦鹉那样说需求和供给就可以了。”[①]因此，经济学的分析从需求和供给开始就不足为奇了。

第三节　研究方法的庸俗性

庸俗经济学“对对象、现实、感性，只是从客体的或者直观的形式去理解”[②]，把对象、现实、感性仅仅作为客体，只看见其作为彼此孤立的、此刻的自在之物，从而世界就只是直观的客体的集合。在一定的层面和领域，把对象、现实、感性彼此分离开，使其相互独立，分别进行研究，确定概念的内涵和外延，充分发挥传统逻辑的作用，是必须的。但是，如果只能看见对象、现实、感性之间这些肤浅的联系和变化，就会导致预定性和非历史性，甚至反历史性，从而最终堕入唯心史观，这就是庸俗经济学研究方法的庸俗性。

一、外在肯定及其二律背反

庸俗经济学的方法主要是传统的知性逻辑，基于肯定的视角看问题，不懂得辩证逻辑，不理解辩证法，排斥辩证否定，局限于形式逻辑的同一

① 李伯兴，韩国丽．西方经济学(第2版)［M］．大连：东北财经大学出版社：2014：17.

② 马克思恩格斯文集(第1卷)［M］．北京：人民出版社，2009：499.

律、不矛盾律和排中律，必然导致二律背反。

(一)外在肯定

黑格尔把传统逻辑称为知性逻辑。马克思认为，知性逻辑只能看见“对象、现实、感性”肤浅的外部联系，对此，我们用感性、知性、理性来概括。

感性是对现象世界的概念化。现象世界总是表现为无限多样的“杂多”。人们在接触“杂多”的过程中，会自觉不自觉地将许多现象、信息关联到一起，并用语言加以提炼和概括。表征特定对象的符号就是其概念的表达，将现象世界分门别类进行研究、归纳，形成概念，就是现象世界的概念化。知性是判断，是关于是和不是的关系的理论。知性以感性为基础。比如，无论是鸡、鸭，还是树、房屋，其背后都有共同的东西——一个单位；树也是对一类物所具有的一般性、普遍性的概念化，是对具有共同特征的某一类物或现象的认知。

知性是感性的综合。人的直观能力不是单纯地通过视觉或者触觉去感知某物，而是多种感官共同作用的结果。康德认为，当视觉和触觉指向一个对象时，就会形成一种统觉——知。比如，三角形内角和是180度，你画的任何一个三角形，都不可能等于180度，要么大于要么小于180度，但是，没有人说你画得不准确。因为我们知道这只是一个示意图，我们是借助于画出的这个三角形，“看见”三角形本身，“看见”一个标准的典型的三角形，一个是我们心里我们观念当中的三角形，一个是柏拉图称之为理念的三角形。这个“看见”，不是经验的“看见”，不是所有的动物都能看的“看见”，而是一种综合能力。

再比如，亚里士多德认为，一个物体如果没有外力作用，它会越来越慢，最后停下来。而伽利略做了球体平面运动的实验，平面光滑程度不同，球体滚的距离不同，那么，如果平面无限光滑会出现什么结果呢？球体会做匀速直线运动。实际上，我们看不到无限远，也就看不见球体做匀速直线运动。这里的“看见”，只是一种抽象，一种理解中的“看见”，借助于无限光滑无阻力才能“看见”。显然，知性是以感性为基础，主体对外在于主体的客体的特性的抽象化、概念化认知，知性的内容往往通过一个概念、范畴，最低也要通过一个符号来表达。

理性是关于大前提、小前提之间的关系的理论。对于外在于主体的社会物质，主体的感知除了感性、知性，还有一种叫理性。康德、费希特、黑格尔都明确把知性和理性分开。比如，亚里士多德通过实验论证了：同时同一地点抛下的重物和轻物，重的物体先落地，轻的物体后落地。实际上，伽利略不需要做实验，只要用推理，就可以推翻亚里士多德的结论。我们可以假设如果把重球和轻球绑在一起，按照亚里士多德的结论，情况会怎么样呢？这样就会出现自相矛盾的后果。推理是传统逻辑，有三大规律：同一律、不矛盾律、排中律。同一律就是A=A，一个东西永远跟它自身是一个东西，只有两种状态，要么是要么非，不能是是又是非，排除同真；不矛盾律就是不不矛盾律，排除同假；排中律指两个相反的东西，既不能同真，也不能同假。推理的传统逻辑实际上是关于知性的哲学，都是从多中找一，从变中找不变，从个别中找一般，从现象中找本质，常用的方法是归纳与演绎、分析与综合。归纳与演绎是用从个别到一般、从一般到个别的方法认识社会物质。

知性逻辑必然导致“二律背反”。知性逻辑是对既成的存在物的研究，认为人和自然界是既成的，按照各自预定的规律运动、变化，发生联系，把主体把握规律的过程视为“原像—镜像”之间建立关系的过程，其结果只能导致二律背反。黑格尔高度评价了形式逻辑，但同时认为形式逻辑是“有限的东西的逻辑”，没达到“理性逻辑”的层次，这样的逻辑需要改造为“一个有生命的有机整体”，“在其中每个部分被视为部分，而只有整个作为整体才具有真理”[①]。马克思、恩格斯也充分肯定了传统逻辑有意义的一面，但是更批判了传统逻辑的不彻底性。

① 刘珍英.辩证逻辑：资本批判的利器[M].上海：上海人民出版社，2016：33.

（二）二律背反

“对对象、现实、感性，只是从客体的或者直观的形式去理解”，必然导致不可克服的矛盾——二律背反。借鉴鲁品越先生的理论，笔者把预定的、既成的唯物主义，称为“以客体为最终存在的唯物主义”；把在人民群众的实践活动中生成的、“改变的一致”的唯物主义，称为“以实践为最根本的社会存在的唯物主义”。[①]前者是知性逻辑，后者是辩证逻辑。

1.知性逻辑和辩证逻辑的关系

以实践为最根本的社会存在的唯物主义，在认识论上显著不同于以客体为最终存在的唯物主义，其既从客体的或者直观的视角理解“对象、现实、感性”，还从主体的、感性的活动的视角理解“对象、现实、感性”。前文有介绍，马克思把经济学的研究方法概括为两条道路：第一条道路从感性具体到理性抽象，第二条道路从理性抽象到理性具体。马克思主义政治经济学的方法与庸俗经济学显著不同的是从第一条道路到第二条道路。马克思指出，“于是行程又得从那里回过头来”，其实就是从第一条道路的终点开始，从“知性的环节”的抵达点开始，到达思维中的具体——理性具体，“许多规定的综合”，“多样性的统一”。[②]所以，结果的逻辑考察的是对象、现实、感性静止状态下的外部联系，过程的逻辑考察的是对象、现实、感性活动的逻辑，前者是知性逻辑，后者是辩证逻辑。

庸俗经济学能够理解的知性逻辑，仅仅是新唯物主义理解“对象、现实、感性”的第一个环节，是“从客体的或者直观的形式去理解”，用直观

---

① 鲁品越教授提出两种唯物主义：以客体为最终存在的唯物主义；以“实践”为最根本的社会存在的唯物主义。前者是将世界理解为客体的集合，这是旧唯物主义，苏联教科书哲学本质上就是这种旧唯物主义，预定的客体质料是它的主轴。后者以事物之间内在联系作为最终存在，物质世界是由事物间内在联系过程不断生成的世界，人类历史是在实践中不断生成的社会现实，这是马克思的“新唯物主义”。它是以实践作为最原始出发点的唯物主义，“实践生成论”是它的主轴。这两种唯物主义之间存在着本质的差异，在它们的基础上产生了两种性质完全不同的科学，具有两种性质不同的规律观。鲁品越.实践生成论：马克思主义哲学的主轴[J].哲学动态，2009(10)：5-10.

② 马克思恩格斯文集（第8卷）[M].北京：人民出版社，2009：24-25.

方法达到对现存世界直观关系的把握，这是一般科学都能够达到的环节。但是，知性的环节不能是终点，否则必然导致“二律背反”，马克思、恩格斯对资本主义的研究和批判正是从知性环节的“二律背反”开始的。通过比较二者的核心不同之处，就会发现马克思的逻辑和传统逻辑迥然不同。

辩证逻辑起于形式逻辑的“二律背反”，形式逻辑是关于事物外部联系的理性把握，肯定性思维，我们可以把形式逻辑称为肯定的理性，而辩证逻辑称为否定的理性。

2.知性逻辑与二律背反

古典政治经济学最为根本的就是发现了劳动的价值，也正因此陷入了最为基本的“二律背反”。

从古代的物物交换开始，人们就有关于对商品交换内容的探讨，古希腊的色诺芬有商品交换的“值”的探讨，中世纪的阿奎那有“公平价格”的思想。随着14世纪末15世纪初资本主义的萌芽，在资本原始积累的过程中，重商主义者把价值与财富连接起来。随着产业资本的重要性日益凸显，以及第一次工业革命的推进和完成，“人类从古代社会单纯的感性需要及其满足方式，过渡到有思想地认知人类‘需要体系’并自觉组织生产与交换形式”[①]。17、18世纪，古典政治经济学兴起。威廉·配第根据对商品交换的直观考察，发现商品交换过程中出现的价格涨落有个中心，实际发生的价格涨落是围绕这个中心进行的。由此，他提出了“自然价格”，并认为“自然价格”是由劳动所决定的，表明了劳动对于财富创造的重要性。

之后，在配第“自然价格”的基础上，斯密提出了“价值”的概念，实际上就是交换价值。斯密认为，劳动者生产商品时付出“辛苦和麻烦”，当商品交换给他人时，他人就免除了自己付出这份“辛苦和麻烦”，所以，商品的交换价值取决于生产商品的“辛苦和麻烦”，也就是生产商品时耗费的劳动。他说：“劳动是我们为一切东西所支付的原始代价。世上所有的东西，追根究底都不是用金银买来的，而是用劳动取得的。”[②]斯密并且指出

① 张雄.政治经济学批判：追求经济的“政治和哲学实现”[J].中国社会科学，2015(1):5.

② 斯密.国富论[M].谢宗林，李华夏，译.北京：中央编译出版社，2011:31.

同时间的“困难工作”和“普通业务”所耗费的劳动是不同的，具有不同的价值。

把古典政治经济学理论推上巅峰的大卫・李嘉图，坚持了斯密关于劳动决定商品价值的思想，认为“一件商品的价值，或所能换得的他种商品的数量，乃定于生产所必要的相对劳动量”①，并且坚持只有工人的活劳动才创造价值，凝固于生产条件中的死劳动不创造价值，只转移价值，地租、工资、利润也都不创造价值。李嘉图从根本上否认、批驳了价值源于交换的谬论，强调只有劳动价值论才是经济学的绝对起点。但是，古典政治经济学却无力解决两大矛盾：劳动创造价值与工人降低为最贱的商品之间的矛盾，同等资本同等利润而不是同等劳动力投入同等利润的矛盾。

面对最基本的“二律背反”，国民经济学从三个“前提”出发。第一个前提是私有财产。对国民经济学来说，私有财产是当然的，它从来没有考虑过其他的存在状态。共有制，或者公有制条件下，会产生一种什么经济状态，它不考虑，它的前提就是私有财产。第二个前提是劳动、资本、土地的相互分离，对应着工资、利润、地租的相互分离。在私有财产的前提下，生产得有三个要素，一旦假定了私有财产前提，就必须假定它的三要素。如果是公有制或者共有制，就不会产生这些分离，但是这超出了国民经济学的视野。既然有劳动，那么，劳动者获得的是工资，相应地，资本家获得利润，地主获得地租。从收入的角度来看，这三者也是互相分离的，这也是国民经济学的前提，至于为什么是这样，它不管。第三个前提是分工、竞争、交换价值概念。对于国民经济学来说，无法设想一个没有分工、竞争、交换价值概念的世界，好像这些自古以来就存在，自从人类产生以来，就有分工，而且这个交换价值也会一直存在下去。所以，把这些都视为当然，没有质疑，没有追问，没有批判，这些对于国民经济学来说都是当然的前提。有了这些前提，国民经济学“把私有财产在现实中所经历的物质过程，放进一般的、抽象的公式，然后把这些公式当做规律”②。国民

① 大卫·李嘉图.政治经济学及赋税原理[M].郭大力，王亚南，译.南京：译林出版社，2011：1.

② 马克思恩格斯文集(第1卷)[M].北京：人民出版社，2009：155.

经济学并不考虑这些公式、这些规律为什么要把“资本家的利益当做最终原因”，“贪欲以及贪欲者之间的战争即竞争，是国民经济学家所推动的仅有的车轮”[①]。国民经济学家把眼前的东西接受下来，不问它合理不合理。对于他们来说，“前提”是怎么来的、怎么发展的，从哪里来、到哪里去都与他们无关，所有的东西本来就是这样。他们知道工资是资本家的成本，资本家要提高利润就必须压低成本，能够找到压低成本的公式作为规律就可以了。而且私有制在主体方面就表现为贪欲，我想多得点东西，让你少得点。私有的含义就是我的就不是你的，你的就不是我的。如果我的就是你的，你的就是我的，就没有贪欲了。所以，国民经济学只能把“二律背反”作为事实接受下来，然后直接从这个事实出发，再推出下一个结论。[②]

3.辩证逻辑和扬弃

比较于庸俗经济学的知性逻辑，马克思的逻辑是如何从知性环节的“二律背反”开始的呢？马克思说：“我们是从国民经济学的各个前提出发的。我们采用了它的语言和它的规律。”[③]但是，不同于传统逻辑，马克思是从分析“前提”本身产生的过程切入的，无论是私有财产前提还是其他任何“前提”，都不是当然的存在，从这些“混沌”的整体开始，借用黑格尔的“现象学”方法，就会发现所有的“前提”都是有一个最初的胚芽，是这个胚芽在对立统一的矛盾中生长出来的。马克思立足于知性环节的“二律背反”，在传统逻辑“看见”矛盾的地方，他“看见”的却是否定中的肯定，在传统逻辑“看见”肯定的地方，他“看见”的却是肯定中的否定。比如国民经济学把“竞争的学说同垄断的学说，经营自由的学说同同业公会的学说，地产分割的学说同大地产的学说重新对立起来”[④]。马克思批判国民经济学没有看到封建的大地产如何演化、分化为小地产，形成竞争，竞争如何到最后又导致新的垄断。而这种新的垄断和封建垄断是完全

① 马克思恩格斯文集(第1卷)[M].北京：人民出版社，2009：155-156.

② 马克思恩格斯文集(第1卷)[M].北京：人民出版社，2009：56.

③ 马克思恩格斯文集(第1卷)[M].北京：人民出版社，2009：155.

④ 马克思恩格斯文集(第1卷)[M].北京：人民出版社，2009：156.

不一样的，新的垄断是经济原因，封建垄断是暴力和强力。换言之，传统逻辑和马克思的逻辑，都“看见”了事物的运动及其联系，但是传统逻辑“看见”的是事物的外部运动和外部联系，而马克思“看见”的是事物的内部运动和内部联系。所以，马克思明确指出：国民经济学犯错是因为他们不理解运动的原因。注意，马克思没有讲国民经济学不理解运动，因为国民经济学研究的就是运动。国民经济学没有理解运动的原因，是指其不了解特定的运动究竟是如何产生的，运动之间内在的联系究竟是什么。

因此，在马克思看来，历史上，既对立又统一的东西，国民经济学认为只是对立的。传统逻辑看见的是外部的因果关系，而马克思看见的是对立统一中的生成和变化，按照黑格尔的说法，就是从一个对立统一到另一个对立统一。所以，虽然马克思的逻辑的起点是传统逻辑知性环节的终点，但是，马克思的逻辑的立足点显然不同于传统逻辑。黑格尔说，理性就是矛盾。理性的工具是矛盾和排除矛盾成长本身和外界发生关系。任何个体都处在本我和超我的斗争中，黑格尔说，这个逻辑叫成长逻辑。成长本身必须超越矛盾，否则“生不如死”。但是，黑格尔的思辨扬弃是思维上的扬弃，不能解决现实生活问题。对马克思来说，思辨逻辑不成立，只有辩证逻辑，只不过这个辩证性是否定性，否定之否定也是否定，不能把否定之否定当成绝对的肯定。所以，存在的就是辩证法。辩证法不是“既是又不是”，那是诡辩。马克思要在“既是又不是”中保持同一，这一点很关键。辩证逻辑一定是对形式逻辑的扬弃，但是，犹如无机体的规律不能违背有机体的规律一样，辩证逻辑不能违背形式逻辑。所以，对立面的同一仍然是同一，不能认为同一律是不对的。

马克思从传统逻辑的二律背反开始，用否定的环节扬弃了二律背反。否定性“推动”原则和“创造”原则。否定的环节是对“对象、现实、感性”生成和生长过程中发展的、向上的未来面向的理解和思维表达。

两种结论间巨大的差距也是辩证逻辑之深刻性、实践性、批判性的展示。恩格斯说思维和自然界的关系，两者是绝对不可能同一的。实际上是怎么回事呢？恩格斯说，我们的思想是自然界的产物，我们认识的不是自然界本身，而是自然界的改变，当然，思想是实践活动的产物，自然界的改变也是实践活动的产物，所以能够被认识。实际上，伽利略认识的那个不受力的理想物体是不存在的，在生活中，任何物体都受到力的作用。不承认这一点，我们就不能认识自然界，只能认识特定条件下的自然界，比如实验室里的自然界。

二、需要的异化和资本价值观

庸俗经济学对“三位一体”的肯定，对异化的现实生活世界的肯定，必然导致资本价值观。

(一)劳动与资本的颠倒

马克思主义认为，资本逻辑之所以会从单向度的经济理性去诠释人与自然、人与社会、人与自身的关系，把人的本质抽象为永恒的不可超越的自私，形成物化信仰，根源在于其立足于个人主义，立足于资本。在“劳动—资本”这一对矛盾统一体中，如果把资本作为矛盾的主要方面和肯定方面，我们用现象学进行分析就会发现，劳动即劳动者的劳动能力，它表征“资本主义生产的总过程”中的活劳动；资本即劳动资料和劳动对象，它表征“资本主义生产的总过程”中的死劳动。“资本主义生产的总过程”即“群众”将自己的活劳动对象化为死劳动——劳动资料和劳动对象，把自己体内流动状态的活劳动转换为凝固状态的死劳动——新的劳动产品的一部分，通过这一转换，资本家凭借对劳动产品的占有就可以无偿占有“群众”的剩余活劳动。所以，资本逻辑主导下，资本作为历史的主体和创造者，劳动的存在价值就是为资本创造剩余价值，劳动的对象化即劳动的异化，人与自然、人与社会、人与自身的关系的丰富性消解为单一的经济维度，人沦落为经济范畴的人格化存在，人性沦落为永恒不变的抽象的自私，从而形成了物化信仰和相应的形形色色的价值追求。物化信仰是资本逻辑主导下劳动异化的必然产物。

马克思主义立足于劳动，把劳动群众及其实践活动作为历史的主体和创造者，既看到了在一定的历史条件下，经济理性在“现存”的人与自然、人与社会、人与自身的关系中的重要地位，更看到了经济理性并不构成现实性一切社会关系的总和，从而扬弃了资本逻辑。在“劳动—资本”这一对矛盾统一体中，如果把劳动作为矛盾的主要方面和肯定方面，那么，人民群众在劳动的历史性进程中，通过劳动的对象化不断获得自我确证才是劳动的目的，才是历史的意义和价值，这是一个“人也按照美的规律来构造”的动态旅程，通达的是幸福与自由个性的理想社会和美好生活状态。换而言之，从劳动的视角考察，人的本质是现实性的总和的社会关系，“关系”不是实体，人的本质不是现存的、既定的、既成的存在，而是始终处于特定的历史性实践活动中，通过反观自己、省察自己的方式规定和提升自己。这种规定和提升首先一方面体现在对过去和当下违背历史潮流的保守甚至反动的价值选择和信仰进行批判，阐明幸福和自由个性受到的压迫和束缚；另一方面将特定生存背景中的“个性”与“类特性”结合起来，从现实性中捕捉到人之为人的意义和价值，为人们追求和创造幸福和自由个性的理想社会和美好生活状态，奠定核心价值支点。

(二)资本主体性

资本是能够带来更多的钱的钱，也就是能够让钱增值、生出余额的钱。资本原是应用于特定的生活领域——经营性生产单位，作为特定的生产要素，参与到营利性生产之中，谋求生产出更多的商品，通过售卖，收回更多的钱。生活世界的资本化，即资本的这种赢利本性被泛化、被滥用、被不正当地用于各种场合，侵蚀了人之为人的生活世界，使人对价值和意义的追求逐渐退出生活世界，利益成为生活世界的主宰，左右主体的忧乐，规定主体的行为。资本作为生产过程中的一个普通要素，通过资本周转的连续循环运动，实现的是价值的移转，实际上并不创造新价值，真正创造新价值的是劳动力。但是，人们忽略了生产的本质和过程，误把资本当作自我增值的主体，使资本表现为一种能动的、主体性的存在，成为自在自为的、自因性的存在。

马克思指出，资本对人来说具有谜一样的性质，是可感觉而又超感觉的，充满形而上学的微妙和神学的怪诞。资本之所以能够作为主体存在，显然是一种世俗力量的驱使。这种世俗力量并不高贵，也不玄奥，它俗性、贪婪，甚至带有“原罪”，满是“污点”，人们并非认识不到资本逐利的本性，却甘愿被它驭使，甚至丢掉精神的阵地。资本何以具有这种巨大的能量，能够作为“特殊的以太”和“普照的光”，成为俘虏人们的“利器”？这源于西方哲学形而上学的直观性，以及由此而生的唯心主义历史观。

在古希腊，从第一个试图探寻世界本原的哲学之父泰勒斯开始，就把“本原”作为“多”中的“一”，“变”中的“不变”。“本原”无非是万物从中产生、最后又复归于它的东西。但“一”与“多”对立、“变”与“不变”对立，完全是一种直观的知识论态度。把“不变”之“一”作为本体，其实质是把时间排斥于本体之外。不管这种“变”中之“不变”、“多”中之“一”是什么，既然它是“不变”之“一”，那它就是永恒的，换一种说法，它就是无历史的或处于历史之外的。所以，古希腊的本体论是非历史的本体论。

西方的历史观实质上是非历史的历史观，在康德那里表现得尤为明显。康德把时间和空间作为世界的“先验感性形式”，这意味着现象界是处于时间和空间中的。但康德却一再强调，作为先验感性形式，时间和空间不适用于物自身。换言之，时间只是现象界的“形式”，不是本体界的“形式”。这样，本体就处于时间之外，成为非历史的存在物，从逻辑上看，康德的历史哲学思想必然是一种非历史的哲学思想，事实也确实如此。康德在《历史理性批判文集》中，把人类历史看成是理性的展开，但对于理性本身，却否定有其产生和发展的过程。这本文集中有两篇哲学论文，一篇是《世界公民观点之下的普遍历史观念》，另一篇是《人类历史起源臆测》。在《世界公民观点之下的普遍历史观念》中，康德坚信由于理性的作用，整个人类世界将成为一个普遍个人主义的世界；在《人类历史起源臆测》中，康德认为在圣书中就可以找到人类历史的理性展开的原型。

除了马克思主义哲学，西方近代以来的唯物主义也始终囿于知识论传统，用知性逻辑理解“对象、现实、感性”，在庸俗经济学那里，知性逻辑成为资本获得主体性的根本方法。资本作为主体并成为本体的运动过程，从根本上说，是人的精神世界被“多”中的“一”、“变”中的“不变”奴役了，即把资本的“俗性”力量、资本逐利的本性和欲望从资本的运动过程中抽离出来，加以概念化，作为所谓的“本质”，然后又自愿被这种“本质”所牵引和推动。

(三)资本价值观

从肯定出发，理解现实生活世界，庸俗经济学的个人主义方法论和狭隘经验主义无论是从效用出发，还是从欲望满足或者不满足的因素出发，还是从日常生活中持续的、坚定的行为动机出发，还是从“三大基本心理规则”出发，都是从经济人的自利出发，都把“有用性”作为价值，把主观满足作为价值判断的尺度和标准。所以，庸俗经济学让人们误把自私自利作为人性的本质、作为经济行为的标准。

如何认识个人主义方法论和狭隘经验主义所蕴含的世界观和价值观意义？方法论是由庸俗经济学研究对象决定的。就庸俗经济学而言，其研究了经济现象的局部规律、外部规律。庸俗经济学为什么会只继承古典政治经济学的庸俗性，并发展出个人主义方法论，这是与庸俗经济学所信奉的资本价值观密切相关的。我们可以说，庸俗经济学的个人主义方法论和狭隘经验主义连接的是资本价值观，不是从生产方式视角、生产关系视角研究经济现象及其规律，只是从资本的逻辑、资本的视角进行研究，尤其恶劣的是，西方主流经济学却把个人主义方法论和狭隘经验主义上升到普世的价值观层面、政治诉求层面，显然这是非常错误的。国内的一些所谓的精英知识分子，把方法论上的个人主义和狭隘经验主义作为价值导向，对中国特色社会主义建设也是非常有害的。

虽然古典政治经济学就存在从个体视角和经验视角分析经济现象的方法，但是这些视角的分析并不构成古典政治经济学的方法的主体，或者说，还不能够把古典政治经济学的方法概括为个人主义方法论和狭隘经验主义。古典政治经济学的主要研究目的是“国家财富”“国民财富”，所以，古典政治经济学在需要的时候，总是能够用正确的方法即集体主义的方法，达到研究的目的。正如马克思所说，斯密的理论虽然存在矛盾的二重性，但是他总是能够本能地保持内在的一惯性，尤其在涉及价值分析的时候。正是这个原因，古典政治经济学的集大成者李嘉图能够得出这样一个结论：只有劳动才创造价值。简言之，古典政治经济学对经济现象的研究，基本上以劳动价值论为主线进行资本主义的生产、分配、交换、消费的整体性研究，也正是这个原因，马克思称赞古典政治经济学研究了资本主义的“内在联系”。

而庸俗经济学以否定劳动价值论和证明资本主义的永恒性为基本目标。这样，庸俗经济学就不能够用集体主义分析方法，就选择了从个人和经验出发的方法体系，总体上从个人的欲望满足的视角、从经验分析的视角出发对经济现象进行分析。首先，就是把价值与“有用性”这一日常生活的粗浅认识相混淆，用个体的主观感受否定劳动价值。因为“有用性”，劳动、土地、资本从生产关系和生产方式中游离出来；因为“有用性”，资本对劳动的购买和预付，使资本成为“自我增值的财富”或者“带来财富的财富”成为天然的正义。庸俗经济学对这种“有用性”的理解，尽管不是本质却正好符合资本主义时代的表象。

其次，用“有用性”遮蔽价值的生产关系特性。按照马克思的思想，政治经济学研究资本主义生产方式以及与之相适应的生产关系和交换关系。价值是市场交换过程中形成的、由抽象劳动创造的价值实体，价值的货币表现即价格。当然，价值并不是资本主义的特有概念和范畴，而是一个商品经济的概念和范畴。因为商品经济必然是为交换而生产的经济形态，不同劳动产品之间的交换比率，不是对它们的不同的使用性的对比和计量，而是对各商品固化的一般的人类抽象劳动的对比和计量。所以，价值在质上承载的是社会关系，主要是生产关系，表达了一定“经济的社会形态”，比如，封建社会、奴隶社会、原始社会。劳动产品主要不以商品的形式存在，一旦劳动产品主要以商品的形式存在，就表达这种“经济的社会形态”不同于其他“经济的社会形态”，相应地，生产什么、如何生产以及“谋生的方式”就不同。价值在量上表达的是社会必要劳动时间的量的比例。社会必要劳动时间是对市场抽象出来的抽象劳动的计量。用马克思恩格斯的话说，整个庸俗经济学包括古典政治经济学，都不懂得抽象劳动和价值形式，更不理解价值的社会关系本质。

最后，生产剩余价值的资本主义绝对规律被巧妙地伪装成人的自利本性。资本主义的生产是从G到G′的周而复始的剩余价值的生产和再生产，而“有用性”消解了价值的社会关系本质后，资本主义生产就变成了个体围绕效用的孤立的生产活动，剩余价值的生产变成个体自己的生产，即个体围绕自己对“有用性”的需要创造自己的均衡，一个个均衡加总起来就是社会的均衡。即使凯恩斯批判了古典主义的“个量分析方法”，创造性地提出“总量分析方法”，但是，凯恩斯总体上并没有撬动西方经济学方法论的本质，他仍然是基于“三个基本心理原则”围绕“有效需求”对资本主义经济危机进行分析。这也告诫我们在学习借鉴西方经济学的优秀成果的时候，一定要进行阶级性分析，剥离其消极的一面。

结　语　构建中国特色社会主义政治经济学

为什么构建、构建什么、怎样构建中国特色社会主义政治经济学？笔者认为，必须超越西方主流经济学，回到马克思主义经典和中国实践。

作为理论的中国特色社会主义政治经济学，虽然是主观的、意识的，但不是先验的、纯粹的，而是现实的、感性的中国特色社会主义实践的观念表达。按照逻辑与历史一致的原则，精神劳动是物质劳动的观念形态，理论具有实践本性，是实践关系的反映。中国特色社会主义政治经济学的认知、构建和发展，源于中国特色社会主义经济实践，是理论化了的实践体系的符号系统，是物质关系的表征。反过来，符号系统中介的理论体系又规定和指导中国的经济实践。马克思、恩格斯在《德意志意识形态》中区分了实践的意识和先验的意识，明确指出实践的意识不仅能够认识世界，更重要的是能够改变世界。中国特色社会主义政治经济学本质上源于实践体系，同时又超越于并指导着实践体系，理论体系和实践体系是矛盾内在的双方，兼具同一性和斗争性，二者在动态互动中既推动中国经济的发展，也推动中国特色社会主义政治经济学的发展。在经典理论和中国实践的互动中，我们从研究目的、研究对象、研究方法三个视角，尝试探究中国特色社会主义政治经济学。

第一节　中国特色社会主义政治经济学的研究目的

本部分通过梳理马克思对庸俗经济学研究目的的批判，试图超越西方主流经济学的庸俗性，结合中国实际，思考并探究中国特色社会主义政治经济学的研究目的。

一、借鉴马克思对庸俗经济学研究目的的批判

马克思批判庸俗经济学是辩护论的经济学，是发财致富的经济学，批判庸俗经济学服务于资产阶级的利益最大化，只研究怎么样能够增加资本的利润，却不能深入地研究资产阶级社会的经济运动规律。马克思明确指出，《资本论》最终的研究目的，就是“揭示现代社会的经济运动规律”[①]。这里的“现代社会”，就是市民社会，就是资本主义社会。“经济运动规律”就是对“现代社会”的解剖，通过对“现代社会”的政治经济学解剖，解决马克思的一个问题：人类幸福和个性自由如何可能？这也就是马克思的问题意识。笔者前文已经阐释马克思对庸俗经济学研究目的的批判，这里主要简单梳理下马克思为马克思主义政治经济学确立的研究目的。

（一）探究现代社会的本质

中学时代，马克思就主张个人与人类的一致，反对把两者对立起来。大学时代，他发现康德、费希特哲学不能解决“现有之物和应有之物的截然对立”，所以，他被“诱入”了黑格尔的“怀抱”。按照黑格尔的思想，马克思认为，康德、费希特哲学陷入“现有之物”和“应有之物”之间的困境，是因为他们没有看到过去、现在和未来是一个整体性过程，是理性自我展开的历史，是绝对精神的自我成长史，即理性不断否定自我、扬弃

① 马克思恩格斯文集（第5卷）[M].北京：人民出版社，2009：10.

自我，新生命不断从旧生命中孕育和生长的历史。他指出："我们必须从对象的发展上细心研究对象本身，而决不允许任意划分；事物本身的理性在这里应当作为一种自身矛盾的东西展开，并且在自身中求得自己的统一。"①

大学毕业后，马克思任《莱茵报》编辑，在市民和贵族以及官方的论战中，马克思必须选择维护某一方的利益。马克思1842年的《评普鲁士最近的书报检查令》《关于新闻出版自由和公布省等级会议辩论情况的辩论》《关于林木盗窃法的辩论》《论离婚法草案》《摩泽尔记者的辩护》等著作基本上都涉及直接的物质利益问题。马克思在这些著作中把历史看作理性精神的逐渐实现过程，他总是以理性精神批判现状，将正义的实现、百姓利益的维护诉诸理性精神。然而，他发现，在理性精神与物质利益发生冲突的时候，取胜的总是物质利益一方，而不是理性精神一方。转向黑格尔哲学，马克思本以为"在自身中变得自由的理论精神成为实践力量，作为意志走出阿门塞斯冥国，面向那存在于理论精神之外的尘世的现实"②，但是实践证明，理性精神只能在思辨中消融"现有"和"应有"的对立，却不能作为一种意志力量与外在世界发生关系，变成实践力量，改变现实，维护农民和无产阶级的利益。那么，历史进步的规律及其推动原则和创造原则是什么呢？在《〈政治经济学批判〉序言》中，马克思总结出，对现代社会的解剖应该到政治经济学中去寻求。

经过研究，马克思得到的结论是什么呢？1859年，马克思在《〈政治经济学批判〉序言》中阐释了"历史进步的规律及其推动原则和创造原则"，阐明了作为社会历史观的唯物史观。恩格斯曾经非常明确地说明了唯物史观的广义和狭义两种含义。广义的唯物史观是作为世界观，即历史唯物主义，既包括人类社会也包括自然界，一方面是自然界对人来说的生成过程，一方面是人的依靠劳动的诞生过程，这两个方面相互制约。狭义的唯物史观就是研究人的依靠劳动的诞生，研究人的社会的形态。按照马克

① 马克思恩格斯全集(第47卷)[M].北京:人民出版社,2004:8.

② 马克思恩格斯全集(第1卷)[M].北京:人民出版社,1995:75.

思的思想，在共产主义之前，社会都是经济的社会形态，是市民社会，人首先要谋生，就得首先是经济人。[①]唯物史观的经典表述，最重要的就是："物质生活的生产方式制约着整个社会生活、政治生活和精神生活的过程。"[②]然后，马克思说，随着谋生方式的变革，经济基础会改变，上层建筑就会改变，所有的意识形态都会发生改变。也就是说，经济人、社会人、政治人和文化人，人首先必须是经济人，同时还是社会人、政治人和文化人，后三者都受经济人制约。但是，如果生产力的发展没有达到社会形态变革的程度，这个社会不会灭亡，新的生产关系也不会产生，即旧的社会形态不会灭亡，新的社会形态也不会产生，这也就是我们通常所说的"两个决不会"[③]。

所以，按照马克思的思想，马克思主义政治经济学的研究目的是探究现代社会——资产阶级社会的本质，研究现代资本主义生产方式如何实现自我否定和自我超越，用经济运动规律对现代社会进行解构，目的非常明确。

(二)用经济运动规律解构现代社会

马克思发现了现代社会的运动规律，即我们通常所说的唯物史观，根据这个运动规律，"物质生活的生产方式"具有特别重要的意义，《〈政治经济学批判〉序言》非常明确地描述了四种经济的社会形态：亚细亚的、古希腊罗马的、封建的、资本主义的。到了资本主义社会，生产力发展到一定程度，资本和劳动的谋生方式不同，前者依靠资本，后者依靠劳动，过了这个经济的社会形态，人就不必再首先是经济人，唯物史观就会失效。因为到了过剩阶段，物质生活不再起决定作用了，慢慢地人类会进入全面发展和自由发展的历史阶段，共产主义将会实现。所以，资产阶级社会是最后一个对抗的经济社会形态。人类社会的史前时期就以资产阶级社会这

---

① 陈瑞丰.马克思"经济人"概念的时代性及其现实意义[J].学术交流，2019(11)：77-85.

② 马克思恩格斯文集(第2卷)[M].北京：人民出版社，2009：591.

③ 马克思恩格斯文集(第2卷)[M].北京：人民出版社，2009：592.

种形态而告终。在马克思看来，人类社会已经经历了“亚细亚的、古代的(古希腊罗马的)、封建的”几种生产方式，而马克思需要研究的是“现代资产阶级的生产方式”，用“物质生活的生产方式”解构“现代社会”。马克思是如何做到的呢?

“人类始终只提出自己能够解决的任务。”[①]对于马克思来说，聚焦于解构“现代社会”，他提出的“能够解决的任务”是什么呢?他是如何阐释“现代社会”这一社会生产过程的最后一个对抗形式的呢?马克思从简单的商品开始论述，然后扣住劳动价值论、剩余价值理论，围绕使用价值生产过程、价值形成过程、剩余价值生产过程三合一的资本主义生产过程，解构资本权力主导下的资本主义生产最终必然导致平均利润率为零，科学论证了资本主义生产方式必然自我否定的历史趋势。

马克思为什么从简单的商品出发开始论述?在《马克思致路德维希·库格曼（1868年7月11日）》中，马克思写道，“科学的任务正是在于阐明价值规律是如何实现的”[②]，而现象却与本质相矛盾，所以想要向人们“‘说明’一切表面上和规律矛盾的现象，那就必须在科学之前把科学提供出来”[③]。所以，马克思选择从简单的商品开始论述，是要让人们明白劳动价值论，以及建立在劳动价值论基础上的剩余价值理论。换句话说，马克思关于商品的阐释，实际上内含着对价值的阐释，同时又能够让人们明白人类要生存，“想得到和各种不同的需要量相适应的产品量，就要付出各种不同的和一定数量的社会总劳动量。”[④]这样，“按一定比例分配社会劳动的必要性，决不可能被社会生产的一定形式所取消，而可能改变的只是它的表现形式”[⑤]。简言之，劳动价值论在资本主义生产方式中，以剩余价值生产的形式表现出来。

① 马克思恩格斯文集(第2卷)[M].北京:人民出版社,2009:592.

② 马克思恩格斯全集(第32卷)[M].北京:人民出版社,1974:541.

③ 马克思恩格斯全集(第32卷)[M].北京:人民出版社,1974:541.

④ 马克思恩格斯全集(第32卷)[M].北京:人民出版社,1974:541.

⑤ 马克思恩格斯全集(第32卷)[M].北京:人民出版社,1974:541.

（三）经典的启示

构建中国特色社会主义政治经济学，首先要明确研究目的，明确了研究目的，才有明确的相对应的研究对象，然后才有明确的相对应的研究方法。

那么，中国特色社会主义政治经济学的研究目的是什么呢？受到马克思对庸俗经济学批判的启示，确定中国特色社会主义政治经济学的研究目的，就要明确中国特色社会主义的本质、物质生活的生产方式，在此基础上，研究中国特色社会主义的经济运动规律。

由此，笔者将中国特色社会主义政治经济学的研究目的具体划分为三个小问题：关于社会主义初级阶段的认识、中国特色社会主义的本质、中国共产党对人民需要和社会主要矛盾“改变中一致”的认识。

二、揭示中国特色社会主义的经济运动规律

我国经济科学的研究目的，从最宏观的层次上，与马克思主义政治经济学的研究目的相同，是为了人类幸福和个性自由①。在人类社会发展规律方面，我国经济科学研究也遵从马克思的唯物史观理论，即“物质生活的生产方式”起着制约作用。而正如马克思研究了资本主义生产方式和资本主义社会的本质，科学论证了资本主义经济运动规律必然使资本主义社会自我否定一样，我国的经济科学也必然揭示我国经济实践自我更新和发展的规律，我国经济实践是中国特色社会主义力量有意识导控下的自我革命和自觉发展的过程。

① 马克思在《青年在选择职业时的考虑》一文中写道：“在选择职业时，我们应该遵循的主要指针是人类的幸福和我们自身的完美。不应认为，这两种利益是敌对的，互相冲突的，一种利益必须消灭另一种的；人类的天性本来就是这样的：人们只有为同时代人的完美、为他们的幸福而工作，才能使自己也达到完美。”马克思恩格斯全集（第40卷）[M].北京：人民出版社，1982：7.

(一)社会主义初级阶段理论

新中国建立后，毛泽东强调理论与实践要统一，并明确指出这是马克思主义的最基本的一个原则。这个原则是中国共产党成立后在领导中国人民争取民族独立的斗争实践中用生命和鲜血换来的。中国共产党之所以提出马克思主义一定要中国化，也是从早期革命斗争中总结的宝贵经验。所以，1949年新中国建立之前，中国共产党就已经很明确地提出，必须把马克思主义紧密结合我国的具体实践。因为中国人的革命实践是在自己的条件下进行的，我们的思想必须能动反映我们自己的实际，再拿到实践中去求证，“在客观实践中得到检验，证明是真理，这才算是真理，不然就不算。”[①]新中国建立后，我们探索自己的社会主义建设道路，已经意识到我们有自己的特殊情况，但是，并不是已经认识到我们的社会主义建设要经历一个初级阶段，而是直接面向“建设一个伟大的社会主义的中国”进行蓝图设计。

1.关于“建设一个伟大的社会主义的中国”[②]

1949年中华人民共和国成立，我国开始探索自己的社会主义建设道路，并且逐步取得了较大的成就。最初的1950—1952年，在一穷二白的情况下，国民经济得以恢复，新中国完成了民主改革，召开了政治协商会议，并在抗美援朝斗争中取得成绩。到1952年底，土地改革在全国范围内基本完成，并且已经筹划我国的第一个五年计划。1953年，按照第一个五年计划，我国开始了大规模的经济建设。1956年，党领导人民取得了农业、手工业和资本主义工商业的社会主义改造的全面的决定性的胜利。

中国共产党关于如何建设我国的社会主义的思考，实际上至少可以追溯到党的七大。新中国成立后，通过建设实践，我们又有了一些现实的实践经验。既是我国的社会主义建设的现实需要，也是迎接党的八大召开的

① 毛泽东文集(第7卷)[M].北京:人民出版社,1999:90.

② 毛泽东作八大开幕词[R/OL].(2012-08-27)[2019-12-13]. http://www.china.com.cn/guoqing/2012-08/27/content_26345807.htm.

需要，在这些理论思考和实践经验的基础上，对我国的社会主义建设进行进一步筹划显然是必要的。中国共产党较初步的筹划体现在《论十大关系》，即1956年4月25日，毛泽东在中央政治局扩大会议上发表的讲话。在这次讲话中，毛泽东明确提出了“把我国建设成为一个强大的社会主义国家”①。当然，毛泽东同时也强调，我们必须走中国自己的社会主义建设道路，我们可以借鉴苏联。罗平汉、倪海东评价说，这是贯穿毛泽东此次讲话的一个基本思想。②

党的八大的第一次预备会议于1956年8月30日晚召开。在这次会议上毛泽东作了《增强党的团结，继承党的传统》的讲话。在讲话中，他指出，党的八大要解决的问题和达到的目的，就是怎样为建设伟大的社会主义中国而奋斗，为此就要总结党的七大以来的经验，就要团结一切可以团结的力量，包括团结国外的力量，就要继承中国共产党在思想方面和作风方面的优良传统。他尤其指出，主观主义、宗派主义、官僚主义要不得，我国的社会主义建设要坚持自己的实际，要切实反对这些不切实际的做法，只有这样，才是理论与实践的统一，才是实实在在地在坚持马克思主义。毛泽东还提出，我们要在五六十年的时间里超过美国，这是一种责任，否则，我们中华民族就对不起全世界各民族，我们对人类的贡献就不大，就要从地球上开除球籍。1956年9月10日下午，在党的八大预备会议第二次会议上，毛泽东强调，中国的经济建设要学习并且要吸取中国革命取得的经验，在学习过程中要尽量少犯错误。③

在党的八大开幕词中，毛泽东强调了“一个伟大的社会主义的中国”和“我们的党已经成了团结全国人民进行社会主义建设的核心力量”，重申理论与实践统一的重要性。他强调，我们曾经把马克思列宁主义与我们的革命实践相结合，取得了中国革命的胜利，我国的社会主义建设也必须这

① 毛泽东文集(第7卷)[M].北京:人民出版社,1999:44.

② 张静如.中国共产党全国代表大会史:从一大到十七大(第3册)[M].沈阳:万卷出版公司,2012:152-153.

③ 张静如.中国共产党全国代表大会史:从一大到十七大(第3册)[M].沈阳:万卷出版公司,2012:160-161.

样，理论与实践统一是中国共产党一贯的思想原则。我们一定要把马克思列宁主义与我们的建设实际统一起来，我们要建设一贯先进的工业化国家，只有理论与实践统一，才能解决中国在社会主义建设中出现的问题，才能够完成中国共产党人目前面临的任务。[①]并且，党的八大召开的时候，我国的三大改造已经基本完成，三大改造的完成标志着我国已经由生产资料私有制为主体进入了生产资料公有制为主体的历史时期，这是继新民主主义革命之后，我国社会主义革命的一次伟大的胜利。我国的社会主义革命显然不同于苏联，我国走了自己的道路。但是关于如何建设社会主义，尽管党的八大的探索是一个良好的开始，但是弄清楚什么是社会主义、如何在中国建设社会主义，从中央到全党都要有一个新的探索和成熟过程。

2.关于社会主义初级阶段的认识

关于中国的社会主义究竟是何种性质的社会主义，科学社会主义理论并没有给予我国具体指导，我国只能在实践中自己探索。中国共产党在完成社会主义革命、取得社会主义改造的成功之后，对我国的社会主义还不成熟、不完全巩固有清醒的自觉，这样的思想就反映在《关于正确处理人民内部矛盾的问题》一文中。该文中，毛泽东指出："我国的社会主义制度还刚刚建立，还没有完全建成，还不完全巩固。"[②]1959年，毛泽东对我国社会主义不成熟、不完全巩固作了一个更明确的表述，他把我国的社会主义划分为两个阶段：不发达的社会主义和比较发达的社会主义。[③]刘少奇也指出，"共产主义两个阶段又可以分为许多小阶段。社会主义社会有几个小阶段，共产主义社会也可以分几个小阶段。"[④]但是，在社会主义建设的过程中，还是出现了"大跃进"现象。

十一届三中全会以后到党的十二大，根据我国的基本国情，党的领导

① 毛泽东作八大开幕词[R/OL].(2012-08-27)[2019-12-13]. http://www.china.com.cn/guoqing/2012-08/27/content_26345807.htm.

② 毛泽东文集(第7卷)[M].北京:人民出版社,1999:214.

③ 毛泽东文集(第8卷)[M].北京:人民出版社,1999:116.

④ 中国人民解放军国防大学.中共党史教学参考资料(第23册)[M].北京:国防大学出版社,1986:196.

人对于我国社会主义底子薄和人口多、耕地少的特点有了越来越充分和科学的认识。1979年9月，《在庆祝中华人民共和国成立三十周年大会上的讲话》中，叶剑英指出，我国的社会主义制度还处在幼年时期，还不成熟不完善，经济和文化还不发达，处在发展中，搞社会主义现代化有一个从初级到高级的过程。1980年4月，在《社会主义首先要发展生产力》一文中，邓小平指出："现在我们正在总结建国三十年的经验。总起来说，第一，不要离开现实和超越阶段采取一些'左'的办法，这样是搞不成社会主义的。"①

从毛泽东到邓小平，坚持理论与实践统一，中国共产党持续不断地探索自己的社会主义建设的道路。从毛泽东不成熟不完全巩固的社会主义，到不发达的社会主义和比较发达的社会主义两阶段划分的思考，再到邓小平对于我国社会主义实践的再思考，实践改变了，理论也必须发生改变，所以，邓小平提出了我国社会主义制度的完善需要经历一个长久过程，并于1981年6月，在《关于建国以来党的若干历史问题的决议》里第一次明确提出，我国的社会主义制度还处于初级的阶段。在此基础上，1982年，中国共产党明确提出了"建设有中国特色的社会主义"。党的十三大指出："正确认识我国社会现在所处的历史阶段，是建设有中国特色社会主义的首要问题，是我们制定和执行正确的路线和政策的基本依据。"②

中国特色社会主义初级阶段理论是中国共产党关于科学社会主义的一个重要创新，该理论在党的十三大中得到了系统阐述。中国特色社会主义对于中国共产党人来说，是一项全新的事业，马恩经典中当然没有告诉中国人该怎么去实施去完成这个事业，其他社会主义国家，顶多只有它们是怎样建设社会主义的探索，不可能有中国特色的探索，先前的中国人也没有探索过。邓小平说，这个全新的事业，就是努力把中国变成一个现代化的社会主义国家。我们只能是干中学，在实践中摸索，积累经验。③所以，

① 邓小平文选(第2卷)[M].北京:人民出版社,1994:311.

② 胡绳.中国共产党的七十年[M].北京:中共党史出版社,1991:522.

③ 邓小平文选(第3卷)[M].北京:人民出版社,1993:258-259.

系统阐述中国特色社会主义初级阶段理论也就成为党的十三大的一个重要特点。1987年11月16日，党的十三大刚刚闭幕，邓小平会见外国客人时，就明确指出了这一点，邓小平还强调，在这个理论指导下，中国共产党坚定地贯彻了十一届三中全会以来的路线、方针和政策。党的十三大，用“一个中心、两个基本点”这一战略布局进行了概括。

适合中国实际，坚持社会主义，建设现代化的社会主义，是中国共产党一以贯之的事业和理想。1989年11月23日，邓小平会见南方委员会主席、坦桑尼亚革命党主席尼雷尔，并作了《坚持社会主义，防止和平演变》的谈话。他说：“我们这个党就是在威胁中诞生的，在威胁中奋斗出来的，奋斗了二十八年才真正建立了人民共和国。现在我们总比过去好得多。只要中国社会主义不倒，社会主义在世界将始终站得住。”①

党的十四大充分肯定了十一届三中全会以来，中国共产党对社会主义初级阶段理论的创新和“一个中心、两个基本点”战略布局的提出。党的十四大指出坚持马克思主义与我国实践的统一，我们找到了适合中国国情的社会主义建设道路，这一伟大创新对于中华民族、对于中国人民具有重大意义。在中国革命的过程中，我们的党把马克思主义与我国实际结合起来，开创了自己的革命道路，实现了马克思主义中国化的第一次历史性飞跃。这次是第二次历史性飞跃。②党的十五大明确指出，当时中国最大的实际就是处于并将长时期处于社会主义初级阶段，这个初级阶段不是任何社会主义国家建设社会主义都必须经历的阶段，是我国在特定条件下进入社会主义的特定阶段，是中国特色。列宁把社会主义作为共产主义的初级阶段，那么，我国的这个初级阶段又是初级阶段的初级阶段，即处在社会主义的初级阶段，就是不发达的阶段。我们讲一切从实际出发，就是从这个

---

① 邓小平文选(第3卷)[M].北京：人民出版社，1993：345-346.

② 中国共产党第十四次全国代表大会文件汇编[M].北京：人民出版社，1992：9.

实际出发。党的十五大还具体定义了社会主义初级阶段①。党的十六大到十九大坚定不移地坚持社会主义初级阶段。

（二）中国特色社会主义本质理论

社会主义初级阶段是个什么样的历史阶段？这是个非常尴尬的问题。马克思说资本主义是对抗性质的最后一个经济社会形态，那么，社会主义初级阶段是什么样的经济社会形态？社会主义初级阶段与共产主义究竟是什么关系？它们有什么本质区别，又有什么相同本质？社会主义初级阶段的社会究竟是社会主义还是资本主义？

1.共产主义的本质

关于共产主义的本质，我们可以从三个方面来说明：第一，共产主义有极丰富的物质财富，正如我们通常所说的，资本主义为共产主义准备了物质条件；第二，共产主义变生产资料的资本主义私有制为社会公有制，“共”的是资本，而不是个人消费品；第三，共产主义变资本主义的“需求”为“人的需要”，从而人得以全面发展和自由发展。

关于第一点，共产主义有极丰富的物质财富。《共产党宣言》中，马克思、恩格斯充分阐释了资本主义巨大的财富创造能力。资本主义生产剩余价值的本质和扩张本质，使资本主义始终进行市场扩张、技术扩张、产品扩张，资本主义把整个世界都卷入到剩余价值的生产和流通中。“市场总是

---

①“社会主义初级阶段，是逐步摆脱不发达状态，基本实现社会主义现代化的历史阶段；是由农业人口占很大比重、主要依靠手工劳动的农业国，逐步转变为非农业人口占多数、包含现代农业和现代服务业的工业化国家的历史阶段；是由自然经济半自然经济占很大比重，逐步转变为经济市场化程度较高的历史阶段；是由文盲半文盲人口占很大比重、科技教育文化落后，逐步转变为科技教育文化比较发达的历史阶段；是由贫困人口占很大比重、人民生活水平比较低，逐步转变为全体人民比较富裕的历史阶段；是由地区经济文化很不平衡，通过有先有后的发展，逐步缩小差距的历史阶段；是通过改革和探索，建立和完善比较成熟的充满活力的社会主义市场经济体制、社会主义民主政治体制和其他方面体制的历史阶段；是广大人民牢固树立建设有中国特色社会主义共同理想，自强不息，锐意进取，艰苦奋斗，勤俭建国，在建设物质文明的同时努力建设精神文明的历史阶段；是逐步缩小同世界先进水平的差距，在社会主义基础上实现中华民族伟大复兴的历史阶段。这样的历史进程，至少需要一百年时间。”十五大以来重要文献选编（上）[M].北京：中央文献出版社，2011：13-14.

在扩大，需求总是在增加”[①]，市场又反过来作用于工业、商业、航海业和铁路，使之不断扩张。资本主义扩张之处，人与人之间除了“现金交易”，就再也没有任何别的联系了。马克思、恩格斯批判地说：“总而言之，它用公开的、无耻的、直接的、露骨的剥削代替了由宗教幻想和政治幻想掩盖着的剥削。”[②]资产阶级在人类历史上第一次证明了其创造财富的奇迹，它不断奔走于全球各地，不断扩大产品的生产和销售，不断地在世界上新的地方开发和建立联系；它开拓的世界市场，使一切国家的生产和消费都成为世界性的了；它不断地对生产工具、对生产关系、对全部社会关系进行革命，把一切民族甚至最野蛮的民族都卷到资本主义生产体系中。“资产阶级在它的不到一百年的阶级统治中所创造的生产力，比过去一切世代创造的全部生产力还要多，还要大。”[③]资产阶级在所到之处建立起适应自己的社会制度、政治制度，进行经济统治和政治统治，用政权的力量攫取财富。资本主义创造了极其丰富的物质财富，但是，同时，它也创造了自己的“掘墓人”——无产阶级，所以，当资本主义被社会主义取代之时，它也就为共产主义准备了物质条件，共产主义也就具有了极其丰富的物质财富。

关于第二点，共产主义“共”的是资本，而不是个人消费品。“资产阶级生存和统治的根本条件，是财富在私人手里的积累，是资本的形成和增值；资本的条件是雇佣劳动。雇佣劳动完全是建立在工人的自相竞争之上的。”[④]雇佣劳动为什么能够被资产阶级无偿占有，我们在前文已经分析，因为雇佣劳动不占有生产资料，任何劳动产品的生产都是劳动和生产条件的共同作用，资产阶级通过资本的原始积累剥夺了无产者的生产条件，所以，无产者要活命，就只有被剥夺。相应地，如果无产者不被剥夺，就必须夺回属于自己的生产资料。所以，《共产党宣言》指出：“共产主义的特征并不是要废除一般的所有制，而是要废除资产阶级的所有制。”[⑤]所以，

① 马克思恩格斯文集(第2卷)[M].北京：人民出版社，2009：32.

② 马克思恩格斯文集(第2卷)[M].北京：人民出版社，2009：34.

③ 马克思恩格斯文集(第2卷)[M].北京：人民出版社，2009：36.

④ 马克思恩格斯文集(第2卷)[M].北京：人民出版社，2009：43.

⑤ 马克思恩格斯文集(第2卷)[M].北京：人民出版社，2009：45.

“从这个意义上说，共产党人可以把自己的理论概括为一句话：消灭私有制。”[①]这里，显然，私有制私有的是生产条件，即生产资料，而不是个人消费品，共产党人消灭私有制，正是为了把生产条件从私有变成公有，为广大人民群众提供一切自由、活动和独立的基础的财产。消灭私有制，雇佣劳动才能成为自己的劳动；消灭私有制，雇佣劳动才不会被资产阶级无偿占有，不会成为资产阶级的私有财产；消灭私有制，雇佣劳动才会为自己创造财产，只有当雇佣劳动能够为自己创造财产时，才会有自由时间、自由活动，才能够有独立，也才能够把需求变成需要，才能够有人的需要，才能够有全面自由的发展。

关于第三点，共产主义变资本主义的“需求”为“人的需要”，从而人得以全面发展和自由发展。当资本主义把一切社会产品都化约为货币，都用货币进行量化时，对货币的需要成为唯一的需要，能够表征货币拥有量的现象就成为人们追求的对象，就成为有价值有意义的。比如，两个人穿戴同样质地、款式、合身的衣服，仅仅是品牌不一样，也因此“两件衣服”价格悬殊极大，所谓的“有牌子”的衣服的消费者就非常具有优越感，这就不是“人的需要”，仅仅是“需求”。在资本主义社会，人的需要异化为无度的需求。而共产主义社会是对这种贪欲的否定，精神需要、社会需要成为第一需要。这种需要不像物质需要，物质需要就是对物的占有，即只有“我”得到并消费，才确定这是“我”的。在共产主义社会，需要是社会性的需要，不是这样得到并占有，而是扬弃了私有财产后，需要成为彼此共同的需要。按照马克思的表述，就是“需要和享受失去了自己的利己主义性质，而自然界失去了自己的纯粹的有用性，因为效用成了人的效用”[②]。这样的社会，马克思也用自由人的联合体来表示。“在那里，每个人的自由发展是一切人的自由发展的条件。”[③]

---

① 马克思恩格斯文集(第2卷)[M].北京:人民出版社,2009:45.

② 马克思恩格斯文集(第1卷)[M].北京:人民出版社,2009:190.

③ 马克思恩格斯文集(第2卷)[M].北京:人民出版社,2009:53.

2. 关于中国特色社会主义本质的认识

共产主义的本质显然不是中国的社会主义所具有的本质。那么，中国的社会主义的本质究竟是什么呢？关于这一点，我们是走了弯路，以共产主义的本质为航向、为标准、为要去的地方，一步一个脚印、扎扎实实、实践出来的，是与对社会主义初级阶段的认识一起逐渐形成和发展的。如果用一段话来表述，就是："社会主义的本质，是解放生产力，发展生产力，消灭剥削，消除两极分化，最终达到共同富裕。"①

我们是如何认识到中国特色社会主义本质与马克思、恩格斯文本中的共产主义本质不同的呢？这是一个始终坚持马克思主义和中国实际相结合，在实实在在的实践中经过探索才得出的结论。"谁来决定国际古典的共产主义的原则中哪些是适合于中国的？"②党的七大确定了这样的原则，"即马克思列宁主义的普遍真理与中国革命的具体实践相结合，以此来指导我国的革命，指导我国的建设"③，而最终结起决定作用的，仍然是实践。

首先，中国共产党认识到当时我国的发展水平还比较低，尤其是整体上物质财富的生产能力比较低，与在资本主义自我否定基础上建立的社会主义差距还很大。当"从实践上和理论上，都批判了'四人帮'那种以极左面目出现的主张普遍贫穷的假社会主义"④之后，一方面，我们需要打开国门，学习先进；另一方面，我们仍然需要勤奋努力。为此，"要利用世界上一切先进技术、先进成果"⑤。新中国成立初期，国家提出优先发展重工业，1964年三届人大一次会议、1975年四届人大一次会议的政府工作报告，提出我国国民经济发展的"两步走"设想：一个独立的比较完整的工业体系和国民经济体系于1980年建成，具有现代工业、现代农业、现代国防和现代科学技术的社会主义强国于20世纪末建成。但是，在发展的过程中，党和国家领导人发现我国进步过程中与西方国家的差距仍然很大。所以，

① 邓小平文选(第3卷)[M].北京：人民出版社，1993：373.

② 邓小平文选(第1卷)[M].北京：人民出版社，1994：257.

③ 邓小平文选(第1卷)[M].北京：人民出版社，1994：258.

④ 邓小平文选(第2卷)[M].北京：人民出版社，1994：165.

⑤ 邓小平文选(第2卷)[M].北京：人民出版社，1994：111.

1979年，邓小平指出我国的现代化是“中国式的四个现代化”，“小康之家”是我国的四个现代化的概念，比如“到本世纪末”，“国民生产总值人均一千美元”。而且，邓小平尖锐地指出，即使这样，“同西方来比，也还是落后的”[①]。所以，党的十二大把20世纪末“四个现代化”的目标具体化为“翻两番”[②]。在发展中，党和国家领导人逐渐认识到：马克思主义是一门解放的科学，解放的主体是全人类，这个解放是一个过程。资本主义消灭之后，建设社会主义仍然是一个解放的过程，最后要实现共产主义，建立自由人的联合体。解放不限于争取民族独立、让中国人站起来的暴力革命形式的解放，人类社会发展的动力还包括改革，改革也是一种革命，对于中国特色社会主义来说，“社会主义首先要发展生产力”[③]。所以，十一届三中全会之后，我国提出了以经济建设为中心，坚持改革开放，坚持四项基本原则的思想。

其次，中国共产党认识到中国的经济发展必须坚持四项基本原则，必须坚持人民主体，必须走群众路线，必须发挥公有制和国有企业的巨大优势作用，利用一切可以利用的方法，目标是实现人民群众的共同富裕。简言之，坚持公有制，实现共同富裕。邓小平指出：“社会主义的经济是以公有制为基础的，生产是为了最大限度地满足人民的物质、文化需要，而不是为了剥削。由于社会主义制度的这些特点，我国人民能有共同的政治经济社会理想，共同的道德标准。”[④]所以，建设中国特色社会主义，不能动摇、必须坚持的就是社会主义公有制，而为了发展生产力，提升人民的生活水平，“怎么能发展得多一点、好一点、快一点、省一点，这更不违背我

① 邓小平文选(第2卷)[M].北京：人民出版社，1994：237.

② 中国共产党第十二次全国代表大会在确定中国经济建设“翻两番”的总目标时，是用工农业总产值计算的。由于国际上通常使用国民生产总值来衡量一个国家的生产总成果，为了更准确地反映国家经济发展的实际水平，从1985年起，中共中央在确定国民经济和社会发展第七个五年计划的主要奋斗目标时，开始正式用国民生产总值计算。

③ 邓小平文选(第2卷)[M].北京：人民出版社，1994：311.

④ 邓小平文选(第2卷)[M].北京：人民出版社，1994：167.

们的社会主义制度。”[①]我们不能搞两极分化，我们让一部分人先富起来，目标是共同富裕。[②]对外开放、对内搞活，是在坚持社会主义原则条件下进行的，公有制主体，不搞两极分化，是社会主义非常重要的两个方面。简言之，“社会主义原则，第一是发展生产，第二是共同致富”[③]。从邓小平的一系列讲话中，我们非常清晰地看见，党和国家一方面领导人民群众最大限度地开辟发展生产力的途径，另一方面最大限度地实现发展共享共惠共富，绝不容许产生新的资产阶级。

最后，中国共产党逐渐认识到社会主义作为一种社会形态，是经济、政治、文化、社会、生态共同实现变革的结果，任何一方面的变革都不足以引起社会形态的整体性变革和历史性跃迁。生产力水平提升，表明生产物质财富能力的提升，是保证人的肉体存在的前提条件。但是，生产力的提升还必须或迟或早地引起生产关系的相应提升。马克思指出，生产力提升必然使生产关系滞后，生产关系发出革命的信号，并最终发生生产关系的革命。不过，在中国特色社会主义背景下，我们看到，生产关系的变革，是通过党领导人民群众自我变革实现的，政治体制改革、党的建设是中国共产党成立以来保持自身纯洁性的一条主线，目前的全面从严治党，更是以党的先锋性质来确保生产关系的变革，来确保人民群众的利益和福利。

生产力和生产关系的变革，还必须促使社会的整个精神状态上的变革，用马克思主义的语言来表述，就是变“需求”为“人的需要”，进行“全面生产”，即全部生活或人的全部生命活动的再生产。按照马克思的思想，人的全部生命活动，除了物质生活的生产外，还包括社会生活、政治生活和精神生活的生产，通过这些生产活动，人才能求得与自身、与他人、与自然的一致。而全面生产就是满足人的全面需要的生产。在短缺的状况下，物质生产是“普照的光”，现在我们已经进入过剩时代，在马克思看来，非物质生产将凸显出来，原来处于物质生活的生产方式压制下的关于社会、

① 邓小平文选(第2卷)[M].北京:人民出版社,1994:133.

② 邓小平文选(第3卷)[M].北京:人民出版社,1993:172.

③ 邓小平文选(第3卷)[M].北京:人民出版社,1993:172.

政治和文化的陈旧观念相继过时，人类将进入一个新的时代，通过全面生产创造出新的观念，当然，这需要在生产过程中通过变革逐渐去实现。通过变革，解决矛盾，实现人之为人的需要。

（三）"生产—需要"框架和改革开放

资本主义的本质决定了资本主义的主要矛盾：生产社会化和生产资料的资本主义私人占有制之间的矛盾。社会生产的最终目的是为资本家创造剩余价值，不是为了满足人们的需要，人们的需要必须先转化为受制于购买力的需求，在"供给—需求"的框架下得到满足，由劳动从属于资本所决定，需要从属于供给，从属于资本，这也是西方为什么会形成消费社会的原因。当平均利润率最终趋于零，劳动不再从属于资本的时候，需要也就不再从属于供给，"劳动—资本""供给—需求"被否定的时候，资本主义也就被否定了，新的社会形态产生了。

中国特色社会主义以生产资料公有制为主体，它的本质是解放生产力，发展生产力，消灭剥削，消除两极分化，最终达到共同富裕。它的主要矛盾是什么呢？中国共产党对我国社会主要矛盾的认识经历了一个过程。最初，新中国建立后，中国共产党进行社会主义建设，根据实际情况，围绕要解决的问题，寻求了解决的办法。1956年党的八大将要解决的主要问题以主要矛盾的形式，作了初步表述。根据当时的表述，我国社会主要矛盾有两大方面：一个是，我国基本上是农业国，而且是落后的农业国，而我们的目标是先进的工业国，两者之间存在着矛盾；另一个是，人民对于经济文化有更高的需要，而现实的情况是我们的经济文化的生产相对落后，满足不了人民的这些需要。这两大方面的矛盾，1987年党的十三大概括为："我们在现阶段所面临的主要矛盾，是人民日益增长的物质文化需要同落后的社会生产之间的矛盾。"[①]坚持中国特色社会主义这个最大实际，解决这个基本矛盾，贯穿了党的十五大、十六大、十七大，2012年党的十八大报告还是坚持这一论断。2017年，党的十九大报告作出了新的论断，即我国

① 十三大以来重要文献选编（上）[M].北京：人民出版社，1991:12.

社会主要矛盾已经转化为人民日益增长的美好生活需要和不平衡不充分的发展之间的矛盾。

根据中国共产党对中国特色社会主义主要矛盾的论断，中国特色社会主义要解决的问题是人民需要，用生产满足人民需要，解决“需要”与“生产”之间的矛盾必须运用马克思的“生产—需要”理论。正是在“生产—需要”的框架下，改革开放四十多年来才能取得如此巨大的成就。所以，“生产—需要”是马克思主义政治经济学的框架，而“供给—需求”是资产阶级政治经济学的框架，有意识地区分“生产—需要”框架和“供给—需求”框架非常重要。习近平指出：“我国社会主要矛盾的变化是关系全局的历史性变化，对党和国家工作提出了许多新要求。”[①]相应地，“生产—需要”框架也是关系全局的经济发展范式，只有坚持以人民需要为导向，坚持公有制和国有企业主体，才能让“多种所有制形式”从属于公有制，让“多种所有制”的“供给—需求”框架从属于“生产—需要”框架，才能大力提升发展质量和效益，着力解决好发展不平衡不充分问题，更好满足人民在经济、政治、文化、社会、生态等方面日益增长的需要，更好推动人的全面发展、社会全面进步。

如果认识不到“生产—需要”发展范式的重要性，就会走弯路。我们在这方面是有过教训的。1956年，我们已经基本明确了我国社会的主要矛盾，当时，工业和农业比，我们的农业更弱，每年要增加一两千万人的吃、穿、用，压力很大。所以，当时邓小平提出了“我们工作的重点，必须按照以农业为基础的方针，适当解决吃、穿、用的问题（当然是低水平）；工业本身必须着力解决基础工业薄弱的问题”[②]。但是，在以后的一段时间里，尽管党和国家领导人已经明确了我国社会的主要矛盾，但是由于没有足够意识到社会主要矛盾的重要性，没有把解决主要矛盾放到历史性的、影响全局的高度，我国的社会主义建设走了弯路，直到十一届三中全会之

① 习近平.决胜全面建成小康社会 夺取新时代中国特色社会主义伟大胜利——在中国共产党第十九次全国代表大会上的报告[M].北京：人民出版社，2017：11.

② 邓小平文选（第1卷）[M].北京：人民出版社，1994：335.

后，全党才高度关注到社会主要矛盾的重要作用，围绕社会主要矛盾进行宏观蓝图的设计和推进。

第二节　中国特色社会主义政治经济学的研究对象

笔者通过梳理马克思对庸俗经济学研究对象的批判，发现可借鉴之处，以期超越西方主流经济学，以马克思主义政治经济学的研究对象为指导，尝试从中国实践中总结出中国特色社会主义政治经济学有规律性的研究对象。

一、借鉴马克思对庸俗经济学研究对象的批判

马克思批判庸俗经济学只研究资本主义经济的表象，把资本主义生产当事人的观念用经济学的语言表达出来，把人们日常生活中形成的日常意识作为科学的观念表达出来，如果科学能够被日常生活意识所表达，那么，还要科学干什么？按照马克思的思想，日常意识和资本主义生产当事人的观念只能从肤浅和浅薄的层次反映资本主义经济活动，不可能从内在的、本质的层次反映资本主义的经济规律。关于马克思主义政治经济学的研究对象，马克思自己同样非常明确，他指出他要研究的是“资本主义生产方式以及和它相适应的生产关系和交换关系”[①]。马克思说的生产方式是资本主义的生产方式，区别于亚细亚的、古希腊罗马的、封建的生产方式；生产关系是资本主义生产方式的生产关系，交换关系是资本主义生产方式的交换关系，资本主义生产方式是生产关系和交换关系的内在本质，生产关系和交换关系体现了这个内在本质。要借鉴马克思对庸俗经济学研究对象的批判，理解马克思主义政治经济学的研究对象，笔者从资本主义市场经济的前史——一般市场经济开始。

① 马克思恩格斯文集(第5卷)[M].北京:人民出版社,2009:8.

(一)一般市场经济:资本主义市场经济的前史

关于资本主义市场经济的前史——一般市场经济,《1857—1858年经济学手稿》有集中阐释,笔者以《资本论》第一卷第一篇为例,进行说明。

《资本论》第一卷第一篇“商品和货币”包括三章:“商品”“交换过程”“货币或商品流通”。该篇这三章所阐释的经济形式就是一般市场经济。第一章“商品”有四节,第一节“关于商品的两个因素”,即使用价值和价值。这里的价值不是交换价值。交换价值是两个商品的关系,如果不讲商品,则不可以讲价值。自然经济条件下,生产出来的劳动产品,只有使用价值,没有价值。只有交换经济中,才会有价值。价值和使用价值不能混淆。使用价值与需要联系在一起,价值与需求联系在一起,是需要的经济学表达,是市场交换中介的。商品是用于交换的劳动产品。

第二节“关于商品中的劳动的二重性”。一重是具体劳动,生产使用价值;一重是抽象劳动,生产价值。非商品就不具有劳动的二重性。比如,自然经济条件下,生产也要耗费体力脑力,但是没有劳动二重性。好像抽象劳动就是我们对劳动进行抽象,不是这样的。抽象劳动是商品在市场交换过程中,被市场抽象出来的价值实体,不是马克思或者某个人进行的抽象。市场发展到什么程度,抽象劳动就发展到什么程度。有些学者认为劳动二重性是马克思主义与非马克思主义的区别,这是错误的,因为劳动二重性只有商品经济才存在,之前,不存在劳动二重性。不能够把劳动二重性与生产二重性混淆。生产二重性,是指人与人的关系和人与自然的关系。比如,自然经济的男耕女织也包括生产二重性,是自然形成的分工。所以,生产二重性和劳动二重性是截然不同的两个概念。具体劳动是相对于抽象劳动来说的。所以,只有生产商品的劳动才具有抽象劳动,才具备二重性。

市场经济的一个重要特征是生产者为交换而进行生产,商品的价值由无差别的人类体力、脑力耗费凝结、形成,并通过社会性交换实现,其衡量标准是社会必要劳动时间。第三节详细解释了商品价值的形成史:第一个阶段是“简单的、个别的或偶然的价值形式”,第二个阶段是“总和的或扩大的价值形式”，第三个阶段是“一般价值形式”，第四个阶段是“货币形式”，货币形式是商品价值的完成形态。这样，商品的两个因素实质上表征的是一种“物质生活的生产方式”，我们可以称之为一般市场经济。马克思认为，“商品在能够作为使用价值实现以前，必须先作为价值来实现”[①]，商品在能够作为价值实现以前，必须证明自己是使用价值，而这一特征“只有在商品交换中才能得到证明”[②]。对于商品占有者来说，“交换对于他只是个人的过程”，“另一方面，……交换对于他是一般社会的过程”[③]。

所以，把市场经济等同于资本主义市场经济是错误的。斯密也认为存在非资本主义市场经济。他认为中国古代存在发达的市场经济。所以，整个资本论第一卷第一篇不仅适用于资本主义市场经济，而且适用于非资本主义的市场经济。在《资本论》第一卷，从第二篇“货币转化为资本”开始，才是专门研究资本主义市场经济，因为这个时候才点出资本主义市场经济学的研究对象——资本。

从一般性方面来说，任何个体的生存都以共同体的劳动为基础，而对于时空中的一个具体的共同体来说，劳动具体采取何种形式，却有很大差别。比如，古代中国主要是家天下的农耕形式，而古代西方却不是这种形式。而在历史上，劳动会发展到这样一个程度，即共同体成员的劳动产品以交换价值的形式存在，个体的生存以把自己的劳动产品先转化为交换价值，再以交换价值为中介，获得自己的生存资料。这样，个体的劳动主要都不是为自己，而是为别人，为了交换而进行生产，这样的经济社会形态我们称之为市场经济，或者也有学者称之为商品经济。

所以，商品的两因素、劳动的两重性、劳动价值论以及价值规律，都是市场经济的特性，无论在实质还是在形式上，都不从属于资本主义市场经济。正如邓小平所说：“社会主义和市场经济之间不存在根本矛盾。问题

① 马克思恩格斯文集(第5卷)[M].北京：人民出版社，2009：104.

② 马克思恩格斯文集(第5卷)[M].北京：人民出版社，2009：105.

③ 马克思恩格斯文集(第5卷)[M].北京：人民出版社，2009：105.

是用什么方法才能更有力地发展社会生产力。”[①]

（二）价值增值过程的时空流转和接续：资本主义市场经济的本质特征

如何理解《资本论》的研究对象是资本主义生产方式以及和它相适应的生产关系和交换关系？对于一种经济社会形态究竟属于何种性质，这不是一个意识形态的问题，而是一个科学问题。从科学的意义上，马克思从生产方式的视角界分“经济的社会形态”。作为“经济的社会形态”，资本主义即资本的主义，其主体是资本，人成为资本增值的手段，即成为价值增值的手段。和资本的主义相适应的生产关系和交换关系是怎样的呢？生产关系对应资本的生产过程，交换关系对应资本的“流通过程”，资本主义生产的总过程对应的则是贯穿生产、分配、交换、消费各个环节在内的整个资本主义再生产的社会关系。

马克思主义政治经济学的研究对象，把与资本主义生产方式相适应的生产关系和与资本主义生产方式相适应的交换关系结合起来作为一个整体进行研究。这样，因为有了这个整体才有了资本主义生产方式，因为有了资本主义生产方式才有了这个整体。作为一个整体，与资本主义生产方式相适应的生产关系和与资本主义生产方式相适应的交换关系，使资本主义生产过程内含着自然经济的使用价值生产过程，内含着一般市场经济，即非资本主义市场经济的价值形成过程，以这两个过程为前提，才是资本主义生产方式的本质特征：价值增值过程。所以，对于资本主义生产的总过程来说，《资本论》的研究对象具体表现为“三合一”的生产过程，这里的“三”是指使用价值、价值和剩余价值。其中，价值增值过程才是界定资本主义生产方式的依据。正因此，我们说，价值增值过程的时空流转和接续是资本主义市场经济的本质特征。这样，资本主义生产总过程表现出如下两个属性：

第一，资本主义生产过程是消费劳动力的过程。劳动不仅在形式上，

① 邓小平文选（第3卷）[M].北京：人民出版社，1993：148.

在实质上也从属于资本家，劳动是为资本家劳动，作为资本增值的一个方面，即可变资本。我们必须分别考察劳动过程、价值形成过程、价值增值过程。资本主义市场经济就使用价值生产来说，工人在资本家监督下劳动，属于资本家。劳动的使用是别人的，是为了满足别人的需要。劳动力属于资本家，劳动过程不是工人的劳动过程，而是资本家的劳动过程，资本主义生产方式的价值增值过程体现为绝对剩余价值生产过程，这就是劳动对资本形式上的从属。劳动产品是资本家的，不是直接劳动者的，这样资本家才会有剩余价值和利润。而劳动对于资本的实质上的从属则是指相对剩余价值的生产过程。相对剩余价值生产，不是个别企业，是整个社会的效益都提高了。意味着必要生活资料生产时间缩短，即必要劳动时间降低了，剩余劳动时间就增加了，有更多自由时间。但是由于是资本主义私有，所以，更多自由时间就被资本家占有了，才产生了相对剩余价值。劳动力价值降低了，消费品价值降低了，但是消费品从使用价值角度看可能更多了。所以资本家赚的是社会进步的钱，是整个资本家阶级对整个劳动者的剥削。当然，相对剩余价值生产始于个别企业提高效率，追求超额剩余价值开始的。有了劳动对于资本的形式和实质上的从属，才能够生产出剩余价值。也正是在这个意义上，我们说无论是资本家还是工人，都仅仅是生产方式的产物，是资本主义生产关系的人格化。

第二，价值增值过程是资本形态变化及其循环周转的过程。货币一开始不是资本，只有作为特殊使用，用来购买劳动力、转化为可变资本，才能成为资本，先是转化为生产资本，然后生产出商品，马克思将其称之为“商品资本”。所以，一个单一的价值增值过程是从货币资本开始的，经过购买阶段，货币资本转化为生产资本，再经过生产阶段，生产资本变成商品资本，再经过售卖阶段，商品资本再流转到货币资本的过程。流转回来的货币资本是产生了增值的货币资本，用公式表示就是：G—P—W′—G′。这里，资本依次采取了货币形态、劳动力和生产资料形态、商品形态。前后两个流通过程，中间一个生产过程，实现了货币的一个增值。

这样一个周转过程，可以分解为三个循环过程：G—P—W′—G′，P—

W—G—P′，W—G—P′—W′。这三个循环是连续不断的，需要注意的是，价值增值过程中的P包含生产资料Pm和劳动力A，劳动力A是价值增值的最终秘密。三个循环过程连续不断地进行下去就是资本周转。资本周转有可能是简单再生产，也可能是扩大再生产。价值增值总额与资本周转的时间和次数成正比。同时，固定资本、流动资本的周转方式不同。马克思从资本形态变化上来考察预付资本的总周转。资本周转已经是在资本循环基础上，资本三个过程相互为中介和手段。考察生产过程，流通过程是中介，考察流通过程，生产过程是中介。资本不断转化，所以马克思讲资本不是物，是一种生产关系。资本必须一分为三，一部分在生产过程，一部分在第一个流通过程，还有一部分以存储的形式存在。三个部分的资本不仅是形态变化，在空间上时间上，一个并存一个继起，空间时间都不中断，这样效率才能最高。在资本主义条件下，每个单位都是相对独立的，与社会的生产是不同的，必须使单个企业有计划有组织。资本周转意味着，循环越来越快，才能节省资本，才能赚到更多的钱。

从资本循环和周转的总过程可以看出，资本主义的商品包含工人阶级的个人消费，如果工人阶级没有消费能力，商品卖不出去，资本总循环则实现不了。这意味着对于资本家来说，提高工人的消费水平也是必要的。但是，提高工人的消费水平意味着成本提高，资本家想赚钱就要降低成本，而生产过程的成本降低要想在流通过程也实现，就必须提高成本，这就是资本主义生产的自相矛盾。整个资本主义生产总过程的实现，时时、处处，人与人之间都以物（抽象劳动／价值／货币）的联系为中介。所以，马克思从来没有认为资本主义国家中的人是原子式的个人。货币意味着对商品的支配能力，而资本意味着对劳动力的支配能力。拜物教把资本当成物，这是意识形态。如何理解这种颠倒：以物的依赖性为基础的人的独立性。人对人的依赖这种社会关系变成了更高级的物依赖性社会关系。资本主义以这种方式发展了生产力，即以剩余价值生产的方式，生产力表现为生产剩余价值的能力，间接推动了生产力的发展。历史让资本家赚钱，达到发展生产力的目的。以曲折、隐蔽的方式推动生产力的发展，这是资本的文明面。所以，道德批判没有意义，必须认识规律。到最后，不是社会“完蛋了”，而是资本主义市场经济被市场经济扬弃了，市场经济被自然经济扬弃了。

(三)经典的启示

马克思怎样具体研究资本主义生产方式以及和它相适应的生产关系和交换关系，对构建中国特色社会主义政治经济学具有决定性的指导意义。

从研究对象方面，分析如何构建中国特色社会主义政治经济学，也需要明确中国特色社会主义生产方式，对中国特色社会主义生产方式以及和它相适应的生产关系和交换关系进行研究。

笔者将中国特色社会主义政治经济学的研究对象具体划分为三个小问题：中国特色社会主义生产方式、中国特色社会主义生产的总过程和中国特色社会主义生产过程的本质特征。

二、探究中国特色社会主义生产方式以及与之相适应的生产关系和交换关系

研究中国的经济科学，必须避免庸俗经济学的影响，坚持研究对象与马克思主义政治经济学研究对象的一致性。马克思强调，政治经济学的研究对象必须是对生产方式的研究，必须是对与这种生产方式相适应的生产关系和交换关系的研究，那么，我国经济科学的研究对象也必须是对特定生产方式的研究，这种生产方式就是中国特色社会主义生产方式，与之相适应的生产关系和交换关系，就是中国特色社会主义的生产关系和交换关系。接下来，我们就从探究什么是中国特色社会主义生产方式开始。

(一)中国特色社会主义生产方式

1.关于什么是“生产方式”

什么是生产方式?《德意志意识形态》中有一段话：“人们用以生产自

己的生活资料的方式，……它是这些个人的一定的活动方式，是他们表现自己生命的一定方式、他们的一定的生活方式”[①]，“人们生产自己的生活资料，同时间接地生产着自己的物质生活本身。”[②]马克思、恩格斯认为，人与动物的区别有很多，思维、语言等都是人与动物的区别。但是人与动物最根本的区别，则是人“生产自己的物质生活资料”。为什么呢？马克思、恩格斯指出，当人能够生产自己的物质生活资料的时候，人与动物就区别开来了。动物的生活是给定的，而人的生活则是自我生产的。按照马克思的思想，物质生活的生产方式制约着人之为人的其他方式。所以，人与动物最根本的区别是“人生产自己的物质生活资料”，这就把人与动物的其他区别都表达出来了。“人生产自己的物质生活资料”，意味着“人生产着自己的物质生活本身”。

人生产自己的生活资料，意味着人创造世界上没有的东西，是创造世界的活动，该活动一方面是自然界向人的生存，另一方面是人类社会在劳动中诞生。前者可以视为人的自然存在，后者可以视为人的社会存在。这里值得注意的是，自然存在和社会存在都是一定条件下的自然存在和社会存在。首先，尽管劳动创造社会，生产产生交往，而不是交往产生生产，但是人的自然存在和社会存在本身是相互交织、不可分割的，自然存在中介社会存在，社会存在中介自然存在，二者互为对象性。例如，使用价值的生产始终是人的一定的存在状况和社会结构中的生产，相应地，人的一定存在状况和社会结构中的生产也必然依凭一定的自然存在。自然存在主要是人与物的关系，我们通常理解为生产力，社会存在主要是人与人的关系，我们通常理解为生产关系。所以，单个人的劳动实际上并不是单个人的劳动，因为其必然是在一定的生产关系中的劳动，是人们的共同活动。马克思、恩格斯明确告诉我们“这种共同活动方式本身就是‘生产力’”[③]。这里的“生产力”我们可以理解为社会生产力，即由人们的共同

① 马克思恩格斯文集(第1卷)[M].北京:人民出版社,2009:519-520.

② 马克思恩格斯文集(第1卷)[M].北京:人民出版社,2009:519.

③ 马克思恩格斯文集(第1卷)[M].北京:人民出版社,2009:532-533.

活动所产生的力量，而不是物质生产力即单纯的自然力，其中必然内含着特定的生产关系。[①]这样我们就发现，马克思、恩格斯所讲的生产力，不是单纯的生产使用价值的生产力，或者说，不是单纯的具体劳动的生产力，而是在一定的生产关系中的生产力；相应地，生产关系也必然是特定生产力中的生产关系。二者结合起来，构成人们生产自己物质生活的生产方式。

当然，还有微观视角的生产方式，即“人们谋生的方式”，这是按照人与人的关系中的人与自然的关系来理解生产方式。同一个经济社会形态可能包含多种生产方式，不过有一种占主导地位的生产方式，其他生产方式是该种生产方式的补充。比如封建社会以农奴劳动为主要生产方式，资产阶级社会以雇佣劳动为主要生产方式。那么，中国特色社会主义占据主导地位的生产方式是什么呢?

2.关于中国特色社会主义生产方式的特质

我国的经济实践同样是特定生产方式下的实践，是通过人与人之间的关系最大限度地发展人与自然之间的关系，尽可能最大限度发挥社会生产力，其最大特征是中国特色社会主义力量导控的。

围绕人的发展，中国特色社会主义经济实践有自己明确的目标，将经济目标置于人的发展的总体框架中，明显区别于西方经济实践中的所谓增长。这样，在经济实践的改变、人的自我改变的过程中，经济的社会形态也不断地发生改变。所以，我们在前进的道路上就先后有了物质文明、精神文明两手抓，有了“三位一体”“四位一体”“五位一体”。所以，我国的经济实践中，生产力的发展是在中国特色社会主义力量导控下，以生态文明、共同富裕、民族复兴为目标的，生产力的发展本身就是中国特色社会主义的生产关系的生成过程；相应地，中国特色社会主义的生产关系规定了人们生产什么、怎么生产等。

概括地说，中国特色社会主义生产方式就是社会主义力量导控下，最大限度地组织广大人民群众发挥作用。以市场经济和“小康社会”目标为

① 马拥军，王姝.《资本论》第一卷对社会主义市场经济研究的当代意义[J].当代世界与社会主义，2017(3):40.

例。1979年，邓小平提出了“小康社会”的构想：“所谓小康社会，就是虽不富裕，但日子好过”；他同时提出“社会主义的市场经济”的设想：我们是计划经济为主，也结合市场经济，但这是社会主义的市场经济。此后，我们可以清晰地看到，围绕“小康社会”建设的逐步深入，市场经济的改革力度也在不断深入。1982年，党的十二大正式引用了“小康社会”这一概念，并把它作为20世纪末的战略目标。1987年，党的十三大提出“三步走”的战略目标，先解决人民温饱问题，再在此基础上，使人民生活水平达到小康水平。1992年，党的十四大报告提出人民生活水平要“达到小康水平”。1997年，党的十五大提出：21世纪第一个十年使人民的小康生活更加宽裕。2002年，党的十六大报告要求：要在21世纪头二十年，集中力量，全面建设惠及十几亿人口的更高水平的小康社会。2007年党的十七大、2012年党的十八大连续提出要确保到2020年实现全面建成小康社会的奋斗目标。2017年党的十九大明确指出：“从现在到二〇二〇年，是全面建成小康社会决胜期。”[①]改革开放以来，小康社会从最早指人民物质生活水平的提高，经过不断的理论创新和实践创新，衍生出更深的理论和实践内涵，体现了经济和社会全面协调发展，从“三位一体”到“四位一体”，再到“五位一体”，逐步深化。我国社会主义市场经济体制的形成和发展服务于“小康社会”的理论与实践。1982年，党的十二大明确提出计划与市场的关系问题。1987年，党的十三大提出，社会主义有计划的商品经济体制应该是计划与市场内在统一的体制。1992年，党的十四大正式提出我国经济体制改革的目标是建立社会主义市场经济体制。社会主义市场经济就是社会主义国家宏观调控下的市场经济。1997年，党的十五大要求形成比较完善的社会主义市场经济体制，并且公有制实现形式可以而且应当多样化。2002年，党的十六大开创科学发展新境界，要求社会主义市场经济必须以科学发展为根本的出发点和落脚点。2007年党的十七大、2012年党的十八大提出建成完善的社会主义市场经济体制的任务。我国社会主义市场经济

① 习近平.决胜全面建成小康社会 夺取新时代中国特色社会主义伟大胜利——在中国共产党第十九次全国代表大会上的报告[M].北京：人民出版社，2017：27.

体制的形成和发展从初步认识市场调节的作用，经加大市场机制在各领域的调节力度和社会主义市场经济体制初步建立，到进一步发展和完善社会主义市场经济体制。2017年，党的十九大提出贯彻新发展理念，建设现代化经济体系，同时提出了两个关键时期和两个历史阶段。

（二）需要的生产：中国特色社会主义生产过程的本质特征

1. 变需求为需要：使用价值生产过程、价值形成过程、需要生产过程的统一

首先，"供给—需求"框架和"生产—需要"框架的不同。

《资本论》详细分析了作为生产关系的"剩余价值"的生产过程，这个过程以货币化的生活世界为基础，持续构建"作为资本增殖机器的社会经济结构，塑造了现代人际关系、心理结构与行为方式，产生了理性、自由、平等、博爱等现代性特质，并且展示为都市生活、品牌崇拜等现代生活方式，从而创造出充满悖论的现代性"[①]——以雇佣劳动为主要经济基础的资本主义生产方式。显然，资本主义生产方式的本质特征是"剩余价值"的生产和再生产，那么，中国特色社会主义生产方式的本质特征是什么呢？笔者以为，中国特色社会主义生产方式的本质特征是需要的生产和再生产。

前文已经分析，西方经济实践和经济学遵循的是"供给—需求"框架。"供给—需求"框架把劳动、资本、土地的对立作为天然的前提，以雇佣劳动为基础，以剩余价值的生产为目的，以价值的生产为手段，把全体社会成员的需要转变为需求，满足需要也就异化为满足需求。一旦满足需要异化为满足需求，就有一部分人因为购买力不足，正常需要得不到满足，对应着经济危机的必然性；而另一部分人却因为购买力旺盛，贪欲滋生，导致需要的异化。同时，资本为了获得剩余价值，不断创造新的欲望，新的欲望再转化为需求，资本通过供给满足需求，就赚到更多的剩余价值。

中国特色社会主义生产方式本质上有别于资本主义生产方式，前文已经述及马克思主义政治经济学的研究框架是"生产—需要"框架。"生产—

① 鲁品越，骆祖望. 资本与现代性的生成[J]. 中国社会科学，2005(3)：59.

需要”框架把生产视为历史性的、不断发展进步的，以全体人民的劳动为基础，团结一切可以团结的人，凝聚一切可以凝聚的力量，面向共产主义，以人民需要的满足和新的需要的生产为目的，着眼于使用价值的生产和丰富，以价值生产为手段，使供给服务于人民的需要，使需求尽可能趋于与人民的需要一致。一旦社会主义市场经济的供给被导控于服务人民的需要，满足需求就被导控到满足需要，劳动、土地、资本不再借助异化的需要——需求来满足自己的目的，这样，需要和新的需要的生产就会成为中国特色社会主义生产方式的目的，这个目的，对于当下的经济实践来说，就是满足人民对美好生活的需要。

其次，中国特色社会主义的生产过程不同于资本主义的生产过程。

马克思非常明确地指出，资本主义生产过程是使用价值生产过程、价值形成过程和剩余价值生产过程的统一，前两者服务于后者。那么，总体上看，我国经济实践中形成了什么样的生产过程呢？笔者将之概括为：使用价值生产过程、价值形成过程和需要生产过程的统一。

使用价值的生产、直接劳动产品的劳动过程，按照马克思、恩格斯的说法，“一当人开始生产自己的生活资料的时候，……人本身就开始把自己和动物区别开来。”[①]所以，有人就有使用价值的生产，但是纵观世界历史，任何使用价值的生产都是在特定的人与人之间的关系中进行的。这个人与人之间的关系既有继承性又有超越性，当下中国的物质生活资料的生产，要求其超越资本主义生产方式，继承中国共产党引领下的生产方式，不断发展中国特色社会主义生产方式。这就是激活需要，变需求为需要，使需要具有特殊的社会构建功能，以生成活生生的中国特色社会主义的生产关系。这样，就必须使需要负载某种特殊的社会关系力量，使资本围绕需要转动，以需要为导向，哪里有需要哪里就有资本；就必须使需要借助资本发现和重新使用社会剩余劳动，给社会剩余劳动以新的伟大历史作用，产生出富强、民主、文明、和谐、美丽的中国特色社会主义的现代性。这样，中国特色社会主义生产方式中的资本不是作为资本主义生产方式中的资本，

① 马克思恩格斯文集(第1卷)[M].北京：人民出版社，2009：519.

不是作为资本主义生产关系中的资本，增值的手段不是刺激需求，而是满足需要，不是增加新的不平衡不充分，而是解决不平衡不充分的矛盾。

2. 人民群众需要导向的资本生产：政治组织力中介构建经济社会形态

首先，笔者分析资本主义生产方式所负载的资本增值所具有的可感觉又超感觉的神奇力量。

资本是能够带来更多的钱的钱，也就是能够让钱增值、生出更多的钱。资本原是应用于特定的生活领域——经营性生产单位，作为特定的生产要素，参与到营利性生产之中，谋求生产出更多的商品，通过售卖，收回更多的钱。生活世界的资本化，即资本的这种赢利本性被泛化、被滥用、被不正当地用于各种场合，侵蚀了人之为人的生活世界，使人对价值和意义的追求逐渐退出生活世界，利益成为生活世界的主宰，左右主体的忧乐，规定主体的行为。资本作为生产过程中的一个普通要素，通过资本周转的连续循环运动，实现的是价值的转移，实际上并不创造新价值，真正创造新价值的是劳动力。但是，人们忽略了生产的本质和过程，误把资本当作自我增值的主体，使资本表现为一种能动的、主体性的存在，成为自在自为的、自因性的存在。

资本虽然源于工人的剩余劳动，但是，不是作为物的剩余劳动，而是作为特定生产关系的剩余劳动。马克思说："资本不是物，而是一定的、社会的、属于一定历史社会形态的生产关系，后者（资本——引者注）体现在一个物上，并赋予这个物独特的社会性质。"[①]工人的剩余劳动能够变身为资本，是资本主义生产方式的力量，资本负载的是资本主义生产方式的意志和力量，这种意志和力量对雇佣工人具有强制性，同时，"竞争使资本主义生产方式的内在规律作为外在的强制规律支配着每一个资本家。竞争迫使他不断扩大自己的资本来维持自己的资本"[②]，所以，资本主义生产方式也迫使资本必须按照增值的模式来不断扩张自己，否则，就不是资本主义市场经济中的资本。

① 马克思恩格斯文集(第7卷)[M].北京：人民出版社，2009：922.

② 马克思恩格斯文集(第5卷)[M].北京：人民出版社，2009：683.

马克思指出，资本对人来说具有谜一样的性质，是可感觉而又超感觉的，充满形而上学的微妙和神学的怪诞。吉登斯把资本的这种超越特定时间和地域限制向更广阔时空扩张的过程，称为“脱域”，而德勒兹则把这一过程视为“辖域”。顾名思义，所谓“脱域”，就是资本在其内在增值冲动的驱使下，“以时间换空间”或者“以空间换时间”，不断摧毁地域忠诚和时间藩篱的限制，相对于“前世”，是个“脱域”的过程。“脱域”必然同时又是“辖域”，因为脱离原来的边界，就是拓展自己的疆域，以谋求更大限度的利润，甚至由物质的形态转变为精神的形态，以抽象符号的形式，从单纯的物质运动领域“脱域”，“辖域”到精神意识领域。

这一过程也就是“解码”“编码”的过程。对于存在来说，各有其特质，即质性差异，正是人们对质性差异的追求和神往，才构成了生活世界的丰富和多彩。而资本却要用货币，对质性差异的存在进行“解码”，让它们失去质的差异，把质的不可通约转变成货币的可通约，即用货币量对存在进行重新“编码”。被重新“编码”的存在都从属于货币，就具有了可比性。资本表现出了强大的主体性：它“至大之外”，没有什么还能逃避于资本力量的掌握而自存；它“至小无内”，没有什么能幸免于资本力量的侵蚀而表现为自为的合理的东西。[①]借用黑格尔“实体即主体”的思想，可以说，资本在征服世界的活动中，把一切都变成了自己的对象性存在，自己则成为了他物存在的根据，成为作为主体的实体。所以，马克思说，资本逻辑“迫使一切民族——如果它们不想灭亡的话——采用资产阶级的生产方式；它迫使它们在自己那里推行所谓的文明，即变成资产者。一句话，它按照自己的面貌为自己创造出一个世界”[②]。

其次，笔者简单分析下中国特色社会主义生产方式导控下的需要的生产和再生产。生产方式既规定着生产主体，比如资本主义市场经济中的资本，也规定着消费主体，比如资本主义市场经济中的雇佣工人。中国特色社会主义生产方式规定着中国特色社会主义市场经济的生产者和消费者的

① 贺来，刘李.“后形而上学”视域与辩证法的批判本性[J].吉林大学社会科学学报，2007(2)：26.

② 马克思恩格斯文集(第2卷)[M].北京：人民出版社，2009：35-36.

中国特色社会主义属性。

第一，坚持生产是为了满足人民需要这一社会主要矛盾。满足人民需要是马克思主义群众史观的具体体现。我国的经济实践强调增进人民福祉、促进人的全面发展、朝着共同富裕方向稳步前进，并由此导控资本服务于中国特色社会主义的经济实践。

我国的经济实践紧紧围绕“生产—需要”框架，在发展生产力的过程中，不断完善分配制度，使发展成果惠及每一个人。改革生产关系，使生产力在不断发展的生产关系中得到提高，让生产关系在生产力改造世界的过程中发挥效力，通过生产方式的渐进改革，让人民有切实的获得感，让人民认识到国有企业的巨大作用，自觉地维护土地公有制，认清当今世界金融战争的本质。在“生产—需要”的框架下自我发展，提升需要的层次和水平，既能解决中国经济社会发展过程中的矛盾，又能化解跨国资产阶级及其代理人的“三化”企图，即公有制私有化、国企民营化、金融自由化企图。

我国的经济实践用社会主义市场经济的“人本财富观”对抗“三化”的“物本财富观”，“人本价值观”对抗“三化”的“物本价值观”。从党的十一届三中全会将中国社会的主要矛盾确立为“生产和需要”之间的矛盾开始，一直到党的十九大，我国都把解决“生产和需要”之间的矛盾作为党和国家的奋斗目标，并且这个矛盾的具体内容也随着实践的发展而发展，以至于党的十九大直接提出把“人民对美好生活的需要”作为奋斗目标。“生活”在马克思主义的经典文本中有确定的含义，表达的是一种更进步的生活方式，这是对“人本财富观”和“人本价值观”的充分肯定。“人本财富观”和“人本价值观”既化解了所谓生产发展与需求不足的矛盾，也化解了国有企业占用资本多与利润低的矛盾，化解了效率和公平之间的矛盾，努力解决全社会对“公共品需求同公共品供给短缺低效之间的矛盾”①。比如医疗体制改革中三级诊疗机制的建立，实事求是地解决百姓看病问题，通过这些民生问题的解决，让老百姓明白自己的真正需要是什么，自动破

① 杨鹏.中国社会当前的主要矛盾[J].理论参考,2006(5):7.

解“三化”的“物本财富观”和“物本价值观”。

用社会主义市场经济的“生活科学”或“历史科学”对抗资本主义市场经济的“实用科学”。后者基于工具理性，从实用的角度，对需求进行研究，和赚钱相联系；前者基于价值理性，主要是从存在论视角研究人的需要，是对人的需要的层次和结构及其价值属性进行研究，对人类的各种需要本身进行价值排序，研究人如何在劳动中改变自己又改变环境，研究人如何依靠劳动诞生和自然界对人来说如何生成，把人的改变和环境的改变的一致作为研究对象，从而把生态环境和美好生活作为研究对象，是对人的发展进行研究。这样就会把中国发展中的问题置于“物质生活的生产方式制约着整个社会生活、政治生活和精神生活的过程”[①]的框架，以社会主义初级阶段为总依据，用“五位一体”整体布局、“四个全面”战略布局解决中国问题。比如，通过结构调整和增长方式转变，通过供给侧结构性改革转变经济发展方式。以钢铁为例，2017年6月30日，以地条钢为主业的钢厂“丢了饭碗”。从这一天起，以废旧钢铁为原材料，代表着劣质产品、落后产能的地条钢生产被彻底叫停。而与此同时，钢铁行业淘汰落后产能的种种做法在2017年也让很多钢厂都尝到了甜头。钢材价格的持续大幅上涨让不少企业扭亏为盈。当前中国经济已由高速增长阶段转向高质量发展阶段。虽然我们仍然重视经济增长的速度，但却已经少了速度焦虑，转而追求发展质量。2017年，“三去一降一补”扎实推进，钢铁、煤炭年度去产能任务圆满完成，全国工业产能利用率为77.0%，创5年新高。[②]

第二，为世界人民谋福利。为了共同迎接挑战，创造世界人民的美好生活，着眼于人类命运走向和世界文明发展，中国共产党具有历史自觉和使命担当，自觉承担起为世界人民谋福利的历史重任。党的十九大报告指出：“中国共产党是为中国人民谋幸福的政党，也是为人类进步事业而奋斗的政党。中国共产党始终把为人类作出新的更大的贡献作为自己的使

① 马克思恩格斯文集(第2卷)[M].北京:人民出版社,2009:591.

② 2017中国经济成绩单的背后[OL].(2018-01-19)[2018-05-25].http://tv.cctv.com/2018/01/19/VIDEMB8b5CR6XJR0vwzNCKAg180119.shtml.

命。”[①]习近平总书记指出，万隆精神的核心是“和平共处、求同存异”，呼吁各发展中国家继续弘扬万隆精神，为推动建设新型国际关系作出新的历史贡献。2017年，党的十九大明确提出了构建新型国际关系的战略举措：“中国将高举和平、发展、合作、共赢的旗帜，恪守维护世界和平、促进共同发展的外交政策宗旨，坚定不移在和平共处五项原则基础上发展同各国的友好合作，推动建设相互尊重、公平正义、合作共赢的新型国际关系”[②]，并且明确了人类命运共同体作为新型国际关系的载体，其内涵是“建设持久和平、普遍安全、共同繁荣、开放包容、清洁美丽的世界”。比如，2017年，中国举行新兴市场国家与发展中国家对话会，开启了金砖合作第二个“金色十年”以及“金砖+”合作新模式，构建了具有全球影响的“南南合作”新平台。

在“生产—需要”框架内，中国与广大发展中国家和地区致力于为世界人民创造美好生活。中国领导建立的国际合作，直接面向造福于当地人民。2013年，习近平总书记提出“一带一路”国际合作倡议，“它的核心内容是促进基础设施建设和互联互通，对接各国政策和发展战略，深化务实合作，促进协调联动发展，实现共同繁荣。”[③]“一带一路”源自中国，但是跨越不同地域、不同发展阶段、不同文明，它属于世界。已经有100多个国家和国际组织参与其中，一大批合作项目陆续启动，有的已经落地生根，基础设施联通网络初步成型，沿线产业合作形成势头，各国政策协调不断加强，为各参与方共同打造全球公共产品，民众已经开始从合作中得到实惠。2019年11月5日，在第二届中国国际进口博览会开幕式上的主旨演讲中，习近平总书记指出：“目前，中国已经同137个国家和30个国际组织签署197份共建“一带一路”合作文件。中国将秉持共商共建共享原则，坚持

---

① 习近平.决胜全面建成小康社会 夺取新时代中国特色社会主义伟大胜利——在中国共产党第十九次全国代表大会上的报告[M].北京：人民出版社，2017：57-58.

② 习近平.决胜全面建成小康社会 夺取新时代中国特色社会主义伟大胜利——在中国共产党第十九次全国代表大会上的报告[M].北京：人民出版社，2017：58.

③ 习近平.开辟合作新起点 谋求发展新动力——在“一带一路”国际合作高峰论坛圆桌峰会上的开幕辞(二〇一七年五月十五日，北京)[N].人民日报，2017-05-16(3)：1.

开放、绿色、廉洁理念，努力实现高标准、惠民生、可持续目标，推动共建'一带一路'高质量发展。"[①]例如，中国和印尼务实合作领域既有经贸、金融、基础设施、能源资源、制造业等传统领域，还拓展到航天、海上等新兴领域，可谓"上天""入海"，给两国人民带来了实实在在的利益。两国共同建设的泗水—马都拉大桥，是目前东南亚最长的跨海大桥，给当地民众生产生活带来极大便利。

第三，把党的建设作为实现强国梦的伟大的斗争。习近平总书记说："时代是出卷人，我们是答卷人，人民是阅卷人。"[②]人民决定工作方向，评判工作成绩，决定政党前途。任何政党都是如此，这是历史发展铁律，古今中外概莫能外。我们必须把人民满意作为一切工作的出发点和落脚点。在新时代，中国共产党必须以党的自我革命来推动党领导人民进行的伟大社会革命。2018年新年伊始，习近平总书记在学习贯彻党的十九大精神研讨班上发表重要讲话，提出一以贯之推进党的建设新的伟大工程的明确要求，发出了新时代全面从严治党再出发的动员令。作风建设永远在路上，永远没有休止符。中国共产党要盯住奢靡享乐老问题，密切关注新动向，着力纠正和整治形式主义、官僚主义，坚决反对特权思想和特权现象，一刻不停歇地纠正"四风"，巩固拓展落实中央八项规定精神成果，实现党的作风根本好转。中央纪委案件监督管理室副主任韩晋萍说，各级纪检监察机关认真学习贯彻党的十九大精神，忠诚履行党章赋予的监督执纪问责职责，坚持"无禁区、全覆盖、零容忍、重遏制、强高压、长震慑"的"十八字方针"，一刻不停歇地推进党风廉政建设和反腐败斗争，推动全面从严治党取得新成效。[③]

2017年以来，各级纪检监察机关紧紧抓住领导干部这个"关键少数"，

① 习近平.开放合作 命运与共——在第二届中国国际进口博览会开幕式上的主旨演讲(二〇一九年十一月五日，上海)[N].人民日报，2019-11-06(3):2-3.

② 20句话回顾习近平在党的十九大精神研讨班开班式讲话[Z/OL].(2018-01-06)[2019-12-16].http://cpc.people.com.cn/xuexi/n1/2018/0106/c385474-29749093:html.

③ 习近平擘画新时代全面从严治党宏伟蓝图[Z/OL].(2018-01-13)[2019-12-14].http://news.cctv.com/2018/01/13/ARTIUwQwK8sbrsSnxbqRvLja180113.shtml.

“打虎”不停的同时，“拍蝇”也从未止步。针对形式主义、官僚主义等老问题的新表现，中央纪委要求各级纪检监察机关综合运用监督执纪“四种形态”，增强运用“第一种形态”的主动性和针对性，尤其要在脱贫攻坚过程中，将形式主义、官僚主义、弄虚作假、数字脱贫等严重作风问题与突出的腐败问题摆在同等重要的位置，一并作为纪检监察机关开展扶贫领域腐败和作风问题专项治理的重点内容。

2017年，中央巡视组在抓住政治巡视关键的同时，紧盯享乐主义、奢靡之风新动向，密切关注形式主义、官僚主义新表现，驰而不息纠正“四风”。巡视组对于巡视中发现的“四风”问题绝不放过，坚决予以追究。中央对在党的十九大后仍然我行我素、不收敛不收手、违反中央八项规定精神的行为，以零容忍的态度严查严处，持续正风肃纪。习近平总书记先后多次主持召开中央政治局会议、中央政治局常委会会议、中央全面深化改革领导小组会议，研究审议深化国家监察体制改革和试点工作方案。在党的十八届六中、七中全会和十八届中央纪委七次全会上，习近平总书记对深化国家监察体制改革作出重要指示，为全面推开国家监察体制改革试点工作指明了前进方向，提供了根本遵循。深化国家监察体制改革是党中央作出的重大决策，2017年，监察体制改革试点工作在全国推开，目前，这项改革的“施工”进入高峰期，监察迈向全覆盖。中央纪委按照党中央的部署，积极做好国家监察体制改革试点在全国推开的有关工作，组织对省级监察委员会新进班子成员进行谈话考察和档案审核，严把政治关、品行关、廉洁关，将反腐败斗争进行到底，决不半途而废。在党的十九大期间，习近平总书记就用“三个不能有”向全党发出了告诫。他说，在全面从严治党这个问题上，我们不能有差不多了，该松口气、歇歇脚的想法，不能有打好一仗就一劳永逸的想法，不能有初见成效就见好就收的想法。2018年3月20日，第十三届全国人民代表大会第一次会议通过《中华人民共和国监察法》，“监察法”的通过必将推动全面从严治党向纵深发展。2019年2月，党中央印发《关于加强和改进中央和国家机关党的建设的意见》，对加强机关党的建设作出部署。这些都是把党的建设作为实现强国梦的伟大斗争的扎扎实实的举措。

第三节 中国特色社会主义政治经济学的研究方法

尽管马克思、恩格斯没有专门的理论方法方面的著作，但综合考察他们的文本和他们的思想，他们在阐述“历史科学”的过程中始终把理论方法放在重要位置。马克思在《资本论》第二版“跋”中将历史科学的理论方法称为辩证法，并论证了它的非唯心主义性质。[①]恩格斯在《路德维希·费尔巴哈和德国古典哲学的终结》中把历史科学的理论方法概括为唯物主义辩证法。他说：“我们发现了这个多年来已成为我们最好的工具和最锐利的武器的唯物主义辩证法。”[②]恩格斯还说：“这个方法的制定，在我们看来是一个其意义不亚于唯物主义基本观点的成果。”[③]笔者借鉴马克思对庸俗经济学的批判，超越西方主流经济学，理解唯物辩证法，并用它构建中国特色社会主义政治经济学。

一、借鉴马克思对庸俗经济学研究方法的批判

马克思批判庸俗经济学只使用从具体到抽象的方法，将之概括为经济学研究的“第一条道路”，他明确指出自己的方法和庸俗经济学的不同。马克思的方法即唯物主义辩证法。马克思、恩格斯的文本中，直接专门讨论方法的著作有：《1844年经济学哲学手稿》中的“对黑格尔的辩证法和整个哲学的批判”，《神圣家族》中的“思辨结构的秘密”，《哲学的贫困》中的“方法”，《〈政治经济学批判〉导言》中的“政治经济学的方法”，《〈卡尔·马克思政治经济学批判〉第一分册》中的第二部分，《资本论》1867年

① 马克思恩格斯文集(第5卷)[M].北京:人民出版社,2009:19-22.

② 马克思恩格斯文集(第4卷)[M].北京:人民出版社,2009:298.

③ 马克思恩格斯文集(第2卷)[M].北京:人民出版社,2009:603.

第一版“序言”,《资本论》1872年第二版“跋”。马克思、恩格斯的其他一些著作以及马克思、恩格斯相互之间的部分信件，马克思、恩格斯给其他人的部分信件中也都直接涉及理论方法。除了这些直接专门讨论理论方法的文本、直接涉及理论方法的文本，马克思、恩格斯的其他文本也显现着他们的理论方法。新的方法论和新的理论使“被认为是德国世袭财产的卓越的理论思维能力，已在德国的所谓有教养的阶级中完全消失了，但在德国工人阶级中复活了”[①]。笔者这里结合本书的需要，将马克思的方法概括为两个方面。

(一)抽象力的应用

针对呈现在研究者面前的感性具体，马克思指出了科学研究的两条道路，恩格斯具体阐明了这两条道路。第一条道路是从感性具体到抽象规定。第二条道路是从抽象规定上升到思维具体或理性具体。[②]

恩格斯称“第一条道路”是康德以前的旧形而上学方法。它“曾被康德特别是黑格尔在理论上摧毁，只是由于惰性和缺乏一种别的简单方法，才使它能够在实际上继续存在”[③]。“第一条道路”也是资产阶级经济学广泛使用的方法，这显然不是历史科学的方法。但是，马克思、恩格斯认为这确确实实是发财致富的科学的方法。

马克思、恩格斯认为，第二条道路是历史科学上正确的方法。他们把这个“从抽象上升到具体”的逻辑路径称为概念辩证法。当然不是黑格尔

① 马克思恩格斯文集(第5卷)[M].北京:人民出版社,2009:15.

② 马克思说:“从实在和具体开始,从现实的前提开始,因而,例如在经济学上从作为全部社会生产行为的基础和主体的人口开始,似乎是正确的。但是,更仔细地考察起来,这是错误的。”因为比如说抛开构成人口的阶级,人口就是一个抽象。“因此,如果我从人口着手,那么,这就是关于整体的一个混沌的表象,并且通过更切近的规定我就会在分析中达到越来越简单的概念;从表象中的具体达到越来越稀薄的抽象,直到我达到一些最简单的规定。于是行程又得从那里回过头来,直到我最后又回到人口,但是这回人口已不是关于整体的一个混沌的表象,而是一个具有许多规定和关系的丰富的总体了。……在第一条道路上,完整的表象蒸发为抽象的规定;在第二条道路上,抽象的规定在思维行程中导致具体的再现。”马克思恩格斯文集(第8卷)[M].北京:人民出版社,2009:24-25.

③ 马克思恩格斯文集(第2卷)[M].北京:人民出版社,2009:601.

的“思维具体”自我产生的概念辩证法，而是由“深入到历史的本质性的一度”的实际的、经验的感性具体产生出的概念辩证法，是现实世界的辩证运动的自觉的反映，即研究对象经过一切迂回曲折和暂时退步而由低级到高级的前进运动的因果联系。具体地说，就是把研究对象作为一个生命有机体，从它的最初的和最简单的关系开始，从大量的感性材料中获得研究对象的阶段性的、各个环节的最主要的生命特征，加工成概念。伴随着有机体的运动变化，得到的是概念的否定和扬弃的序列。经过这样一个辩证发展的研究过程，最初作为“感性具体”呈现在研究者面前的研究对象，就成为思维的、理解的产物——思维具体或理性具体。马克思说：“具体之所以具体，因为它是许多规定的综合，因而是多样性的统一。因此它在思维中表现为综合的过程，表现为结果，而不是表现为起点。”①可以用伊·伊·考夫曼的一段话来形象地说明“概念辩证法”：“在马克思看来，只有一件事情是重要的，那就是发现他所研究的那些现象的规律。而且他认为重要的，不仅是在这些现象具有完成形式和处于一定时期内可见到的联系中的时候支配着它们的那个规律，在他看来，除此而外，最重要的是这些现象变化的规律，这些现象发展的规律，即它们由一种形式过渡到另一种形式，由一种联系秩序过渡到另一种联系秩序的规律。他一发现了这个规律，就详细地来考察这个规律在社会生活中表现出来的各种后果……”②所以，抽象力是发现本质、全面考察、内在矛盾推动和创造原则的抽象力。

马克思、恩格斯的文本始终体现出极强的抽象力。在马克思的时代，关于经济学的研究有许多流派，成果也很多，而马克思关于经济学研究的视角不是“经济学”，而是对当时代表资产阶级利益的经济学的“批判”。马克思要对同时代经济学进行“批判”，就必须借助于新的方法，我们知道，马克思的方法总体上是唯物辩证法，这里，为了理解马克思、恩格斯文本始终体现出极强的抽象力，笔者以马克思副本批判和原本批判相结合的方法为例。马克思强调，理论研究必须从“铁的事实”中把握到“铁的

① 马克思恩格斯文集(第8卷)[M].北京:人民出版社,2009:25.

② 马克思恩格斯文集(第5卷)[M].北京:人民出版社,2009:20.

必然性”。[1]这是因为，针对同一个“感性具体”，“思维着的头脑”会意识到多种多样不同的内容，在感觉、知觉、直观、表象、反思等意识的任何阶段上都可以把意识到的内容本质化。实际上，可以把意识看成一个从低级向高级演进的阶梯，任何一个梯级都可以按照意识到的内容形成一种所谓本质化的理论。这样也就形成多元理论和多元价值观。高一级的理论和价值诉求能够观明白低一级的理论和价值诉求，而低一级的理论和价值诉求却观不明白高一级的理论和价值诉求。所以，马克思、恩格斯反复强调，要抓住根本的联系，而不是表面的、肤浅的、外部的联系。而庸俗经济学没有抓住内在的、本质的联系，只抓住了浅薄的表面联系，马克思对庸俗经济学的批判就是副本批判，对庸俗经济学所反映的那个表象世界的批判就是原本批判。

再比如，恩格斯对英国工业史中“现实的人”的一段描述。恩格斯将人的发展与英国的政治和哲学的发展，以及英国的工业史和社会经济史联系起来进行考察。在英国，随着宗教改革，当时所有的农奴变成了维兰、包达尔、考塔尔，从而变成了享有人身自由的劳动者阶级，进一步使“现金支付成为人们之间唯一的纽带”[2]。这时，“利益被升格为对人的统治”[3]，“原则要对历史产生影响，必须先转变为利益”[4]。它的世界历史性意义是产生了无产阶级，各种对立的双方在针锋相对中得到充分发展，从而使消灭这种对立成为必不可免的事。并且，“共产主义不是英国或任何其他国家的特殊状况造成的结果，而是从现代文明社会的一般实际情况所具有的前提中不可避免地得出的必然结论。”[5]很明显，此时，恩格斯试图研究人的能动的生活过程，通过这个能动的生活过程发现资本主义生产方式的实质，探究资本主义经济实践的规律，而这个内在的规律必须应用抽象力才能够发现。

---

① 马克思恩格斯文集(第5卷)[M].北京:人民出版社,2009:8.

② 马克思恩格斯文集(第1卷)[M].北京:人民出版社,2009:94.

③ 马克思恩格斯文集(第1卷)[M].北京:人民出版社,2009:105.

④ 马克思恩格斯文集(第1卷)[M].北京:人民出版社,2009:92.

⑤ 马克思恩格斯全集(第3卷)[M].北京:人民出版社,2002:474.

(二)主观辩证法与客观辩证法的辩证统一

人类社会生成于“现实的个人”实践活动的对象化。但是，人类社会一旦生成，它就有自己的运动规律。正如学界强调的那样，这里关键在于把社会实践活动本身既作为实体，又作为主体。人类实践活动在展开过程中呈现出自己的规律性。恩格斯在《路德维希·费尔巴哈和德国古典哲学的终结》中称之为“外部世界的运动的一般规律”，学界称之为客观规律、客观思想或者客观辩证法。

社会实践纷繁复杂，呈现出联系的多样性。有多少种联系，就有多少种规律。以作为劳动资料的纺纱机为例。纺纱机的使用在生产实践中可能展现出以下规律：新的生产工具取代旧的生产工具（比如手摇纺车）的规律，它本身被新兴生产工具取代的规律等，这些规律表现为纵向规律；与纺纱机联系在一起的生产关系规律、生产力总体水平规律以及交换规律，也就是生产方式运行规律，与这个生产方式运行规律联系在一起的社会规律、政治规律（国家和法的规律），以及精神文化规律等，这些规律表现为横向规律；起主导作用的新旧生产工具变迁引发的总体生产方式的变化规律，主导生产工具引起的不同民族、地域之间相互关系变迁规律等，这些规律表现为纵-横规律。所以，社会实践展现出多种多样、纵横交错的规律的网状结构。

“思维着的头脑”对“外部世界的运动的一般规律”的把握，恩格斯称之为“人类思维的运动的一般规律”，学界称之为主观规律、主观思想或者主观辩证法。

恩格斯说，外部世界的运动的一般规律和人类思维的运动的一般规律，这两个系列的规律在本质上是同一的，都源于实际的、经验的，可以看得见的外部世界运动变化的历史。但是在表现上是不同的。因为后者是思维的自觉运动，去除了历史变迁中干扰性的、偶然的因素，而前者“是不自觉地、以外部必然性的形式、在无穷无尽的表面的偶然性中实现的”①。

① 马克思恩格斯文集(第4卷)[M].北京:人民出版社,2009:298.

"思维的真理性"问题就是"思维着的头脑"能否把握到客观思想。显而易见，客观思想尽管起作用，却不能阐明自己，依赖"思维着的头脑"去发现和阐明它。对于"思维着的头脑"来说，呈现在其面前的是感性的总体性的历史，客观思想镶嵌于这些感性材料之中。"思维着的头脑"必须从处理感性材料开始，在充分占有感性材料的基础上，发现呈现在研究者面前的感性的人类社会，再发现实际的、经验的生活世界"深入到历史的本质性一度"的客观思想。若研究者把握到了客观思想，则理论与实践合一，"思维"具有真理性；否则，理论与实践不合一，思维就不具有真理性。所以，思维的真理性问题是实践问题，而不是理论问题。同时，只有理论与实践合一，思维把握到实践规律的情况下，理论才是实践寻求的理论，才具有实践力量。所以，马克思认为，"哲学家们只是用不同的方式解释世界"①，因为哲学家们的理论是背离实践及其客观规律的。"问题在于改造世界"，只有与实践合一的理论，才是把握到实践及其客观规律的，才是"改造世界"的理论。

马克思说："研究必须充分地占有材料，分析它的各种发展形式，探寻这些形式的内在联系。只有这项工作完成以后，现实的运动才能适当地叙述出来。这点一旦做到，材料的生命一旦在观念上反映出来，呈现在我们面前的就好像是一个先验的结构了。"②这里，"生命"就是社会实践活动的展开及其客观规律。"观念上的反映"就是把握客观规律的主观思想。所以，真正的研究者必须坚持主观辩证法和客观辩证法的辩证统一。

二、探究中国特色社会主义政治经济学的研究方法

毛泽东指出："唯物辩证法本身是一种科学（一种哲理的科学），它是一切科学的出发点，又是方法论。"③要改造我们的世界，就要认识这个改

① 马克思恩格斯文集(第1卷)[M].北京:人民出版社,2009:502.

② 马克思恩格斯文集(第5卷)[M].北京:人民出版社,2009:21-22.

③ 毛泽东著作专题摘编[M].北京:中共中央文献出版社,2003:33.

变的过程，主观符合客观，“一切做对了的事，考究起来，都是合乎辩证法的”①。所以，唯物辩证法也是我国经济科学的基本方法。笔者将之概括为两大方面。

（一）坚持马克思主义认识论和真理观

坚持唯物辩证法，首先就要坚持在实践基础上，主观世界与客观世界的一致。人的正确思想不是天上掉下来的，也不是头脑中固有的，只能来自于实践。②马克思批判庸俗经济学，要求理论研究与人民的现实生活相一致，强调理论批判与实践改造的一致，所以，毛泽东说：“哲学的党性包含着理论与实践的统一。”③

1.实践第一的观点

马克思主义认识论把实践置于改造世界的首要地位。首先，只有实践才能让思想具有物质力量。任何目的在于改变环境的实际行动，总是在思想（知识）的作用下发生的。这个起指挥作用的思想如果不符合客观规律，也就是说行为者的大脑没有抓到客观规律，客观规律也就不构成他的思想或知识的内容，那么，行为就达不到目的。毛泽东称之为“主观指导犯错误”④。换言之，毛泽东强调，实践是应用理论、实现理论的过程，显然，理论能够被实现，必得理论符合客观实际。如何量度符合还是不符合？理论是思想物，是观念，是大脑的机能和反映，大脑自身不能决定理论的符合与否，所以，欲确定理论是否符合客观实际，只能回到客观实际本身。如何回到客观实际本身？当然只能是实践。只有实践能够帮助人们在人与自然、人与人、人与自身的关系中认识到改变，脱离迷信和妄想，脱离唯心论，达于唯物论。所以，“人的认识一点也不能离开实践，排斥一切否认实践重要性、使认识离开实践的错误理论”⑤。

① 毛泽东著作专题摘编[M].北京:中共中央文献出版社,2003:33.

② 毛泽东著作选读:下册[M].北京:人民出版社,1986:839.

③ 毛泽东哲学批注集[M].北京:中共中央文献出版社,1988:321.

④ 毛泽东著作专题摘编[M].北京:中共中央文献出版社,2003:77.

⑤ 毛泽东选集(第1卷)[M].北京:人民出版社,1991:284.

其次，从认识过程的秩序和推进的动力来说，也必须强调实践第一。认识启动于社会实践，“事非经过不知难，每每一件小事却有丰富的内容，要从实际生活经验中才会知道”[①]。闭目塞听就没办法认识实际。不过，强调认识来源于实践，并不是指必须得人的肢体与客观实际接触，在漫长的人类历史中，人类已经发明出很多工具或者机器，这些作为人类肢体和智慧延伸的物品都可以作为人的肢体与客观实际接触，从而获得第一手的实践资料。毛泽东指出：“工具是人的器官的延长，如镢头是手臂的延长，望远镜是眼睛的延长，身体五官都可以延长。”[②]实践不仅是认识的启动力量，也是认识的推进力量。因为人类之所以能够从洪荒的远古时代走到现在的繁荣和富足，根本原因是实践改变和创造世界的作用。实践具有客体主体化和主体客体化的功能，它使人、社会、自然界都发生改变。我们仔细察看下我们的生活世界，鲜有未经过实践改变的“自在之物”。所以，我们的认识，无论是对社会的认识，还是对自然的认识，抑或是对自身的认识，都“是一步又一步地由低级向高级发展，即由浅入深，由片面到更多的方面”[③]。这是一个由感性认识到理性认识的推移的运动。

最后，实践是检验真理的唯一标准。现在大家都知道，宗教和偏见都不是客观真理，尽管它们是“一般公认”，有时候比正确的科学思想还普及。真理是“正确地反映客观规律性的科学知识”[④]，真理的唯一特性是客观实在性，这一特性只有通过社会实践才能实现，在社会实践过程中，人们达到了思想中所预想的结果时，人们的认识才被证实了。任何思想或者公理都不能预先确定一个理论的真理性，简言之，任何主观的东西都不能预先确定一个理论的真理性，只有依据客观上社会实践的结果如何而定。前文述及实践启动了认识，认识在实践中得以不断深化，但是，这个认识尽管是源于实践，但是否是真理却并不自明，欲判定其真理与否，还是要

① 毛泽东文集(第2卷)[M].北京:人民出版社,1993:124.

② 毛泽东文集(第8卷)[M].北京:人民出版社,1999:390.

③ 毛泽东选集(第1卷)[M].北京:人民出版社,1991:283.

④ 毛泽东著作专题摘编[M].北京:中共中央文献出版社,2003:42.

继续实践，把源于实践的认识再返回到实践，“这就是检验理论和发展理论的过程，是整个认识过程的继续”[①]。所以，特定情况的真理只有一个，而谁能够发现这个真理不是一个主观的问题，而是一个客观的问题，也正因此，真理面前人人平等。

总之，实践出真知，理论与实践一体两面，鲜明地表现于唯物辩证法。唯物辩证法作为理论与实践合一的逻辑方法，一方面，规定了理论工作者在理论工作中，思维路径必须从社会实践出发，在时空大背景中发现社会生活的必然性联系，发现社会实践规律结构中的一个特定规律；另一方面，规定了社会实践活动的思维路径是从理论出发，借助主观规律结构，发现客观规律结构中的一个特定规律。理论活动和实践活动将发现同一个规律，只是呈现的方式不同。所以，毛泽东说，认识的过程是客观真理到主观真理、主观真理再拿到实践中检验的过程。他指出：“实践贯穿着我们认识的全路程”[②]，是检验认识真理性的唯一标准，“实践的观点是辩证唯物论的认识论之第一的和基本的观点”[③]。

2.对立统一的唯物辩证法则

列宁认为，辩证法是研究对象的本质自身中的矛盾。毛泽东指出：“辩证法的本质即对立的统一法则。”[④]那么，“事物矛盾的法则，即对立统一的法则，是自然和社会的根本法则，因而也是思维的根本法则。”[⑤]世界上一切事物都是对立统一，即不同性质的对立的东西的统一。因为有对立，事物的根本性质和存在形式是运动；因为有运动、变化，才有前进的历史性趋势，新事物的灭亡、旧事物的产生是事物内在自我更新和否定的结果。正如我们说，资本主义的灭亡是内在否定的最终结果，是资本逻辑的内在矛盾所致。“马克思主义的哲学认为，对立统一规律是宇宙的根本规律。这

① 毛泽东选集(第1卷)[M].北京：人民出版社，1991：292.

② 毛泽东哲学批注集[M].北京：中共中央文献出版社，1988：33.

③ 毛泽东选集(第1卷)[M].北京：人民出版社，1991：284.

④ 毛泽东哲学批注集[M].北京：中共中央文献出版社，1988：6.

⑤ 毛泽东选集(第1卷)[M].北京：人民出版社，1991：336.

个规律，不论在自然界、人类社会和人们的思想中，都是普遍存在的 。”[①] 对立统一的内在否定性，比如生物的代代相传，比如稻种改良，比如人类的世代进步。“如果只有进步的一面，只有变革的一面，那就没有一定相对稳定形态的具体的动物和植物，下一代就和上一代完全不同，稻子就不成其为稻子，人就不成其为人了。”[②]这也就是《道德经》第二章所指出的：天下皆知美之为美，恶已。皆知善，斯不善矣。有无之相生也，难易之相成也，长短之相刑也，高下之相盈也，音声之相和也，先后之相随，恒也。

唯物辩证法告诉我们，矛盾决定一切事物的生命，推动一切事物的发展。所以，我们在实践中不仅要认识事物的各种属性和联系，还必须认识到事物发展过程中展现的最根本的矛盾，只有抓住了最根本的矛盾，才抓住了事物运动、变化的源泉。实际上，《道德经》中就有类似的描述，只是局限于当时的历史条件，有其玄妙幽隐的时代特色。《道德经》第一章指出，可道不可道、无名有名、常无常有，同出而异名，玄之又玄。“玄之又玄”就表达了一种辩证的历史观。

老子用母、雌、水、根基、朴木隐喻“道”，“先天地生”，“可以为天地母”，阐释了“道”乃万物之源和始基。有学者写道：“道是先于天地万物而存在的、至虚混一的、物质的东西，是天地万物所由产生的东西，是宇宙间最原始的存在物。”[③]从本体论视角考察，“道”的这种始源性和原初性，与巴门尼德所说的“存在”类似。但是，就“道”的本质而言，其与古希腊的“存在”完全不同，它们阐释了两种完全不同的历史观。

老子认为始基并不是封闭于自身的自在之物，而是犹如母生子，道生一，一而二，二而三，三有万物。玄妙之处正在于宇宙万物的生成流变、生生不息，《道德经》称之为“绵绵若存，用之不勤”，既可“观其妙”，又可“观其徼”。“生”既表达了“我”即非“我”，又凸显了“我”到非“我”产生和改变的过程。这完全不同于西方知识论传统的形式逻辑。对于

① 毛泽东文集(第7卷)[M].北京:人民出版社,1999:213.

② 毛泽东文集(第8卷)[M].北京:人民出版社,1999:107.

③ 吉成名.论老子朴素唯物辩证法理论的产生[J].湘潭大学社会科学学报,2001(1):24.

“道”来说，一即二，二即三，三即万物。

至关重要的一点就是，老子的“道”表达的是产生和改变，而且“负阴而抱阳，冲气以为和”，由此，有无、难易、长短、高下、前后相生相随得以永恒，使产生和改变具有了伸展性和广延性，构建出宇宙和世界。所谓“宇宙”，四方上下谓之宇，往古来今谓之宙；世，即一代人，具体指三十年；界，即田野的边界。无论宇宙，还是世界，都包括了时空两个方面；时空的连绵不绝和更替不息就是历史。正是源于这样的历史观，儒家的空间以天为父，以地为母，以人为子，以华夏为中国，以周边为四夷；儒家的时间界分出“大同”“小康”之别。

所以，“任何现象自身的矛盾性引起事物发展，这是唯物辩证法的发展观的基本要素”①。不过，“单纯的过程只有一对矛盾，复杂的过程则有一对以上的矛盾。各对矛盾之间，又互相成为矛盾。这样地组成客观世界的一切事物和人们的思想，并推使它们发生运动”②。同时，矛盾作为事物的内在属性，并不是可以一劳永逸地被解决的。换言之，任何矛盾的解决，必然会产生新的矛盾。不过，新的矛盾是更高水平和形态上的矛盾，标志着事物整体上上升了一个台阶。比如，1956年，党的八大关于中国社会主要矛盾的初步确定，经过改革开放几十年的发展，这个矛盾得以解决，但是并不是说中国社会没有矛盾了，矛盾仍然是存在的，而且矛盾的普遍性和特殊性原理也是存在的，没有改变，改变的是矛盾的具体形态。党的十九大指出，中国特色社会主义新时代，中国社会的主要矛盾是人民对美好生活的需要同发展的不充分不平衡之间的矛盾，这一矛盾是更高的社会发展形态上的矛盾，是发展中出现的新矛盾。所以，矛盾不断出现，不断解决，又不断出现，不断解决，这是事物发展的辩证规律。毛泽东甚至指出：“没有矛盾和斗争，就没有世界，就没有发展，就没有生命，就没有一切”③，“世界是由矛盾组成的。没有矛盾就没有世界。我们的任务，是要

① 毛泽东哲学批注集[M].北京：中共中央文献出版社，1988：161.

② 毛泽东选集(第1卷)[M].北京：人民出版社，1991：327.

③ 毛泽东文集(第7卷)[M].北京：人民出版社，1999：373.

正确处理这些矛盾。”①

所以，毛泽东要求我们的干部，不仅要善于在实践中变客观真理为主观真理，还必须善于抓住主要矛盾以及矛盾的主要方面，解决群众的问题。②他还强调，人类的历史，就是这样一个不断地从必然王国向自由王国发展的历史，这个历史永远不会完结。③毛泽东指出：“马克思列宁主义并没有结束真理，而是在实践中不断地开辟认识真理的道路。”④

(二)以人民为中心的价值观

当人开始生产自己的物质生活资料的时候，人便与动物区别开来了。人类历史始于人民群众创造使用价值的活动，无论具体经济社会形态以什么作为主导经济基础，人民群众都是历史的创造者，都是历史的主体，因此，在对任何实践活动进行评价的时候，也必然以人民群众作为主体，以人类作为主体，以是否有利于人民群众、是否有利于人类社会作为评价标准。

1.群众史观的意义和价值向度

马克思关于人的本质的著名命题：“在其现实性上，它是一切社会关系的总和。”⑤人们已经习惯于从历史角度对这一命题进行阐释，而实质上，马克思这一著名命题还有另外一个更重要的向度，即意义和价值。历史不过是人们创造和追求自己的目的的活动而已，现实性一切社会关系既作为历史本身存在，又孕育着人之为人的意义和价值。马克思关于人的本质论断的核心要旨恰恰在后者，而不在前者，现实性人的本质承载着人们对美好生活的信仰和追求。但是，没有前者就没有后者。确切地说，是前者发育生成了后者——现实性人的本质是生成价值信仰的根基。因为人的本质自身不是自明的，只有在劳动中介的对象性的现实性一切社会关系中才能

① 毛泽东文集(第7卷)[M].北京：人民出版社，1999：44.

② 毛泽东著作选读：下册[M].北京：人民出版社，1986：844-845.

③ 毛泽东著作选读：下册[M].北京：人民出版社，1986：845.

④ 毛泽东选集(第1卷)[M].北京：人民出版社，1991：296.

⑤ 马克思恩格斯文集(第1卷)[M].北京：人民出版社，2009：505.

反观自身。所以，从历史角度考察，马克思说的人的本质是对象性的，其叙述模式不是“人的本质是什么”，而是“什么生成了人的本质”，它不是一个纯粹的思维课题，也不是一个直观意义上的感性课题，而是关于主体与对象在实践活动中的相互改变——彼此的对象性改变，人的本质是总体上把握到的人与自然、人与社会、人与自身的关系的对象性改变。劳动中介的对象性改变，即人的本质的生成和历史性变迁是整个历史发展的奥秘，那么，反过来，使这个“奥秘”成为可能的正是生成于又超越于这个“奥秘”本身的意义和价值，意义和价值是整个历史发展的真正目的。

马克思所坚定的意义和价值从终极性上考察，就是幸福和自由个性。但是，马克思强调世界历史的过程性和革命性，并不迷信任何终极性的东西，因为没有过程，不经过胎胞的孕育和生长，就无所谓终极。这个孕育和生长过程，马克思是通过对资本逻辑主导下物化信仰的双重批判实现的。马克思的批判既是对“物的依赖性”异化存在信仰的批判，又是对韦伯意义上与外在功利相统一的新教伦理信仰的批判，本质上都是对单向度经济理性的批判，对物化信仰的批判。

当然，现实性人的本质作为生成意义和价值的土壤，这个生成不是自动的、自发的，必须充分调动理论的积极性、主动性和创造性，使“‘思维着的头脑’围绕群众实践转”，通过专注于事物的本来面目及其产生根源，专注于具体的、历史的价值研究，发现具体的、历史的价值；通过立足于生生不息的群众实践，使核心价值研究面对当下，朝向未来，超越个人的有限性和理论创造的无限性的矛盾和对立，充分展现价值的现实性特征；通过借助思想的力量，把群众创造历史的实践活动作为过去、现在和将来持续推进中的伟大事业，从表面上千姿百态、无章可循、充满偶然性的群众实践中，从“现存”的一切社会关系的表象中，发现深嵌于群众实践中的核心价值诉求，这样核心价值就能够回到群众生活实践，成为群众创造历史的强大信念，具有彻底性和实践能力。①

① 陈瑞丰.尊重规律必须学习理论——论理论掌握群众的重要现实意义[J].毛泽东邓小平理论研究,2014(8):44-47.

站在人民群众的立场上，坚持群众史观，坚持现实性人的本质的劳动生成和所蕴含的核心价值诉求。当下中国特色社会主义道路作为人民群众创造历史的必然产物，其社会主义核心价值信仰形态必然影响各个阶层、各个群体的思想与精神，作为具有最大程度凝聚起来的思想共识和社会认同，其体现出发展是为了人民群众和发展必须依靠人民群众；社会主义核心价值观信仰形态必然超越“现存”的、“在场”的单向度的经济理性，超越人性永恒自私的个人主义哲学立场，体现出历史潮流对时代的要求，体现出科学社会主义本质和共产主义目标；社会主义核心价值观信仰形态必然既能够“认识世界”，又能够“改变世界”，成为群众的思想武器，固本培元，聚合起群众创造历史的正能量，充分发挥群众创造历史的主体地位，在实现富强、民主、文明、和谐、美丽的社会主义现代化强国中，为幸福和自由个性的共产主义理想开辟道路。

2.基于群众主体的价值评价

现实性人的本质是对象性实践活动中一切社会关系的总和，人之为人即对象化过程中“能”如何，立足于群众史观，就是物性中超越物性、现实中超越现实、实在中超越实在的对象化生成过程，而超越的根本在于社会主义核心价值信仰的实践生成。

首先，对“能在”的信仰超越对“存在”的信仰，由此社会主义核心价值信仰是对象性实践活动中的对象化生成。人是鲜活的实践活动中的人，面对的物质世界图景，包括人自身，处于不断的生成和变化之中，每一特定的存在都依赖于一系列生成变化的过程，并非受制于预定的规律，不存在“原像—镜像”关系，“整个所谓世界历史不外是人通过人的劳动而诞生的过程，是自然界对人来说的生成过程”[①]。“正像‘实践观’、‘辩证唯物主义’等词语一样，马克思虽未提出‘实践生成论’一词，但‘实践生成’的思想却贯穿于他的全部著作之中。”[②]“能在”超越“存在”，人的生成与发展是马克思全部著作和思想的主轴，并具体地表现在随着生活的生产和

① 马克思恩格斯文集(第1卷)[M].北京：人民出版社，2009：196.

② 鲁品越.马克思的实践生成论与中国特色社会主义理论[J].河北学刊，2012(4)：1.

再生产实践的不断推进，人们认识和改造自然的能力逐渐提升，民族国家取代了古代共同体，马克思视阈中人的生成与发展路径转变为世界历史背景中民族国家内具体的、历史的发展路径。这一路径依赖和现代性的发育携手并进，具体载体可以概括为“内在超越”的社会主义现代化之路和“外在超越”的资本主义现代化之路，不同之处“并不在于是不是注重发展生产力，而在于是不是以牺牲人本身的发展为代价来发展生产”[①]，进而能动地选择国家、社会和个人发展的价值目标、取向、追求、信念、标准和规范等元素构建的核心价值，形成相关的道德准则、理想信念、精神风尚、思想理论等要素构成的核心价值体系。中国特色社会主义现代化建设之路的核心价值观和相应的核心价值体系，生成于、承继了中华民族自古以来的逐梦精神，以国家富强、民族振兴和人民幸福为支点，引导、规范、统率各种非核心、非主导的、处于从属地位的价值观和价值体系，凝聚中国力量，以创造性和推动性原则坚持不懈地在全面深化改革的基础上，保障经济建设、政治建设、文化建设、社会建设、生态文明建设稳步、有序、科学地发展，使人民群众的生存状况在生存实践的流动与驻停中，在物质性领域和精神性领域的相互交融中，在个人、社会、国家三个层面持续实现“能在”对“存在”的超越。

其次，对人的信仰超越对物的信仰，由此对社会主义核心价值观的信仰超越形形色色的物化信仰。中国特色社会主义现代化建设实践的历史使命，“与资本主义现代化所不同的是，绝非是向‘人对物的依赖关系的转化’，而是向每个人全面而自由的发展转化。社会主义现代化从它起步起就必须担当起实现超越目标的历史任务”[②]。资本主义现代化实践进程中发育的现代性，其典型特征是形成“人对物的依赖关系”，即形成人对物的信仰——物化信仰；而中国特色社会主义现代化实践进程中发育的现代性，

① 吴波．现代性的内在超越：中国特色社会主义道路实质的一种分析[J]．甘肃社会科学，2008（2）：13.

② 吴波．现代性的内在超越：中国特色社会主义道路实质的一种分析[J]．甘肃社会科学，2008（2）：13.

其典型特征是开辟每个人全面而自由发展的存在空间和存在过程，以对人的信仰扬弃对物的信仰，进而以对社会主义核心价值观的信仰超越形形色色的物化信仰。

物化信仰的形成也是对象性实践活动的对象化结果[①]，它经历了生活商品化的商品信仰阶段、生活货币化的货币信仰阶段和生活资本化的资本信仰阶段，各阶段之间彼此存在交叉和重叠，它们的共同特征是脱离财富的物质实体——使用价值形式，把财富归结、幻化为某种特定的物，比如商品、货币或资本。当财富越出了使用价值的范围和边界，就从有限性的束缚和羁绊中挣脱出来，获得了量的无限性，开始恶性扩张和膨胀，使人们的财富观发生质的改变，使人们对自身发展的丰富性诉求转变为单一维度的物的贪欲。主要表现为：财富的生成依据是商品、货币和资本等物本身，而不是劳动；财富的生成路径是信用，而不是对象性劳动实践；财富的生成目的是财富本身，或者说更多的物，马克思称之为“贪欲”的满足，而不是人自身的发展。物化信仰的形成使本应是人的发展手段和中介的财富反倒成为统治人的不可控制的力量，人的主体性幻象为财富的主体性，人的发展幻象为财富的享受，人的本质力量幻象为财富的统治力量。人的这种异化状态根源于物的表象对人的本质的遮蔽，物的泛滥对人的发展的淹没，物异化为对象性实践活动的目的和价值追求。要否定和扬弃人的这种异化存在，根本上始于对物的正确认识，在对象性实践活动中，确立以人为本的目的和价值追求，用对人的信仰超越和扬弃对物的信仰，回复到人的需要的多样性和丰富性，把社会主义核心价值信仰需要置于人的需要的根本的、核心的地位，对核心价值的信仰超越形形色色的物化信仰，从物的遮蔽中解放出人的本质，从物的淹没中开辟出人的发展道路，把人从物的“座架”中解放出来。

最后，对人民主体的信仰超越对资本逻辑的信仰，由此对社会主义核心价值的信仰超越对资本价值的信仰。在“劳动—资本”，即“活劳动—死

① 对象化实践活动有两种结果形态，一是人的自我确证，二是人的异化。物化信仰是对象化实践活动结果的异化形态。

劳动”这一对矛盾统一体中，把劳动和资本连接起来的是对象性实践活动。其中，劳动是对象化实践活动的主体，资本是对象化实践活动的必要条件，也就是说，作为劳动资料和劳动对象存在的死劳动是活劳动的必要条件。马克思正是用人民群众的现实的劳动扬弃了黑格尔和资产阶级思想家的思维劳动，奠定了人民群众创造历史的实践根基，人民主体论成为马克思主义发展史上贯穿始终的根本立场。依靠人民群众，中华民族扬弃资本主义现代化之路，走上了中国特色社会主义现代化建设之路。中国特色社会主义现代化之路，立足于人民主体，解放思想，实事求是地在世界历史进程坐标中理解“劳动—资本”这一对矛盾统一体，自觉把握世界历史进程，为中国梦的顺利实现提供思想资源和实践力量。

一方面，从资本主义全球化角度来说，在当今世界的“劳动—资本”关系中，资本无疑处于重要和主导的地位，并在全世界强力推行相应的资本价值观，其核心是西方的自由、民主、人权和法制。众所周知，自由、民主、人权和法制是历史的、具体的，在不同的民族、不同的文化中，具有不同的含义，即便是在同一民族的不同发展阶段，其含义也大不相同。而以自由、民主、人权和法制为核心的西方资本价值观，实际上是用强势话语表达西方的制度模式和相应的政治理念，目的是用西方的意识形态操控非西方社会的意识形态，为其在全世界推行西方的治理模式寻求辩护，实质是仍然立足于18、19世纪资本主义性质的所谓“人类普遍价值”之上，所要构建的未来世界政治经济秩序依然是使昔日西方主宰下的国际秩序和规范体系在全球放大。另一方面，从中国梦实现的历史进程来说，要在自觉坚持全面协调可持续科学发展基础上实现社会主义核心价值观诉求，坚定人民主体地位的同时，需要辩证地看待“劳动—资本”关系，发挥资本的最大化效益，用社会主义核心价值观扬弃资本价值观。无论是资本主义现代化还是社会主义现代化，都必须“追求经济发展最大化实现”，不同的是，前者的内在机理是资本主导下资本逻辑的经营和运作，宣扬的是资本价值观，实现的是资本利益最大化；后者的内在机理是劳动主导下的人民主体的经营和运作，倡导中国特色社会主义核心价值观，剥离了资本主义发展过程中的不利后果，积极学习和汲取资本主义制度所创造的一切积极成果，“让资本在社会主义阳光下最大化运行”，通过发展成果由全体劳动人民共享实现国强民富社会繁荣。

参考文献

一、经典著作

[1]马克思恩格斯文集(第1—10卷)[M].北京:人民出版社,2009.

[2]马克思恩格斯选集(第1—4卷)[M].北京:人民出版社,2012.

[3]恩格斯与保尔·拉法格、劳拉·拉法格通信集(第3卷)[M].北京:人民出版社,1981.

[4]列宁选集(第1—4卷)[M].北京:人民出版社,2012.

[5]毛泽东著作选读(全二册)[M].北京:人民出版社,1986.

[6]毛泽东著作专题摘编[M].北京:中共中央文献出版社,2003.

[7]毛泽东哲学批注集[M].北京:中共中央文献出版社,1988.

[8]毛泽东文集(第2卷)[M].北京:人民出版社,1993.

[9]毛泽东文集(第7卷)[M].北京:人民出版社,1999.

[10]毛泽东文集(第8卷)[M].北京:人民出版社,1999.

[11]毛泽东年谱(1949—1976)(第1—6卷)[M].北京:中共中央文献出版社,2013.

[12]邓小平文选(第1—2卷)[M].北京:人民出版社,1994.

[13]邓小平文选(第3卷)[M].北京:人民出版社,1993.

[14]江泽民文选(第1—3卷)[M].北京:人民出版社,2006.

[15]朱镕基讲话实录(第1—2卷)[M].北京:人民出版社,2011.

[16]胡锦涛文选(第1—3卷)[M].北京:人民出版社,2016.

[17]习近平关于实现中华民族伟大复兴的中国梦论述摘编[M].北京:中共中央文献出版社,2013.

[18]习近平关于社会主义经济建设论述摘编[M].北京:中共中央文献出版社,2017.

二、其他著作

[1]卜祥记.青年黑格尔派与马克思[M].北京:商务印书馆,2015.

[2]陈学明,马拥军.走近马克思——苏东剧变后西方四大思想家的思想轨迹[M].北京:东方出版社,2002.

[3]程恩富,等.马克思主义政治经济学基础理论研究[M].北京:北京师范大学出版社,2017.

[4]丁堡骏.论坚持和发展马克思主义政治经济学——兼论以马克思主义引领中国经济学教育[M].北京:中国社会科学出版社,2016.

[5]范宝舟.财富幻象的哲学批判:中国面向未来的财富观构建[M].上海:上海人民出版社,2016.

[6]顾海良,王天义.读懂中国发展的政治经济学[M].北京:中国人民大学出版社,2017.

[7]季陶达.资产阶级庸俗政治经济学选辑[M].北京:商务印书馆,1963.

[8]刘其文.西方经济思想嬗变史[M].郑州:河南人民出版社,2007.

[9]鲁品越.鲜活的资本论:从深层本质到表层现象[M].上海:上海人民出版社,2015.

[10]鲁友章,李宗正.经济学说史(修订版)[M].北京:中国人民大学出版社,2013.

[11]马拥军.马克思主义与中国梦——从“天下大同”到“全球一体”的科学发展历程[M].天津:天津人民出版社,2015.

[12]逄锦聚,景维民,何自力,等.中国特色社会主义政治经济学通论

[M].北京:经济科学出版社,2017.

[13]汪青松,季正聚,黄福寿.中国梦的科学内涵与实现路径[M].上海:上海社会科学院出版社,2017.

[14]余斌.45个十分钟读懂《资本论》(升级版)[M].北京:东方出版社,2016.

[15]张宇.中国特色社会主义政治经济学[M].北京:中国人民大学出版社,2016.

[16]张占斌,周跃辉.中国特色社会主义政治经济学[M].武汉:湖北教育出版社,2016.

[17]章忠民.黑格尔的本性与命运[M].上海:上海财经大学出版社,2013.

[18]巴斯夏.和谐经济论[M].王家宝,等,译.北京:中国社会科学出版社,1995.

[19]彼罗·斯法拉.李嘉图著作和通信集(第4卷)[M].蔡受百,译.北京:商务印书馆,1980.

[20]彼罗·斯法拉.李嘉图著作和通信集(第6卷)[M].胡世凯,译.北京:商务印书馆,1980.

[21]大卫·李嘉图.政治经济学及赋税原理[M].郭大力,王亚南,译.南京:译林出版社,2011.

[22]弗里德里希·李斯特.政治经济学的国民体系[M].陈万煦,译.北京:商务印书馆,1961.

[23]马尔萨斯.论谷物法的影响 地租的性质与发展[M].何宁,译.北京:商务印书馆,1960.

[24]乔安·罗宾逊.论马克思主义经济学[M].纪明,译.北京:商务印书馆,1962.

[25]萨伊.政治经济学概论:财富的生产、分配和消费[M].陈福生,陈振骅,译.北京:商务印书馆,2017.

[26]威廉·罗雪尔.历史方法的国民经济学讲义大纲[M].朱绍文,译.北

京：商务印书馆，1981.

[27]西尼尔．政治经济学大纲[M].蔡受百，译．北京：商务印书馆，1977.

[28]西斯蒙第．政治经济学新原理或论财富同人口的关系[M].何钦，译．北京：商务印书馆，1983.

[29]亚当·斯密．国富论（全二册）[M].唐日松，等，译．北京：华夏出版社，2017.

[30]约翰·斯图亚特·穆勒．功利主义[M].叶建新，译．北京：九州出版社，2007.

[31]约翰·斯图亚特·穆勒．政治经济学原理（全二册）[M].金镝，金熠，译．北京：华夏出版社，2017.

[32]约·雷·麦克库洛赫．政治经济学原理[M].郭家麟，译．北京：商务印书馆，1975.

[33]詹姆斯·穆勤．政治经济学要义[M].吴良健，译．北京：商务印书馆，1993.

三、期刊论文

[1]蔡万焕．论马克思对庸俗经济学价值理论的批判[J].现代商贸工业，2008(8).

[2]程恩富．要坚持中国特色社会主义政治经济学的八个重大原则[J].经济纵横，2016(3).

[3]丁堡骏．现代庸俗经济学并没有证伪劳动价值论——以萨缪尔森对马克思的批判为例[C].全国高等财经院校《资本论》研究会2010年学术年第27届学术年会论文集，2010.

[4]范宝舟．财富幻象:马克思的历史哲学解读[J].哲学研究，2010(10).

[5]高鸿业．庸俗经济学有用吗？——七评萨缪尔森《经济学》[J].经济理论与经济管理，1985(1).

[6]顾海良．治国理政与中国特色“系统化的经济学说”——基于中国特

色社会主义政治经济学主线、主题、主导的探索[J].中国高校社会科学,2017(1).

[7]顾海良.中国特色社会主义政治经济学的序篇——纪念毛泽东《论十大关系》发表60周年[J].毛泽东邓小平理论研究,2016(3).

[8]韩立新.异化、物象化、拜物教和物化[J].马克思主义与现实,2014(2).

[9]贺来,刘李."后形而上学"视域与辩证法的批判本性[J].吉林大学社会科学学报,2007(2).

[10]李怀涛.马克思的拜物教概念辨析[J].马克思主义与现实,2014(2).

[11]鲁品越,骆祖望.资本与现代性的生成[J].中国社会科学,2005(3).

[12]鲁品越.马克思的实践生成论与中国特色社会主义理论[J].河北学刊,2012(4).

[13]马拥军,汪谦慎.从马克思的资本哲学到资本价值观在当代中国的扬弃[J].毛泽东邓小平理论研究,2013(7).

[14]马拥军.西方马克思主义政治经济学批判的当代意义[J].哲学动态,2012(10).

[15]马拥军.需要体系生产与制度结构创新的中国经济学——来自加尔布雷思的启示[J].江苏行政学院学报,2015(2).

[16]逄锦聚.《资本论》的体系结构与中国特色社会主义政治经济学的关系[J].政治经济学评论,2017(3).

[17]邱强,邱德华.在市场经济条件下审视"庸俗经济学"[J].云南师范大学学报(哲学社会科学版),2002(5).

[18]沈志求.论马克思对古典经济学、庸俗经济学和辩护论经济学的区分[J].经济研究,1988(8).

[19]唐正东.马克思拜物教批判理论的辩证特性及其当代启示[J].哲学研究,2010(7).

[20]陶大镛.十九世纪末二十世纪初庸俗经济学在方法论上的破产[J].北京师范大学学报(社会科学),1963(4).

[21]陶大镛.十九世纪末二十世纪初庸俗经济学在价值论上的破产(续)[J].北京师范大学学报(社会科学),1964(1).

[22]汪青松.中国梦与世界梦的人类高度[J].毛泽东邓小平理论研究,2016(4).

[23]王立胜.习近平对中国特色社会主义政治经济学理论的重大贡献[J].当代经济研究,2017(1).

[24]王志林,郭广迪.论西方经济学与庸俗经济学的关系——基于马克思《资本论》的相关论述[J].江汉论坛,2010(3).

[25]杨玉生.马克思对资产阶级庸俗经济学的批判及其启示[J].当代经济研究,2008(12).

[26]于建国,俞坚.现代庸俗经济学的一种价值分析——一般均衡价值论[J].上海经济研究,1984(11).

[27]张雄.财富幻象:金融危机的精神现象学解读[J].中国社会科学,2010(5).

[28]张宇.努力探索和完善中国特色社会主义政治经济学理论体系[J].政治经济学评论,2017(2).

[29]章忠民.走出先验与经验之争的陷阱[J].福建论坛(人文社会科学版),2012(6).

[30]朱富强.现代主流经济学的"伦理不及"及其庸俗性[J].中山大学学报(社会科学版),2013(1).